Research on Inter-urban
Interaction Between Producer
Services and Manufacturing Industry

服务经济博士论丛·第*3*辑
Doctoral Research Series on Service Economy · Series 3

城市间生产者服务业与制造业互动研究

陈英武 著

中国财经出版传媒集团

经济科学出版社
Economic Science Press

总序

　　经济服务化是世界经济发展史上的一个极其重要的现象，是一个国家走向现代化后在产业结构上表现出来的重要特征，是现代经济增长的基本动力来源。Fuchs 在其开创性研究著作《服务经济》（*The Service Economy*）中如此预言："起源于英国，随后在西方发达国家普遍发生的就业从农业向工业转移的现象是一次革命；同样，起源于美国，就业从工业悄然向服务业转移的现象，也将是革命性的。"如其所料，至 20 世纪 90 年代末，世界上几乎所有发达国家都已成为服务型经济国家。如今，发达国家 GDP 增加值和就业的 70% 已经由服务业创造，经济社会运行的关键特征也越来越表现为知识化、信息化和无形化。

　　对于正在全面走向基本小康社会和力争实现现代化的中国来说，大力发展服务经济的重大意义，至少体现在以下四个方面：

　　第一，制度创新的主要载体。无论是现代企业的产权体系和治理结构，还是现代市场体系的秩序和运作规则，或者是政府公共服务职能的法制化和现代化，其实都是一个现代服务业的发展问题。如创新赖以有效运作的知识产权制度，各类人才、技术、知识和产权等中介市场，财富驱动创新的金融制度安排，等等，无一不是属于现代生产性服务业发展的基本内容。

　　第二，经济结构调整的重要工具。服务业相对于非服务业尤其是制造业，是一种可贸易程度差、内需性强的产业，因此发展服务业事实上就意味着主要应开拓国内市场，以内需拉动经济增长而不是主要靠外需。中国经济过高的对外依存度，对应着国内巨大的、过剩的制成品生产能力。这些供给过度的制成品在巨大的竞争压力下，由于可贸易的程度较高，都通过国际贸易的方式消化到了别国的市场。发展服务经济，不仅有利于缓解第二产业的竞争压力，减少资源、能源和环境的消耗，而且还可以利用其本地化、可贸易性差的特点，就地消化在本国市场，从而实现扩大内需、降低国际贸易摩擦和转换发展方式。

第三,全球价值链攀升的关键要素。在全球价值链分工体系下,发达国家掌控着非实体的服务经济环节,如研发、设计、物流、网络、营销和金融等,而广大发展中国家在价值链的低端为其进行国际代工。发展中国家企业的升级努力往往被发达国家的大买家压制或者"被俘获",很难向价值链的高端攀升。发展现代生产者服务业,可以利用其强大的支撑功能成为制造业增长的牵引力和推动力,为制造业的起飞提供"翅膀"和"聪明的脑袋",从而突破发达国家对于价值链高端的封锁。

第四,居民幸福感提升的重要抓手。现今我国产业结构的重要特点是:与制造业供给严重过剩相对比,服务业许多行业的投资严重不足,产出尤其是高质量的产出处于严重的供给瓶颈,这就是所谓的"总需求向服务业集中而总供给向制造业倾斜"的结构性矛盾。制造业供给严重过剩要求我们在内需不足的前提下实施出口导向战略,而服务业投资严重不足则是使人民生活在经济高增长态势下感到不幸福、不和谐的主因。例如,绝大多数中国人始终生活在一种"求人"的状态,子女上学求人,看病求人,办事求人……这一切,其实反映的是"与民生直接相关的服务业,如住宅、教育、医疗、养老等不够发达"的现实,反映的是人民生活质量与经济增长严重不匹配。

中国服务业发展的态势和趋势,决定了还有太多的理论问题需要研究,还有太多的现实问题和政策需要评估和推敲。实践中,实现服务经济健康持续发展的机制、路径、手段及政策工具尚不清晰,需要学者们投入热忱,潜心研究。南京大学应用经济学科和南京大学长江三角洲经济社会发展研究中心长期致力于我国服务经济问题的研究,以问题为导向先后出版或发表过一系列有关服务经济理论和政策问题的著作或论文。为了不断地培育我国服务经济学研究的后续新人,在上述两个机构的联合资助下,我们在经济科学出版社的帮助下出版了这套以服务经济研究为主题的丛书。我们期待着国内外同行和各界人士携手共同对此开展更加深入和广泛的研究,也欢迎广大朋友对丛书提出建议和批评!

刘志彪

2013 年 8 月

前言

当前，在经济较为发达的国家或地区，产业发展越来越呈现出这样一种趋势：随着制造业内部服务环节的不断分离以及服务业内部分工的细化，生产者服务业得到了相对较快的发展，并且越来越呈现出集聚于城市（特别是大都市）的特征。与此同时，制造业，特别是一般的、低端的制造业不断从大都市向郊区、中小城市转移。这样，生产者服务业与制造业从城市内部的互动逐渐演进为城市之间的互动，这将在很大程度上影响各城市的利益分布和产业发展取向，进而引起"中心—外围"格局的演进和城市层级体系的重组。本书将主要关注上述城市间生产者服务业与制造业互动的形成机制、制约因素以及由此带来的一系列影响，运用多重方法分析产业互动背后的内在机理，剖析其对各城市利益格局的冲击，进而提出相关政策建议。

所谓城市间生产者服务业与制造业的互动，是指在经济一体化的背景下，生产者服务业及制造业企业基于利益最大化的考虑，在市场机制的引导下，在不同城市（甚至区域或国家）寻求生产要素的最优配置，以产业集聚的方式形成在城市之间的产业分工——一些城市主要发展生产者服务业，而另一些城市主要发展制造业。发展生产者服务业的城市与发展制造业的城市相互依赖、相互促进，从而提高整个区域的产业竞争力。

本书尝试用五个相互关联的假说或模型，从不同视角阐释城市间产业互动的形成机理及影响。"空间交易成本假说"认为，城市间的产业互动从演化起源看，主要是企业外部条件变迁导致空间交易成本下降，进而扩展自身空间边界的结果。区域经济一体化形成的统一市场使得两大产业在城市间的重组成为可能，同时又使得市场竞争日益加剧，迫使两类企业在空间上对整个价值链进行重组，从而带来了生产者服务业与制造业在空间上的协同调整。在这一过程中，现代交通技术、通信技术、信息技术等飞速发展，缩短了企业内外交流的距离与时间，使得远距离的生产者服务成为可能；随之演进的企业组织结构——企业集群、企业网络以及"总部—分支"等多种组织形态，对于产业的集聚与扩散起到了极大的推动作用；此外，生产者服务业内部的分工日益细化，使得生产者服务企业之间越来越多地相互提供服务，在生产者服务业内部创造了巨大的市场需求（这也使得生产者服务业的发展不完全依赖于制造业）。上述因素有效降低了市场壁垒、交通成本以及信息交换成本等空间交易成本，扩大或增强了生产者服务业选址的广度及独立性，使得生产者服务业与制造业在空间上日益分离，从而在更广阔的区域进行更为有效的互动。

"城市比较优势假说"认为，城市间产业互动的形成从产业层面看，不同的城市基于不同的资源禀赋形成各自的特色及优势，有的比较适合发展制造业，有的更加适合发展生产者服务业。这样，基于各自资源禀赋优势而形成了城市间的产业分工，并形成了不同的互动模式。在全球化的背景下，每个城市的产业发展规律及进程还会受到全球价值链分工的影响。

"企业选址模型"认为，城市间产业互动的形成从微观层面看，实际上是当外部环境变迁后，企业出于追求利益最大化而对生产要素进行地理上重组的考虑。通过对比微观行为主体——制造企业和生产者服务企业在市场一体化前后，在不同城市之间选址的成本收益，发现城市间的产业互动在一定条件下相比城市内的互动对于企业的发展有着更为重要的意义。

"城市声誉假说"认为，城市间产业互动的形成也是生产者服务业选址变迁的结果。在生产者服务、特别是高层次生产者服务交易存在严重信息不对称的情形下，城市的声誉差异，从而服务的价格水平差异成为显示服务质量与水平高低的重要信号，使得企业在进行生产者服务交易时能有效克服信息不对称的困境。"声誉假说"超越了以往对于生产者服务业与制造业空间定位的假定——邻近原则及集聚原则，使得生产者服务业的空间定位从制造业"光环"的笼罩下摆脱出来，可以按照自身的发展规律在更为广阔的地理空间与制造业形成有效的互动。

"有限数量的服务业中心假说"认为，城市间的产业互动将使原来的"制造业中心—农业外围"格局逐步演进为"服务业中心—制造业外围"的新均衡，并呈现出"有限数量的服务业中心城市"特征；城市间的产业互动还将引起城市层级体系的重组，制造业中心城市的地位逐步下降，而服务业中心城市的地位逐步上升并将占据城市层级体系的高端。

本书研究的对象——城市间的产业互动，不仅可以多视角地阐释，有着重要的理论价值，而且在现实中生动地演绎，具有重要的现实意义。通过对国内外一些案例的初步研究，本书发现，经济发展水平越高的地区，其城市间生产者服务业与制造业的互动效应越明显。而以中国部分城市为例的计量检验结果表明，城市间产业互动的水平参差不齐。部分区域的城市之间存在一定的产业协同关系，但这种关系还比较微弱，还没有成为各城市经济增长的重要推动力，主要原因在于还没有形成合理的城市间产业分工。由于一个区域只能出现少数服务业中心城市，各类城市的利益分布不均衡，所以在市场机制作用发挥不够充分的经济体中，各城市会围绕生产者服务业的发展而展开激烈竞争，这将对区域经济发展产生深刻影响。

　　基于此，本书认为，城市之间的产业协调非常重要，特别是在转型经济体。就中国来说，区域及国家层面需要用政策引导各城市建立良好的产业发展与协调机制，最大程度地减少政府对于产业发展的行政干预，建立统一的市场从而让市场机制充分发挥决定性作用，在市场的引导下实现企业、产业的跨市、跨区域（甚至跨国）的兼并重组与转型升级，从而实现生产者服务业与制造业在空间上的合理分工与有效互动，不断提升产业的竞争力。

目 录
Contents

第1章

导　论

1.1
研究背景和选题意义

1.1.1　研究背景

当前，在经济较为发达的国家或地区，产业发展中存在着这样一种趋势：随着制造业中生产者服务环节的不断分离以及服务业内部分工的细化，生产者服务业得到了相对较快的发展，并且越来越呈现出集聚于城市（特别是大都市）的空间分布特征（Pred，A.，1977；McKee，David. L，1987；沃尔特·克里斯塔勒，1998；洪银兴，2003）。与此同时，制造业不断从大都市向郊区、中小城市转移。这样，生产者服务业与制造业的互动，在原先一个城市内部互动的基础上，又逐渐演化出在城市之间互动的一种新态势。这将在很大程度上影响各个城市的产业分布与发展水平，影响着在制造业基础上形成的"中心—外围"格局和城市层级体系。本书将主要关注城市间生产者服务业与制造业互动的形成机理、制约因素以及由此带来的一系列影响。

实际上，关于生产者服务业与制造业的互动并不是一个新鲜的研究话题，在这方面已有许多学者做了大量研究，对于两者互动机制的产生以及运行过程都进行了详细的分析（刘志彪，2005；李善同，2008；程大中，2009；等等），但是，上述分析，要么抽象掉了分析的地理因素，要么基本上都是基于一个城市内部的视角。就后一种研究思路来说，其实质上是局限这样一种思维方式，作为制造过程的中间投入环节，生产者服务的生产和消费在时空上不可分离①，因此必须在空间上紧邻制造业，才能进行面对面交流，即所谓的"邻近原则"（Hansen，1990；Goe，1990；Heidi Dahles，1999），只有这样才能实现两者的协同效应。在这个原则的指导下，要想通过现代服务产业集聚来增强制造业的竞争能力，一些专家学者给出的建议是，必须在地理区位上建立一个贴近服务对象的高级要素投入市场（刘志彪，2008）。

但是，这种邻近原则近来受到了一些学者的怀疑（Sven Illeris and Jean Philippe，1993；Marshall and Wood，1995；Martin Andersson，2004）。例如，丝奇雅·沙森（Saskia Sassen，2005）指出，服务业需要面对面地交流，但这不够全面。高级生产者服务很少取决于是否接近服务的对象。相反，此类专业公司需要并能够从相关的其他公司提供的主要投入品或者能够与其联合生产某种服务中获益。

事实上，从节约成本、协调及时、沟通充分等方面来看，生产者服务业与制造业当然在地理上越邻近越好，但这只是问题的一方面，而且更多的是从制造企业视角、从提升制造业竞争力这一出发点提出的一种想法。生产者服务业一旦实现外部化而独立出来，就有了其自身的发展规律。一方面，它并不能完全脱离制造业的发展而发展；另一方面，它又不完全依赖于后者的发展。这主要表现在以下两个方面：第一，在地理上两者可能"分道扬镳"，并且随着交通、通信和信息技术的发展以及企业组织形态的演进②而日益扩展其分离的半径（如离岸服务外包）；第二，在客户来源上，由于生产者服务业的自生能力，服务业内部分工不断深化，生产者服务企业相互供给服务的现象愈发普遍。从整体上看，生产者服务企业自己就是自己这一产业相当庞大的客户群体。③ 所以，邻近原则随着时代的发展而发生了较大变化，不仅因为技术的进步和组织的演进导致"邻近范围"日益扩大，而且因为服务业的自生能力导致其邻近的对象也增添了新的元素（由仅仅"邻近制造业"变成了"既可邻近制造业、又可邻近生产者服务业"或者兼而有之）。这就意味着，生产者服务业与制造业在城市之间实现互动是有可能的。

为了进一步说明这个问题，下面虚拟一个简单的理论模型进行研讨。假设某区域内部只有两个均质的制造业城市 A 和 B（人口、资源、制度、经济发展水平、基础设施等都非常相似，地理上紧邻但有一定的交通成本），最初两

①　这就将消费者服务的特性延伸到了生产者服务特性的分析上来。实际上，即使是消费者服务，有些在新技术条件下也可以实现生产与消费在时空上的分离。——作者注

②　如企业网络或总部—分支形式。

③　海蒂·达尔（Heidi Dahles，1999）甚至指出，是服务部门自己而不是制造业部门产生了对于生产者服务的需求。

个城市的企业面临较大的空间交易成本（包括市场壁垒、交通成本以及信息成本等）。

在初始阶段，两个城市都以制造业为主，生产者服务环节都内化于制造业中，产业间的互动尚未形成，城市间的产业互动更是无从谈起。

在第二阶段，出于追逐最大利润的需要以及制度、技术、信用等条件的改善，生产者服务环节不断从制造业中分离出来，两个城市的生产者服务业都得到了快速发展，但主要以服务当地的制造业为主，初步形成了城市内部的产业间互动。

在第三阶段，区域经济一体化进程加速。由于一些特殊的原因，相对于 B 市来讲，A 市的生产者服务业可能发展更快，水平更高。在多种因素的作用下，A 市的制造业不断向 B 市集聚，B 市的生产者服务业也不断向 A 市集聚。于是原有的"制造业城市—制造业城市"的城市间产业均衡被打破，到一定时点，可能形成 A 市以生产者服务业为主、B 市以制造业为主的产业空间分布新均衡，城市内的产业互动演变为城市间的产业互动。也就是说，现在 A 市向 B 市"出口生产者服务"，从 B 市"进口"工业制成品。演化路径如图 1-1 所示。

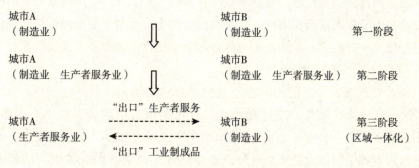

图 1-1 城市间产业互动的演化路径

针对上述模型，以下几个主要问题值得深入研究：

（1）在第三阶段，如果因为一些特殊因素，A 市生产者服务业发展更快、水平更高，那么此后是否会出现 B 市的生产者服务业向 A 市不断集聚、而 A 市的制造业也不断向 B 市集聚的新均衡，或者出现其他类型的均衡？如果有可能出现，则需要什么样的条件？这背后的机制是什么？

（2）如果城市间形成"生产者服务业城市—制造业城市"的均衡状态，那么这对各城市的产业竞争力和经济增长会产生怎样的影响？对原来的城市关系又将产生怎样的影响？是否会形成"服务业中心—制造业外围"的格局？各城市政府是否会接受这种市场自发形成的新型城市关系？

（3）如果将模型扩展到三个城市或多个城市，上述结论会有哪些变化？特别是在多城市模型中，是否只会形成一个区域性的服务业中心城市？

（4）在竞争环境、技术水平、组织形态或者其他一些因素发生改变后，生产者服务业向某个城市（或几个城市）集聚的趋势是否会发生逆转（即出现扩散的趋势或者既有集聚又有扩散的情形）？如果有可能，那么这又对城市间的产业互动以及城市关系产生怎样的影响？

（5）如果初始不是均质的城市类型，而是发展水平存在显著差异的城市，上述结论又会有哪些改变？在开放的背景下，这些结论又会有哪些不同？

虽然上述模型是虚拟的，但是城市的产业转型升级、城市间的产业分工以及城市关系的变化等内容在现实生活中真实地存在着、演化着。事实上，多数学者的研究表明，服务业，特别是生产者服务业比制造业有着更强的城市集聚特征。服务业不仅向城市集聚，而且明显地向区域内的中心城市、大都市集聚；制造业则不断从大城市中心外迁到郊区或中小城市，迁往区域外部，甚至迁往国外一些要素成本更为低廉的地区。从产业关联来看，生产者服务业的快速增长确实不能脱离制造业，但是这并不等于说两者必须在同一区域，甚至是同一城市内部。随着交通、通信和信息技术的飞速发展，生产者服务业的服务半径也在不断扩大甚至无限扩大，某些城市的生产者服务业已经在更广阔的空间进行服务资源配置，从而也更有效地为多个城市的制造业或其他产业提供支持（高波、张志鹏，2008）。

从世界范围看，当前的国际产业发展总体态势是，发达经济体（城市）和发展中经济体（城市）之间的关系，往往是前者向后者出口生产者服务、特别是高层次生产者服务，而后者向前者出口工业制成品。前者成了服务业中心，而后者成了制造业基地。这种产业空间分工对于各国（城市）的产业结构和经济增长产生了极大影响。从发达经济体内部看，一些国际大都市，例如，纽约、伦敦、东京、巴黎、法兰克福等在各国内部崛起，改变了初始的城市间产业分工格局以及城市层级关系进而成为全球性城市，而另外一些城市在竞争中却未能胜出，[①] 这背后的原因值得深究——是否与生产者服务业的不均衡发展（集聚）、服务业与制造业在城市间新的产业分工密切相关？琼（Kyung，1994）、加特莱尔（Gatrell，1999）通过对美国城市的研究发现，一些城市区域很好地适应了从制造业到服务业的结构转型，而其他一些则遭受就业和收入方面的显著下降。

---

① 例如，美国汽车城底特律等。

从国内来看，当前中国经济总体上处于工业化中期阶段，服务业对经济快速发展的支撑作用日益显现。而以长三角、珠三角和京津冀为代表的中国数十个城市群（都市圈）正在快速发展，区域内部城市间的产业分工也在不断演化。例如，在长三角地区，现代服务业中的金融保险业、科研和综合技术服务业等在空间上的分布是不均匀的，其他城市的此类服务业正不断向上海集聚（吴福象，2008）。而江苏、浙江两省一些城市的制造业也在迅猛地集聚发展。据研究，近年来长三角各城市内部服务业与制造业的互动水平在不断提高（高峰、刘志彪，2008）。但是城市之间的两大产业究竟有无相关性，究竟存在着怎样的相关性，还需要进一步研究。这种空间分离式的产业互动对于目前的"中心—外围"格局、对于城市层级体系又将产生哪些影响，尚需进一步观察。目前包括长三角在内的全国许多城市都已意识到，应采取"双轮驱动"战略，加快发展现代服务业，特别是生产者服务业，实现服务业与制造业的协同发展，以进一步提升制造业的竞争力进而提升整个城市的竞争力。现在许多城市都在积极打造现代服务业集聚区，这对于服务业的集聚增长，进而对城市发展、对城市体系必然产生重要的影响。城市之间究竟如何实现生产者服务业与制造业的合理分工，进而形成有效的互动，这些问题都有待进一步研究并做出回答。

1.1.2　选题意义

长期以来，人们更多地关注制造业在城市之间的合理分工，而现在人们也开始关注制造业与生产者服务业在城市内部的互动，并运用全球价值链分析不同国家之间的产业协作。本书与以往的研究——包括全球价值链理论、区域产业转移理论以及总部经济理论都有一定的区别，[①] 选择了生产者服务业与制造

---

　　①　本书的研究与全球价值链或国内价值链理论有一定的区别。价值链理论更为关注产品生产全过程各个环节的价值分布，研究如何通过价值链的治理，实现各个环节的有效协调进而实现产品最大程度的增值，研究如何抢占价值链的高端环节实现企业或产业的转型升级；研究的视角或者是基于全球，或者是基于企业及产业；而本书则侧重于从产业的地理分工视角，尤其侧重于从生产者服务选址的视角，立足于城市这一基点，研究各城市之间如何实现产业的有效分工与协同互动。另外，价值链理论要么非常宏观，要么就非常微观；相对来说，本书主要是在一个中观层面开展研究。当然，本书与价值链理论的联系也非常紧密，两者都要研究生产的不同环节如何选址、如何协调，从而实现企业或产业（及城市）的利益最大化。因此，本书也将高度重视价值链理论的借鉴和运用。

　　本书与总部经济理论也有一定的区别。后者关注的是同一企业的不同部门在不同地理空间上的分工，而本书不仅包括上述研究对象，而且还包括不同企业在不同地理空间上的分工与协作。

业在城市之间的互动问题作为研究对象。

本书分析城市间的产业互动，从理论上讲，通过对空间交易成本变化、城市比较优势、企业选址以及生产者服务业供需双方特征的分析，得出的结论可能会进一步改变长期以来人们对于生产者服务业与制造业的互动必须在一个狭小区域内部甚至在一个城市内部的传统认识（即邻近原则），从而形成"两者在空间上分离但又能互动发展"的新观点，进一步加深对生产者服务集聚与扩散机制的理解；通过加入生产者服务业这一变量，可能会进一步完善空间经济学的中心—外围模型，把"制造业中心—农业外围"模型进一步推向"服务业中心—制造业外围"新模型；通过对生产者服务业集聚的研究，包括产业布局的调整和组织形态的演进，可能把新古典城市理论关于城市层级体系的研究引向深入，分析服务业与制造业的新空间分工体系对于城市层级体系的深刻影响。

从实践看，本书关注的主题也有着较强的现实意义。当前，中国一些较为发达的城市在制造业的招商引资大战后，正厉兵秣马，准备在发展现代服务业领域比拼一场。不少城市提出了"双轮驱动"战略，同时发展现代服务业和先进制造业。另外，也有一些城市还在坚守自己的传统理念，紧紧咬住"工业强市"不放松。这就提出了这样一个重大的现实问题，在一个区域内部，究竟是各个城市单独形成生产者服务业与制造业的互动比较好，还是在各个城市之间形成生产者服务业与制造业的互动较好？究竟哪个更为符合市场自身发展的规律，更能促进各个城市的经济发展？

本书尝试解释这些现象的内在动因及其影响。从本书的研究结果来说，如果在区域经济一体化的作用下，生产要素在区域范围内实现了完全自由流动，逐步形成了城市间的产业互动，这将极大地优化生产要素在区域范围内（城市之间）的配置效率，进一步提升各自的产业竞争力，调动各个城市参与区域一体化、参与新一轮产业结构调整的积极性，降低制造业以及生产者服务业集聚发展的同构性，减少各个城市政府为发展制造业或服务业进行恶性竞争而导致的资源内耗，从而不断提升整个区域的产业竞争力。

从发展趋势看，一些原先制造业发展很好的城市，如果能够抓住机遇，利用自身及周边的制造业基础以及其他方面的禀赋实现生产者服务业的集聚式发展，就有可能在新一轮发展中独占鳌头，提高自己在本区域甚至国际上的竞争力和影响力；反之，如果不能抢先推动现代服务业的集聚发展，很可能在新一轮发展浪潮中沦为制造业外围，一直处于价值链的低端环节。同样，一些原先制造业发展基础较弱的城市，如果能抓住机遇，利用周边的制造业基础以及自身其他方面的比较优势实现生产者服务业的集聚式增长，也可能提高自身在区域内的竞争力以及在城市体系中的地位。所以本书的研究也蕴含以下一些政策含义：在服务业特别是生产者服务业主导的后工业时代，一个有着发展服务业良好条件的城市，要想改变自身在区域内的地位，一定要实现服务业、特别是生产者服务业的集聚增长；一个制造业城市，要想获得更好的发展，不仅要与周边制造业城市形成合理的产业分工，而且要与区域中心城市形成协同互动，借助后者的高层次生产者服务，提升自身的制造业水平；一个区域，要想提升区域的整体竞争力，必须进一步推动市场一体化进程，通过市场机制实现区域内各城市间生产者服务业与制造业的合理分工，形成功能互补的城市关系，从而推动整个区域经济的快速发展。

1.2
概念的界定

1.2.1 生产者服务业

生产者服务业指主要为生产活动提供中间投入的服务业。这个概念在国际学术界应用较广，许多学者认为，生产者服务业对其他产业具有极强的支持和带动作用，其发展对于促进经济增长、调整产业结构和增加就业有着十分重要的意义。

不过，生产者服务业到底包括哪些行业，学者们意见不一。国外有些学者定义的生产者服务业由商业服务、法律服务和各种专业服务组成，具体包括广告、计算机和数据处理服务、人员提供服务、管理和商业咨询服务、保护和侦探服务、住宅和其他房屋服务、法律服务、会计和审计服务，以及工程和建筑服务。还有些学者将货物储存与配送、办公清洁和安全服务也包括在生产者服务中。国外的统计资料对生产者服务业的处理方法也不一致。加拿大的行业分类标准（NAICS Canada）将生产者服务业定义为交通运输、仓储和通信，批发贸易，金融、保险和房地产，以及商业服务。美国肯塔基州的年度经济报告将生产者服务业定义为信息服务、金融活动、专业和技术服务。

本书所定义的生产者服务业，其内涵是"为最终产品的生产以及其他服务提供投入的一切中间环节的服务"；其外延，既包括为生产环节提供服务，也包括为非生产环节提供服务。只要不是最终消费性的服务，而只是中间性的服务，就都算作生产者服务，这是一个较为广义的概念。从具体行业看，本书所讲的生产者服务业主要包括金融、物流、商贸、商务、信息和科技服务这六大行业。①

1.2.2　产业互动

产业互动是指不同产业之间、同一产业内部的不同行业之间，因其内在的生产关联或外部经济而产生的协同效应。它是产业集聚的自我强化机制，突出了上下游产业（或行业）之间的外部经济与产业间的协作，强调了相关产业和支援性产业对于某一产业发展的重要意义。本书所研究的产业互动，主要是指生产者服务业与制造业之间的互动；对于制造业内部或者生产者服务业内部的产业互动，除非是因为行文中必须提及，本书一般不予研究。

1.2.3　城市

"城市"一词有许多解释。沃斯（Wirth，1938）认为城市是由不同社会成员所组成的一种相对较大、密集的永久性居址；特里杰（Trigger，1972）认为城市是一种实施与大小村落联系的种种机能的人口聚居中心；普雷德（Pred，1977）认为城市是一个由人员流、信息流、资金流和商品流组成的各模块之间的相互依赖的水平体系。另外，马克思认为城市是人口、生产工具、资本、享乐和需求的集中；列宁认为城市是经济、政治和人民精神生活的中心，是社会前进的主要动力。

这些定义一般都是基于社会学、地理学或政治学的视角，有一定的合理之处。为了揭示生产者服务业和制造业的关系，本书从经济学视角给出的城市定义是：人类集中从事各类工业、建筑业和服务业活动的一个有限地理空间，它有比较明确的地理界限和政府管辖范围。前一句强调了城市的主要经济功能，后一句主要便于以后探讨城市管理主体对于城市经济功能的影响。为了更好地探讨本书主题，下面列出与本书相关的一些城市概念（见表1-1）。

---

① 目前，这个外延对应中国国家统计局《国民经济行业分类》国家标准（GB/T 4754-2002）中的六大行业：交通运输、仓储和邮政业，批发和零售业，金融业，租赁和商务服务业，信息传输、计算机服务和软件业，科学研究、技术服务和地质勘查业。房地产业因为在中国及多个地区的中间需求率一般不超过50%（显示其仅作为最终消费品而非中间投入品），故未列入生产者服务行业。

表1-1　　　　　　　　　不同类型城市的含义及代表城市

城市类型	含义	代表城市
全球城市	有着全球影响力的超大城市	纽约、伦敦、东京
洲际大城市	在某一大洲，或者在国际上有着一定影响力的特大城市	洛杉矶、芝加哥、巴黎、法兰克福、罗马、香港、新加坡等
区域中心城市	在某一国家内有着特殊影响力的大城市	汉堡、里约、孟买、班加罗尔、首尔、上海、北京、广州等
大城市①	在某一国家内的某一区域有着特殊影响力的大城市	南京、杭州、天津、重庆、成都、武汉、西安、大连、深圳等
中小城市	影响力较低、人口数量较少的城市	扬州、镇江、马鞍山等
服务业城市	主要以发展服务业为主的城市	
服务业中心城市	在某一区域有重要影响力，其高层次生产者服务能够出口到本市以外的服务业城市	纽约、伦敦、北京、上海等
制造业城市	主要以发展制造业为主的城市	
制造业中心城市	在某一区域有重要影响力，其工业制成品能够出口到本市以外的制造业城市	苏州、珠海、沈阳、郑州等

　　以中国为例，一般来说，市、县（市、区）行政区都是城市。为了说明的方便与比较，本书所关注的城市，（在中国）主要是指各省辖市（即地级市或副省级城市）以及4个直辖市。

　　本书立足于城市这一视角来研究生产者服务业与制造业的互动。之所以选择城市而不是国家或区域（或者更小的地理行政区域）作为分析的基本对象，是基于如下的考量：

　　如果选择国家，实际上就成了全球价值链理论，而这一理论目前已经比较成熟。虽然全球价值链也很重视经济的空间分析，但它在相当程度上还是过于宏观——仅仅落在国家，至多是区域层面，没有进一步深入到企业发展的真正地理空间——城市。事实上，是城市，影响着、有时甚至是决定着一个企业发展的外部环境。因此，即使是研究全球价值链理论，也还是要研究各国的区域乃至城市。从全球视角来看，发达经济体和发展中经济体目前确实已经形成了"发达经济体的城市向发展中经济体的城市输送高层次生产者服务，而发展中经济体的城市向发达经济体的城市输送工业制成品"的

---

　　① 2014年11月，国务院发布关于调整城市规模划分标准的通知，新的城市规模划分标准以城区常住人口为统计口径，将城市划分为五类（七档）：城区常住人口50万人以下的城市为小城市；50万人以上、100万人以下的城市为中等城市；100万人以上、500万人以下的城市为大城市；500万人以上、1000万人以下的城市为特大城市；1000万人以上的城市为超大城市——引自国务院《关于调整城市规模划分标准的通知》。

全球产业分工与互动格局。

如果选择区域，则区域产业结构及转移理论大体上也可以解释本书所要研究的主题。更重要的是，区域层面的产业转移与互动分析，实际上最终也还是会落实到空间比它更小一些的城市视点上来。

而如果选择县（以及县级市、区），或者以下的行政单位，则由于高层次生产者服务业往往很难集聚于这些空间，所以也不宜作为本书的基本研究载体（当然，在进行城市内部分析时，它们也是必要的补充）。

因此，选择城市是比较适宜的载体。首先，城市是一个比较普遍的认知对象。特别是对企业家来说，其生产地理决策，首先想到的就是某个城市（在中国往往就是省辖市或直辖市）；[①] 其次，高层次生产者服务业往往都是集聚在某些大都市或中心城市（在中国一般都是省辖市或直辖市、特别行政区）；最后，也是更为重要的是，各个城市往往拥有相当大的决策自主权，其决策者制定的政策千差万别，特别是在一个发展不平衡的大国。不同城市的经济政策以及资源禀赋在很大程度上影响着企业家对于企业（空间）布局的决策，从而影响着生产者服务业与制造业的有效分工与互动。

因此，本书认为，选择城市作为分析对象是适宜的。这样做有利于深入到区域内部去探寻价值链的分布，探寻产业在空间上的互动，探寻城市经济发展的基本路径。因此，城市作为本书分析的产业载体有着重要的理论价值与实践意义。

1.2.4　城市间的产业互动

"城市间的产业互动"是指一些产业在城市之间（而不仅仅局限在于城市内部）形成互相依赖、互相促进的经济状态。本书所讲的城市间产业互动，特指"城市间生产者服务业与制造业的互动"[②]。

所谓"城市间生产者服务业与制造业的互动"，是指在经济一体化的背景下，从事生产者服务业或制造业的企业出于追求利益最大化的考虑，在市场机制的引导下，在城市之间而不局限于城市内部重新寻求生产要素的最优配置，以产业集聚的方式形成在城市之间的产业分工——服务业主要集聚在一些城市，而制造业主要集聚在另一些城市（也就是说，一些城市主要发展服务业，而另一些城市主要发展制造业）。前者为后者提供（高层次）生产者服务，后

---

① 当然少数企业家可能也会直接想到县一级的行政单位，但即使那样，它们也是从属于省辖市或直辖市的。

② 事实上，广义的城市间产业互动还包括城市间服务业与服务业、制造业与制造业等这些产业的互动。

者为前者提供各种工业制成品（见图 1 - 2）。它们相互依赖、相互促进、共同发展，从而提高整个区域的产业竞争力。

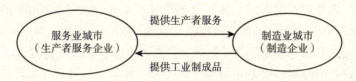

图 1 - 2　城市间生产者服务业与制造业的互动

把握城市间产业互动的内涵，需要注意这样几点：

一是这种互动就其内容来说，与城市内的互动并无差异。不管是城市间的，还是城市内部的，其基本内容都是两大产业相互为对方提供各自产品或服务。

二是它的出现是在市场机制引导下自发形成的，而不是在其他机制（如政府行政命令）下促成的。只要具备一定的条件，市场就可引导产业自发形成这样的空间分工与协作。

三是它的出现是有条件的，而且不是一般的条件。这些条件包括：区域市场一体化、交通便利化、技术信息化以及企业组织形态的演进，等等。

四是这种互动从长期看，有助于提升整个区域的产业竞争力：一些城市的制造业因为有了大都市的高层次生产者服务投入而提升了研发设计、品牌营销水平，而大都市的生产者服务业也因为有了周边城市强大的制造业基础而获得了坚实的产业支撑。各个城市既分工又协作，不同程度地参与区域经济一体化进程，从而获得了不同水平的分工收益。

从实质上讲，城市间生产者服务业与制造业的互动是聚集在这些城市的某一类企业，整合不同城市有差异的资源禀赋，增加各自企业产品或服务的价值，实现利益最大化的行为。它是一种空间分离式的产业互动，从广义上讲，只要是空间分离式的产业互动，都可以算作是城市间的产业互动。①

----

① 由于城市的规模、层级与分类问题，这里可能存在这样一个问题：某一大城市内部还有许多中小城市，那么这些中小城市与大城市中心城区之间，以及这些中小城市之间的产业互动，究竟算是城市内部的互动，还是城市之间的互动？回答这一问题，需要准确把握城市间生产者服务业与制造业互动的内涵和实质，而不是简单地去套用教条。

前文已经说明，作为本书分析的一般对象，是指类似中国省辖市的城市（如苏州、南京等）。因此，各个省辖市之间的生产者服务业与制造业的互动，毫无疑问归属于本书的研究对象。

至于省辖市内部的各中小城市，它们之间以及它们与省辖市中心城区之间的生产者服务业与制造业的互动，从本质上来说，也是一种空间分离式的分工与协同。从现实来看，一些大城市的制造业公司，将它们原先位于中心城区的工厂（生产环节）搬迁到大城市的郊区，或者在行政上隶属于这一大城市的中小县（市、区），而其总部一般都留在主城区。这样，实际上也实现了生产者服务与制造环节的空间分离。因此，这实质上也是一种城市之间的产业互动。

城市间的产业互动与城市内的产业互动既有联系又有区别。它们是产业互动这一现象的两个不同演化阶段。就区别来说：

第一，两者的范围不同。城市内的产业互动范围较小（局限于一个城市内部），而城市间产业互动的范围很大。在现代网络社会中，生产者服务业的服务半径和辐射能力获得了空前的解放，理论上讲，其范围可以无限大，甚至可以在全球范围内进行产业互动。[①]

第二，两者的规模也不同。一般来说，城市内的产业互动规模较小；而城市间的产业互动规模很大。借助于便利的交通、通信和信息网络，全球任何地方的生产者服务供应商和制造厂商都可以参与城市间的产业互动，这使得城市间的产业互动规模可以倍增。

第三，两者的程度也不同。从理论上讲，由于地理邻近性的原因，城市内的产业互动相比城市间的互动，频率更高、程度更深，水平也可能较高，但这只是理论上的分析。由于分工的深度有一个由少到多、由浅入深的过程，在交通、通信和信息技术的起步阶段，城市间的产业互动程度可能还不够充分。但是随着各种技术的改进与提高，城市间的产业互动程度也会逐渐加深，现实的发展也在不断证明这一点。

第四，两者互动的有效性也不同。前者的互动，一方面由于地理邻近性的原因，有效性得到了一定保证；但是另一方面，由于这种互动中的生产者服务毕竟是在一个城市内部，没有与外界各类水平的生产者服务相比较，所以，城市内产业互动的有效性就需要具体分析，因地因产业而异。而城市间产业互动的有效性也需要具体分析。一开始，这种空间分离式的互动可能需要一个磨合过程；而随着互动的加深以及外部技术环境的改善，这种建立在更大范围内、全域竞争基础上的互动，其效果可能会不断提升。

就两者的联系来说，两者是同一事物的不同演化阶段，承上启下，紧密衔接，由低到高。同时，虽然城市间的产业互动是市场一体化后的互动形式，但并不能完全取代城市内部的产业互动。后者仍然是产业互动的基础，是城市间产业互动的有益补充。甚至在经济全球化的过程中，服务业中心城市的高层次生产者服务为了更有效地实现城市间的产业互动，往往还需要借助其在制造业城市内部的触觉或分支，进一步实现服务的本土化。因此，这就出现了城市间产业互动与城市内产业互动多维交叉、互融共生的格局。

总之，两者虽然是两个不同的演化阶段，但并不是相互替代的关系。城市

---

① 城市间的产业互动往往被整合进了国内价值链或全球价值链，使得这种互动一开始就具有广域空间的色彩，因而参与互动的企业范围更为广泛，形式也更为复杂。

间的产业互动并不能完全取代城市内的产业互动。两者既承前启后，又相互补充，共同演绎生产者服务业与制造业互动的绚丽画卷。

上述对于城市间生产者服务业与制造业互动的解释还是初步的，本书在接下来的几章中还将进一步丰富对于城市间产业互动形成与演进路径的认识。

1.3
研究思路与基本结论

1.3.1　研究思路

围绕城市间生产者服务业与制造业的互动这一主题，本书遵循了这样的总体研究思路：什么是城市间生产者服务业与制造业的互动——为什么会出现城市间的产业互动——城市间产业互动有哪些影响——城市间产业互动的水平如何——如何形成有效的城市间产业互动。

什么是城市间的产业互动，这种互动的本质是什么，它是怎样形成的，又是怎样开展的，有什么样的特点。本书在导论的第 1.2 节给出了初步解释，在以后各章节中还将从多个视角对此进行补充。

为什么会出现城市间的产业互动？本书提出几个假说，分别从可能性与必要性的视角加以阐释。从可能性来看，这是企业外部环境的变化以及内部组织、分工形态演进共同作用的结果。本书第 3 章从价值链空间分离、要素偏好的视角，并结合现代技术的发展、企业组织形态的演进等考察了生产者服务业与制造业在城市间互动的条件，并就此提出了"空间交易成本"假说。

从必要性来看，这是当外部环境变迁后，不同产业以及企业出于追求利益最大化的目的而对生产要素进行地理上重组的考虑。第 4 章从城市及产业层面，借用国际经济学中的比较优势理论，从城市专业化的视角分析了城市间产业互动的形成原因。第 5 章从企业层面，通过对比微观行为主体——制造业企业和生产者服务业企业在经济一体化前后于不同城市间选址的成本收益，分析了城市间产业互动的形成过程。

在多视角阐释形成机制的基础上，第 6 章进行了城市间产业互动的行业分析。这一章利用信息不对称理论，从生产者服务供需双方特征的视角提出了一个假说——城市声誉原则，解释生产者服务业在城市间布局的演进特征。这在一定程度上突破了经典假定——邻近原则，使得生产者服务业的选址从制造业"光环"的笼罩中走出来。这一章的分析也是对前文形成机制研究的重要补充。①

城市间的产业互动会有哪些影响？第7章考察了它对传统的"中心—外围"格局以及城市层级体系变迁的内在作用。在这里，本书拓展了"服务业中心—制造业外围"的模型，并提出"有限数量的服务业中心"假说，研究了城市层级体系的变化及其影响，以及中国一些城市在发展制造业、服务业方面的产业竞争。

现实世界中城市间产业互动的状况如何？本书选择了中国经济较为发达的部分区域进行了实证分析（第8章进行了案例研究，第9章进行了计量分析），以验证本书提出的假说或有关分析，并解释理论与现实的差异。

如何形成更有效率的城市间产业互动？在结论与政策建议中，本书在借鉴发达经济体先进经验的基础上，提出了有关构建城市间产业发展协调机制的建议。

各章主要内容如下。

第1章是导论，介绍了本书的研究背景和选题意义，界定了相关概念，梳理了全书的分析思路，概述了研究的基本结论、基本方法以及全书的创新与不足。

第2章是文献回顾，简要梳理了中外学者关于生产者服务业集聚以及中心外围、城市体系等方面的研究，并进行了相应的评析，力图在融汇前人研究的基础上找出本书研究的新方向。

第3章提出了一个关于产业互动的"空间交易成本"假说。基本思想是：空间交易成本的变化决定着企业的空间边界。随着空间交易成本的下降，产业互动将从城市内逐步演进到城市间。空间交易成本的高低受到市场因素、技术因素的直接制约。区域经济一体化降低了城市间的市场壁垒，形成了统一的区域市场，并导致市场竞争日益加剧，这使得制造业及服务业企业有可能也有必要在空间上对其整个价值链进行重组。现代交通、通信与信息传输技术等飞速发展，降低了交通成本和信息交换成本，便于企业远距离的业务拓展，为城市间产业互动提供了技术基础。此外，不断创新的企业组织结构——企业集群、企业网络以及"总部—分支"（或基地）等多种组织形态，对于产业在空间上的集聚与扩散起到了极大的促进作用。不仅生产者服务业与制造业的产业间分工日益显现，而且生产者服务业内部的分工也日益细化。这使得生产者服务企

---

① 事实上，城市间的产业互动，还可以从制造业视角开展行业分析。但是本书就此而进行的有关研究并无异于他人的独特理论发现，故没有赘述这一内容。

业之间越来越多地相互提供服务，其自身的发展就为该产业创造了持续的、庞大的市场需求。[①] 内部分工的细化使得生产者服务业不完全依赖于制造业的发展，在一定条件下能够与制造业在地理上实现分离。以上这些因素的综合作用，使得产业互动逐步从城市内部演进到城市之间。

第4章运用国际贸易比较优势理论，从最简单的封闭双城模型开始分析，逐步扩展到多城市模型，并考察了开放条件下的产业互动。这一章并不像其他学者那样去研究两大产业互动的具体内容[②]，而主要把这种互动放在城市空间维度进行分类考察，从产业层面分析城市间产业互动形成的内在原因。分析表明，只要存在城市间的资源禀赋差异，在一定条件下就必然会形成城市间的产业互动。当然，产业互动会因为城市差异等多重因素而形成多种模式，[③] 其优劣也需要结合城市实际情况具体分析。

第5章从企业选址的视角，分析了不同行业的企业对于不同类型城市的选择，以及同一企业的制造及服务环节对于不同类型城市的选择。通过较为详尽的对比，说明了当外部环境发生变化后，企业会根据形势变化理性地进行选址决策，而这种决策的结果，一般来说都是服务环节（尤其是高端生产者服务）越来越集中于大城市，而制造环节越来越集中于大城市郊区或中小城市。

第6章侧重于从具体行业层面分析城市间的产业互动特征。传统的"邻近原则"要求生产者服务业在空间上必须紧邻制造业，这样生产者服务业就只能被动地追随制造业——它可能在各种类型的城市、城镇甚至农村，而不会只定位于城市、特别是大城市，这样也就不可能出现生产者服务业与制造业在城市之间的互动。但是，"邻近原则"也在与时俱进。由于技术的进步、组织的演进以及服务业的自生能力，生产者服务业邻近制造业的半径以及邻近的对象都发生了变化，生产者服务业的区位可以不完全依赖于制造业。那么生产者服务业究竟会呈现怎样的选址（集聚）特征呢？第6章基于生产者服务供需

---

① 即所谓的"服务业自增强机制"（曾世宏，2011）。

② 如制造业为生产者服务业提供了技术设备、资本积累和市场需求等（或者反过来，生产者服务业也为制造业提供了生产所需的一切服务，如研发、营销等以及市场需求）。这些理论早已被许多学者阐释清楚，它们不是本书研究的主要内容。

③ 如单中心城市模式，即在一个区域内只有一个生产者服务业集聚的中心城市，其他都是制造业集聚的城市；双中心城市模式，即有两个生产者服务业集聚的中心城市，其他都是制造业集聚的城市；再如，单中心—单副中心城市模式，即有一个生产者服务业集聚的区域中心城市，还有一个生产者服务业集聚的区域副中心城市，以及其他制造业集聚的城市；单中心—双副中心城市模式，即有一个生产者服务业集聚的区域中心城市，还有两个生产者服务业集聚的区域副中心城市，以及其他制造业集聚的城市。当然，可能还有其他类型的模式。

双方的特征提出了一个关于生产者服务业集聚于城市（尤其是大城市）的假说——"城市声誉"原则。① 其基本内容是：生产者服务交易的特殊性使得交易中存在着信息不对称的情形，从而导致交易的困难。不同层级的服务（指同一行业内部不同层次的服务），② 交易的困难程度有高有低。交易难度大的往往是相对高层次的生产者服务，而交易难度小的往往是低层次的生产者服务。在信息不对称的情形下，城市层级的差异，从而导致的服务价格水平差异，是作为显示服务质量与水平高低的重要信号，使得企业在进行生产者服务交易时能有效克服信息不对称的困境。高层次的生产者服务，其供需双方一般都偏好于经济发展水平较高的大城市；而低层次的生产者服务，既可能在大城市进行交易，也可能在其他城市交易。本章从具体行业层面进一步丰富了关于城市间产业互动形成机制的分析。

城市间的产业互动，势必对原有的"中心—外围"格局形成较大的冲击，并引起城市层级体系的重组。第 7 章在借鉴克鲁格曼（Krugman）等传统的中心—外围模型并拓展奥尔加·阿隆索·维拉尔（Olga Alonso‐Villar）等学者提出的"服务业中心—制造业外围"模型的基础上，提出了一个"有限数量的服务业中心城市"假说——在一个具体的经济区域内，由于多种原因，服务业中心城市的数量极其有限；与此相反，非服务业中心城市的数量众多；服务业中心城市与非服务业中心城市相互支持，功能互补，形成和谐的产业分工协作关系。这也是新的城市层级体系的重要特点。在新体系中，制造业中心城市的地位逐步下降，而服务业中心城市的地位逐步上升并占据城市层级体系的高端。总体来看，这种产业空间分工新格局将提升区域的整体竞争力，但是其带来的利益在不同城市间的分布是不均衡的，因而对于各个城市的影响也是不一样的。从中国城市政府间的经济竞争来看，各城市政府将因为产业互动引起的获利差异以及城市地位的起落而形成不同的产业发展偏好，城市政府间的竞争行为将对生产者服务业与制造业的集聚与扩散产生重要影响。

第 8 章选择了以中国南京都市圈为代表的发达地区一些城市及产业进行案例研究。③ 研究表明：中国部分发达地区的城市间产业互动在形成与发展过程

---

① 这个假说只是关于生产者服务业选址的众多解释之一。

② 这里要特别说明的是：服务的层级化，并不是说有些生产者服务行业是低级的（如物流），有些行业是高级的（如投融资、工业设计、管理咨询等）；而是说，各个生产者服务行业中都有高级和中初级之分。区分的标准主要看某一类生产者服务是否能够标准化、程序化。越是能够标准化、程序化的服务，一般来说就越是初级的，反之则越是高级的。

③ 其他都市圈的案例见本书的附录。

中，各地区的城市间产业互动在地理特征、政府作用、发展水平等方面存在一定差异，但是它们的形成与发展基本符合本书前几章所揭示的诸如"空间交易成本假说""比较优势理论""企业选址模型""城市声誉假说"和"有限数量服务业中心假说"等基本原理。另外，我们还发现，发达经济体城市间的产业互动往往都是市场自发行为，而在发展中经济体，特别是中国这样的转型大国，更多的是行政推动；经济发展水平不一样的地区，服务业中心城市的辐射力差异明显，与周边城市制造业的产业互动水平也有显著差异。另外，服务业中心城市与周边城市的产业互动还会受到经济全球化的影响，而全球视野下的城市间产业互动也出现了一些新特征。

第9章选择中国一些较为发达的区域，考察了城市间的产业互动水平。分析表明，中国部分区域城市间的两大产业存在一定的协同关系，但总体偏弱，且有一部分不能通过因果关系检验，这从一个侧面说明它们之间真正的互动关系尚未普遍形成。另外，周边城市制造业对中心城市服务业的带动作用，要强于中心城市服务业对周边城市制造业的促进作用。空间交易成本的下降有利于城市间产业互动的形成。就城市间产业互动水平与城市经济增长的相关性来说，计量检验结果表明，这种相关性在服务业城市和制造业城市也是参差不齐，总体上也不够显著，表明这些区域城市间的产业互动还没有成为经济增长的重要推手，主要原因在于城市间的产业互动强度较弱，还没有真正形成城市间产业的合理分工。

在第10章结论与建议中，本书进一步探讨了为实现城市间生产者服务业和制造业充分而有效的互动，应该形成怎样的产业发展协调机制。全书总体结构如图1-3所示。

1.3.2 基本结论

（1）空间交易成本是决定企业空间边界的重要变量。在空间交易成本与市场、技术等因素的交互影响以及组织、分工等因素的综合作用下，生产者服务业和制造业不仅可以在城市内部互动，而且可以在城市之间实现互动，形成城市间、区域间甚至国际间的产业分工新格局，从而更好地发挥两大产业的空间协同效应。

（2）生产者服务业的选址有其特殊的演进规律。生产者服务业偏好于大城市，不仅是因为大城市有着生产者服务业发展所需的特质要素，而且是因为生产者服务业可以借助"城市声誉"的差异，发出有差异的服务价格信号，从而克服生产者服务（尤其是高层次生产者服务）交易的信息不对称。

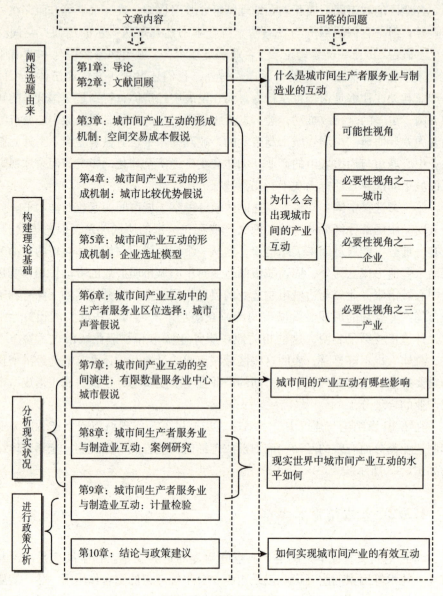

图 1-3　全书总体结构

（3）不同区域的城市间产业互动水平，将因为经济发展水平、产业层次的落差、服务业中心城市的辐射能量以及市场与政府的关系而存在较大的差异。总体来看，经济越发达、市场作用发挥越充分的地区，城市间产业互动的水平越高。

（4）城市间的产业互动将使原来的"制造业中心—农业外围"格局逐步

演进为"服务业中心—制造业外围"的新均衡，并呈现出"有限数量的服务业中心城市"的特征。制造业中心城市的地位逐步下降，而服务业中心城市的地位逐步上升并占据城市层级体系的高端。在后工业化时代，[①] 一个城市若想取得产业竞争中的优势地位，必须在城市间产业互动中占据服务业的高端环节。

（5）城市间的产业互动对于不同城市的影响不一。占据高端服务环节的城市收益较多，处于低端环节的城市收益较低。这样，收益分配在某些体制机制下可能会造成城市政府间的竞争，进而会造成城市间生产者服务业发展的同构性，并带来其他一些问题，从整体上讲不利于城市间两大产业的有效互动。因此，必须积极推进区域经济一体化进程，构建各城市间的产业发展协调机制。

1.4
研究方法、创新与不足

1.4.1 研究方法

本书综合运用了产业经济学、空间经济学、城市经济学与国际贸易理论、全球价值链理论等多学科的研究方法，并采用了建模分析、案例分析以及描述性统计分析与计量分析相结合的办法。从学科来讲：

（1）运用产业组织理论和新制度经济学，对生产者服务业与制造业企业之间的合约关系、信息特征与交易成本等进行了分析，探寻了生产者服务业与制造业在地理空间上互动的新原则。

---

① 生产者服务业与制造业在城市间的互动，与当前诸多学者关注并深入研究的"去工业化"（或者逆工业化、非工业化）以及"再工业化"有什么内在关系？

本书认为，去工业化本质上是一个经济体不断服务业化的过程，一般用来描述一个经济体制造业产值比重不断下降、服务业产值比重不断上升的演化路径。再工业化实质上是指一个（规模及区域都较大的）经济体重新审视制造业，对制造业进行创新升级改造，以提高制造业生产效率、实现工业经济再上新台阶的演化路径。

这两种工业化路径都可以共存于城市间生产者服务业与制造业互动的演化中：生产者服务业不断地集聚于区域中心城市，实质上就是区域中心城市不断"去工业化"的过程，而制造业不断集聚于区域的中小城市，在初始阶段是这些城市的工业化过程；在完成工业化后，借助于服务业中心城市提供更高水平的生产者服务，这些城市再有选择地发展高新技术产业，就是它们的"再工业化"过程。

因此，去工业化和再工业化这两种经济现象，用城市间生产者服务业与制造业的互动理论都可以得到较好的解释。

（2）运用产业集聚理论、空间经济学、城市经济学，研究了城市间生产者服务业与制造业互动形成的各种条件或因素。

（3）运用空间经济学、国际贸易理论的一般原则，分析了城市间产业互动的多种模型，从产业层面研究了互动形成的必然性。

（4）运用空间经济学及全球价值链理论，研究了生产者服务业的兴起对于中心外围格局以及城市层级体系的重大影响，并探究了对于各个城市利益的冲击。

从具体方法来讲，大致有以下几种：

（1）在研究制造业与生产者服务业互动水平等方面进行了描述性统计分析和计量分析。

（2）在研究生产者服务业与制造业互动的必要性时，对于企业选址进行了简要的建模分析，使城市间产业互动的假说有了较为坚实的微观理论基础。

（3）在研究城市间产业互动的现状时，选择了一些城市及产业进行了案例解剖及比较分析；在分析城市间产业互动对中心外围、城市层级体系的影响时，也进行了地区案例分析。

（4）在研究现阶段中国部分区域城市间产业互动的水平时，进行了规范分析，即找出与标准理论的差距所在，分析具体原因并提出相关政策建议。

1.4.2　可能的创新

本书可能的创新有以下几点。

（1）立足价值链空间分离、要素地理偏好的视角，并结合现代技术的发展、企业组织形态及产业分工的演进，从微观层面考察了生产者服务业与制造业在城市间互动的前提，提出了一个关于城市间产业互动形成机制的"空间交易成本"假说——空间交易成本的变化决定着企业的空间边界进而影响着产业互动演进的空间范围，从而进一步丰富了关于产业集聚与扩散机制的研究。

（2）通过对生产者服务业供需双方特征的研究，以及对城市间生产者服务业与制造业互动可能性的分析，对长期以来盛行的"邻近原则"进行了新的阐释，提出了服务业集聚的"城市声誉假说"，认为城市声誉可以发出有利于生产者服务交易的价格信号以缓解服务交易的信息不对称困境，从而进一步丰富了关于生产者服务业选址的理论。

（3）通过加入生产者服务业这一变量并改变劳动力流动性的假设条件，拓展了一个可以解释一体化经济体的"服务业中心—制造业农业外围"模型，并在此基础上引申出了"有限数量的服务业中心城市假说",从而进一步丰富了"中心—外围"模型的思想。

1.4.3　本书的不足

由于水平所限,也由于样本数据获得以及案例收集的困难,本书的研究还存在以下不足:由于缺乏建模能力,本书所提的城市间产业互动的微观理论基础还比较粗糙,有待进一步完善;由于数据以及案例的制约,本书的现实说服力还有待进一步提升;由于生产者服务业和制造业内部各行业较多,本书进行的行业分析还不够细致,所得出的结论不一定具有典型性;关于城市间产业互动对城市产业结构调整、产业竞争力提升以及经济增长效应的影响,则涉及很少或没有涉及;此外,本书对于产业互动在地理空间上形成的各种态势(即服务业中心城市与周边制造业城市的各种组合方式),所开展的探析也不够深刻,还需要今后进一步加以深入研究。

第 2 章

文献综述

关于制造业与服务业的互动关系①，以及制造业企业的选址，国内外的研究相当丰富，但是从空间视域研究制造业与服务业的互动关系，进而研究对于中心外围以及城市层级关系的相对较少。为了突出主题，本书略去了缺乏空间研究视角的文献，而主要介绍与本书主题相关的国内外文献并进行简要评论。②

2.1
关于生产者服务业集聚与扩散的研究

长期以来，关于生产者服务业的研究，国内外学者不仅在产业的起源、内部的分工演进、对于经济增长的影响等方面取得了较为丰富的成果，而且在空间聚散规律的研究方面也取得了较大的进展。空间视角的研究，回答了生产者服务业在什么区域出现以及为什么集聚这些现实问题，这就使得关于生产者服务业的研究更为完整，更具指导意义。

2.1.1 国外的相关研究

1. 生产者服务业与制造业在空间上的互动

从生产者服务业与制造业互动的视角来考察前者的区位分布特征是很有意

---

① 可参见顾乃华：《生产者服务业与制造业互动发展：文献综述》，载《经济学家》2006 年第 6 期；李善同、高传胜：《中国生产者服务业发展与制造业升级》，上海三联书店 2008 年版。

② 关于一些专题的研究文献，如全球价值链、区域一体化、企业组织形态等，拟在今后的写作中进行具体引述或述评。

义的一种研究思路。生产者服务业的分布是否会追随制造业是近年来学术界研究的热点之一。对此问题目前有两种看法：一种观点认为，由于地理上相互临近的优势，生产者服务企业一般都倾向于定位在制造业集聚的地区（Hansen，1990）；另一种观点则指出，生产者服务业并不一定集聚在制造企业的周边，两者在地理上不是相互依赖的关系，这主要是因为生产者服务业主要是用来满足服务企业自身而不是制造业企业的中间投入需求（Sassen，1991）。

对于第一种观点，汉森（Hansen，1990）在研究生产者服务和区域生产率差异之间的关系时就认为，需要假定生产者服务和制造业在地理上紧密靠近。欧·法雷尔和基钦斯（O'Farrell and Kitchens，1990）认为，制造业和生产者服务业邻近可以节约从服务商那里获得服务的距离成本。而格尔·W·理查德（Goe. W. Richard，1990）也指出，由于邻近制造业企业，生产者服务企业可以获得较多利益，因为制造业企业为其创造了市场需求。科菲和巴伊（Coffey，W. J. and A. S. Bailly，1992）认为，中间需求服务环节成本太高，包括保持与服务提供商面对面交流的成本，以及服务的投入与市场成本。柯来森（Klaesson，2001）为了解释最终产业的集中，认为中间产业在最终产业"邻近"生产是一个必要因素。

上述研究思路实质上局限于这样一种思维范式，即生产者服务是制造过程的中间投入环节，其生产和消费在时空上不可分离①，所以必须在地理上紧邻制造业，进行面对面交流（即所谓"邻近原则"）。只有这样才能实现两者的协同效应。

但是这种邻近原则近来受到了一些学者的怀疑（Illeris and Philippe，1993；Marshall and Wood，1995；Andersson，2004）。例如，有学者认为，服务业需要面对面地交流，但这并不够全面，例如，高级生产者服务（APS）很少取决于是否接近服务的对象。相反，此类专业公司需要并能够从相关的其他公司提供的主要投入品或者能够在与其联合生产某种服务中获益（Saskia Sassen，2005）。丝奇雅·沙森从两者关联的视角考察了生产者服务业的区位选择问题，认为生产者服务业的增长不纯粹是由制造业的需求引起的，生产者服务业

---

① 这就将消费者服务的特性延伸到了生产者服务特性的分析上来。实际上，即使是消费者服务，有些在新技术条件下也可以实现服务和消费在时空上的分离。

关于服务，希尔（T. P. Hill，1977）认为，服务的生产和消费同时进行，即消费者单位的变化和生产者单位的变化同时发生，这种变化是同一的，服务一旦生产出来必须由消费者获得而不能储存，这与其物理特性无关，而只是逻辑上的不可能。希尔的论述带有时代的局限性。随着科技特别是电子信息技术的快速发展以及服务贸易的兴起，上述服务的特性被不断打破，人们开始重新认识服务不同以往的面貌。巴格瓦蒂（J. N. Bhagwatti，1984）以及桑普森和斯内普（G. Sampson and R. Snape，1985）等相继扩展了希尔的表述，将服务分为两类，即需要物理上接近的服务和不需要物理上接近的服务。

并不一定集中在制造业的周边；它们之间不存在地理空间上的相互依赖关系，特别是高端生产者服务，它们的集聚，有的与制造业无关，有的并不是以制造业为中心。

对于生产者服务业和制造业在空间上可以脱离的观点，格尔·W·理查德（1994）通过分析美国两个"去工业化"城市区域（俄亥俄州的克利夫兰和亚克朗）与生产者服务业发展相关的因素，检验了在大都市区域生产者服务业的选择性模型。在每个都市区的抽样调查显示：服务企业基本上依赖于与当地都市区的贸易所产生的收入，既从事非当地性的贸易，也直接从事城市内部一体化的贸易，并受到大都市中心的控制；生产者服务企业更多的是与其他服务部门的企业，而不是制造业企业开展贸易。他的基本结论是：生产者服务业的发展可以在一个去工业化的城市区域得以维持，而并不主要依赖于同当地的制造业进行贸易。

与格尔·W·理查德的观点较为类似的还有安德森（Andersson，2004）的调查分析。安德森通过调查瑞典一些功能区后发现，生产者服务业的位置是制造业位置的一个函数，反之亦然。这种认识是基于两类产业间"供应商—客户"关系的一个假设。制造企业受惠于生产者服务业短距离的供应；生产者服务业也受惠于制造企业这些客户唾手可得。假设生产者服务部门的劳动技能、数量以及私人制造部门的平均工资水平和数量不变，制造业部门就业的选址可以用生产者服务业的便利性来解释。然而反过来，将制造业的便利作为生产者服务业选址的重要变量在统计上并不显著。因为许多生产者服务业不仅为制造业同时也为其他服务行业提供服务。另外，知识密集型的制造业依赖于生产者服务业便利性的弹性要小于非知识密集型产业。安德森的研究揭示了生产者服务业和制造业选址存在一定的互动性，并且同样暗示着"生产者服务业的选址不是完全依赖于制造业"的结论。

巴雷特（Barlet，2013）等进一步比较了服务业选址与制造业选址的差异。他们研究了法国的商务服务业与制造业的选址方式，并发展出了新的检测方法。他们的研究显示，服务业要比制造业更加随机地趋向分散；大多数分散的服务业企业相互间的距离间隔很短（一般少于4公里），而大多数制造业企业则选址于更长的距离间隔，甚至趋向分散；在大多数服务行业中，大公司的选址间隔要比其他公司更短；在1996~2005年期间，大多数服务行业中新来的公司削弱了选址的地方化色彩，而本地的公司则有所强化。

事实上，上述两种见解并不完全对立，它们反映了在不同经济发展阶段，两大产业互动关系的变化对两者空间布局的影响。在经济发展初期，由于生产者服务业的发展还不是非常充分，内部分工不深，再加上技术水平的限制，许多生产者服务还内化在制造部门，所以生产者服务在空间上还高度依赖于制造业[①]。

随着生产者服务业内部分工的发展，以及现代通信、信息技术的进步，大量制造业企业进行服务外包，生产者服务逐步脱离制造业而日益形成一个庞大的产业。当生产者服务一旦实现外部化而独立出来，就有了其自身的选址规律。一方面，它并不能完全脱离制造业的发展而发展；另一方面，它又不完全依赖于后者的发展。这主要表现在两个方面：第一，在地理上两者可能"分道扬镳"，并且随着交通、通信和信息传输等技术的发展以及企业组织形态的演进而日益扩展其分离的半径（如国际服务外包）；第二，在客户来源上，由于生产者服务业的自生能力，服务业内部分工不断深化，生产者服务企业相互供给服务的现象愈发普遍。从整体上看，这就意味着生产者服务企业自己就是本行业相当庞大的客户群体。所以，邻近原则随着时代的发展而发生了较大的变化，不仅因为技术的进步和组织的演进导致邻近的范围日益扩大，而且因为生产者服务业的自生能力导致其邻近的对象增添了新的元素（由邻近制造业变成了既可邻近制造业、又可邻近生产者服务业自身或者兼而有之）。这样，生产者服务业可能集聚于某个高度发达的制造业集群，也可能集聚于某个缺乏制造业基础（或者已经处于后工业化时代）的大都市区域。

2. 生产者服务业空间分布的动态演进

生产者服务业的分布从静态看，大多数学者认为呈集聚状态，也有少数学者认为存在分散的情形。而从动态来看，生产者服务业的集聚是否会走向分散，或者分散是否也会形成集聚？关于这一问题，目前形成了三种认识，一种认为分散会走向集聚，另一种认为集聚会趋向分散，还有一种观点认为既有集聚又有分散。

关于第一种观点，有学者认为，即使现代通信技术发展，以及消费服务业向中小城市扩张，但是现代信息技术装置不是代替面对面的联系，而是开始扩大和强化这些联系，所以生产者服务业集聚于大都市的特征不会改变。例如，劳埃德·D·本德尔（Lloyd D. Bender，1987）利用美国的数据研究后发现，在一些非大都市区域内部，一些更加城市化的区域服务业呈现中心化而不是非中心化的趋势。格伦·H·瑟尔（Glen H. Searle，1998）探讨了在全球化、技

---

① 从控制成本、协调及时、沟通充分等方面来看，生产者服务业与制造业当然在地理上越邻近越好，但这只是问题的一方面，而且更多的是从制造业企业视角、从提升制造业竞争力这一出发点提出的一种想法。随着技术的进步、组织结构与服务业内部分工的演进，以及经济增长动力的转换，这一认识开始有所变化。

术变迁以及居住偏好的背景下，悉尼生产者服务业①的分布情况。他的结论是全球化有助于强化悉尼生产者服务这一传统的中心城市地位。海蒂·达尔（Heidi Dahles，1999）指出，是服务部门自己而不是制造业部门产生了对于生产者服务的需求，商务活动的定位在商务区域一致倾向于集中。生产者服务业在中心区域特别突出，这样可以享受通常意义上的可接近性的比较优势。距离阻碍了生产者服务业在外围区域的选址。

马丁·索科（Martin Sokol，2005）等研究了爱尔兰的多中心城市区域（polycentric city-regions）概念。这一概念在大都柏林区域的新区域计划指南中得以体现，意在重新检讨经济过于集中在都柏林，并推动就业机会转向都柏林周边的小中心城市。他们重新审视了这一战略所面临的挑战，阐释了在现行政策框架下区域平衡发展的困难。从高级生产者服务角度看，大都柏林区域是高度单一中心化的，都柏林控制了商务环境，这对区域的高度不平衡发展影响极大。硬件和软件设施使得都柏林的吸引力很大，而周边城市缺乏这些因素使得商务活动的外扩受到限制。

但是，也有学者从理论和实证两个方面提出了不同的看法。马歇尔和伍德（Marshall, J. N. and P. A. Wood，1995）认为，世界城市日益繁荣的商务活动给企业办公和选址带来一些不利影响：高租金，交通成本和污染，高素质职员的短缺等。娱乐设施小城市也有了，通信技术也使得远程交流更为方便，于是企业变得更加不依赖于中心位置，出现了分散化（footloose）的趋势②。类似的，艾罗蒂等（Airoldi et al.，1997）在研究意大利米兰市的生产者服务业集聚特征后，认为随着城市中心区域的成熟和拥挤导致服务业的扩散，从而使得甚至连一些最外围的区域对于某些生产者服务业来说也变得有吸引力了。服务业倾向于把制造业活动推到核心城市的外面，技术服务业也追随它们的客户转移到外围。它们的迁移进而也带动了金融服务、营销、广告和审计等活动分支机构的产生。

还有一些学者从城市的角度实证研究了生产者服务业在都市内的空间变迁。伦考尔和里斯（Longcore, T. R. and Rees P. W.，1996）检验了纽约不断演进的都市产业地理。他们发现金融机构正将它们的总部从华尔街转移到中城（Midtown），华尔街正变成一个后台办公区域。发生这一变化的主要原因

---

① 主要是四类行业：管理咨询、普通保险、图形设计、数据处理。
② 但是 Heidi Dahles（1999）认为这种城市重构的效果还有争议，最近的定位理论既关注集中化也关注非集中化。作为经济重构的重要部分，生产者服务业在都市空间的集中是不可否认的。

是对于新 IT 技术演进的需求转而在金融市场形成全球化的驱动。① 哈林顿和坎贝尔（Harrington，J. W. and Campbell，H. S.，1997）测度了华盛顿特区 1970 ~ 1992 年生产者服务业日益增长的郊区化现象。他们发现该产业存在郊区化的趋势，同政府有联系的企业逐步分布在华盛顿郊区。同样，博德曼（Boden-man，1998）通过检验费城的投资咨询业也得出了类似结论——这项产业日益从中心开始分散而向郊区发展（主要是由于一些私人的考虑、生活的质量和信息技术等因素）。龚红棉和詹姆斯·O·惠勒（Hongmian Gong and James O. Wheeler，2002）研究了亚特兰大都市区商务服务和专业化服务的就业总量后发现，虽然服务和就业总量都在增加，但是中心城市的服务就业比重下降了约 20 个百分点。绝大多数的增长发生在郊区，这导致亚特兰大商务和专业化服务的分布趋向分散。灵活的女性职业者、公司总部、受过良好教育的专业人士以及高速公路是重要决定因素，后两者对于商务和专业服务的郊区化影响极大。

科菲、德罗莱和鲍尔斯（Coffey，W. J.，Drolet R. and Polese M.，1996）分别使用两种互补的方法检验了蒙特利尔大都市区域生产者服务业在都市内部的动态演变。第一种方法，科菲、鲍尔斯、德罗莱（1996）使用了二级数据，检验了中央商务区（CBD）地位下降的问题以及相应的生产者服务业就业非中心化的趋势。他们使用份额转变分析方法，结果显示，生产者服务业就业的郊区化实际上反映了强大的中央商务区的经济基础正在日益变得专业化。在正常条件下，生产者服务业就业的增长实际上就是高增长部门空间分散化过程的结果，这个部门的整体扩张不能被中央商务区吸收。第二种分析方法，科菲、德罗莱和鲍尔斯（1996）基于对蒙特利尔 324 家生产者服务业企业的调查，企图发现隐藏在都市内生产者服务业动态化的影响因素和过程。他们检验了四个区域（中央商务区，中心城区的其他地区，近郊和远郊），研究发现，生产者服务业企业和就业在四个区域之间分布相对适中，尤其是郊区新企业的诞生似乎是一个非常重要的现象。客户的可接性对于中央商务区企业不是最重要的，很可能反映的是它们的管理功能。

德瑞克·艾伯特和詹姆斯·E·兰德尔（Derrek Eberts and James E. Randall，1998）研究了加拿大萨斯喀彻温省（Saskatchewan）生产者服务部门劳动力市场的特征。他们利用中心—腹地（heartland-hinterland）模型分析的结果表明，几乎每个外围区域都有自己的外围，从而形成自己的中心外围关系的集合。

---

① 有趣的是，这些公司的前台和后台办公都在曼哈顿而没有迁往郊区，而其他部门的前台和后台则分散了。

李永军（Yong Gyun Lee，2003）考察了韩国首尔地区生产者服务业的变迁后发现，生产者服务业高度集中于大都市，特别是在首尔地区。其内部最重要的变化是永同（Youngdong）地区的增长。它以前是一个亚商业中心，现在已经作为最重要的生产者服务区域，超过了以前中央商务区的主导角色。这一变迁部分地与中央商务区城市化中的去经济化（diseconomies）相关。永同的崛起受惠于各种企业的集聚，以及有利的社会建设和基础设施建设。通过研究发现，生产者服务业的不均衡（uneven）发展是显而易见的。

与上述两类认识有所区别，还有一类学者认为，由于多种因素的影响，生产者服务业既有集聚的情形，又存在分散化的现象。

斯科特（Scott. A. J.，1988）结合新经济、新技术的兴起，从生产者服务业的特点考察了该产业的空间变迁。他认为生产者服务业向边缘扩散，主要是因为新经济发展的结果，以及弹性工作方式的产生，特别是网络技术的兴起使得经济的空间集中度更加分散。对于需要面对面交流、具有"前台"功能的生产者服务业仍然保持着集聚；而属于"后台"功能的生产者服务业不再需要面对面交流，可以远离中心商务区转而布局在城市边缘，这样可以节约大量的商务成本。

斯托珀和沃克（Storper. M.，and Walker R.，1989）则从产业生命周期的视角剖析了生产者服务业的动态演进过程。他认为，生产者服务业也会按照引进期、成长期、成熟期、饱和期和衰退期五个阶段模式化的生命周期过程进行布局。当进入成熟期时，生产者服务企业为了寻求低成本布局，在地理上趋于扩散。

塞恩·兰弗瑞科（Senn Lanfranco，1993）认为生产者服务业会遇到一些力量推动它们的非中心化从而导致城市等级的瓦解。他的经验分析证据表明，服务活动的空间分布向低序位城市的扩散有助于城市等级的水平化。高质量的服务向大城市集中（一种贵族化倾向），同时一定数量的非中心化的服务业向低等级的城市扩散。

罗尔夫·斯坦（Rolf Stein，2002）独树一帜，从交易成本的视角指出，生产者服务业的不同区位模式与它们之间的交易强度相关。那些能够实现标准化的服务交易在空间上趋于分散，不能实现标准化的服务交易会趋于集聚。

从动态视角研究生产者服务业的空间分布特征要比静态视角更为复杂。从上面的文献回顾可以看出，受到多种因素的影响，生产者服务业集聚的演化规律一时还难以形成共识。在未来一段时期内，生产者服务业空间分布的动态演进还将会持续下去，这将为后续研究提供更为丰富的素材。

3. 小结

生产者服务业的发展是近三十多年来全球经济社会发展中一个非常引人瞩目的现象，而它在空间分布方面呈现出的诸多特征与经济发展、产业演进以及城市变迁有着密不可分的紧密联系。国外学者对此进行了长期的跟踪研究，使用多种研究方法（经济学、地理学、规划科学等）得出了许多重要的观点。这对于中国学者研究本国生产者服务业空间分布的基本特征及其演进规律有着极为重要的参考价值。但是，受到研究时段的限制，以及由于研究对象的差异，西方学者对中国市场经济发展过程中生产者服务业空间分布的研究几乎还是一片空白。中国几大区域中生产者服务业空间分布除了具有西方发达经济体的共性特征，有没有自己的个性特征，在这些领域，中国学者可以深入研究并且能够有所作为。

2.1.2　国内的相关研究

1. 在基础理论研究方面

洪银兴（2003）从服务业生产和消费在时空上不可分离的特征入手，认为服务业的规模对当地的市场容量依赖性很强，因此服务业需要聚集于城市。服务业是城市化特别是城市现代化的载体和依托，与城市化有互动的关系。城市需要通过服务业成为主导性产业还城市的本来面目，变工业型城市为贸易型、服务型和消费型城市。陈殷、李金勇（2004）认为生产者服务业的区位选择有其内在的发生机制，主要包括范围经济、生产服务的特点、技术进步和跨国公司内部等级关系四个方面。在集聚效应的主导作用下，它日益向大城市集聚，这样可带来交易成本的节约、可达性增强及业务机会的增多，并由此弥补高的租金及专业人员薪水引致的高营业成本。

江静、刘志彪（2006）从商务成本的视角对区域内产业分布新格局进行了考察，认为制造业和生产者服务业对商务成本的内在构成——要素成本和交易成本的敏感程度有所区别，因而在区域内的选址定位也有较大差异，最终形成产业分布的新格局，即中心城市是生产者服务业集聚，而外围则是制造业集聚。

刘志彪（2008）通过对津通国际工业园的案例分析指出，通过现代服务业集聚来增强制造业竞争能力的嵌入机制的实现形式，关键是要在地理区位上建立一个贴近服务对象的高级要素投入市场，用现代服务业来大力吸引先进制造业的邻近配置，实现两者的互动。高波、张志鹏（2008）借用克鲁格曼的"向心力—离心力"模型研究了服务业空间配置的一般规律，并在分析制造业不同增值环节的要素与区位偏好的基础上考察了长三角地区服务业空间配置的特征。他们发现：在长三角地区，中小城市或其郊区发展制造业，大城市则集聚和提供服务业。吴福象（2008）分析了长三角地区制造业和服务业价值创造活动的三种空间布局模式，认为服务业是否在空间上与制造业分离，主要取决于地区间生产要素价格的差异程度，企业管理协调成本，产品研发、设计、营销和管理等中间价值活动的可交易程度以及市场交易费用等因素。由于区位间要素价格差异的重要性，他得出的结论与前面的学者也是一致的：大都市表现为服务业集聚，而中小城市则表现为制造业集聚。①

胡霞（2008）的研究表明，中国城市服务业呈现明显的产业集聚，且强度高于制造业，而集聚规模的大小与行业的社会性质紧密相关。东部和中部的集聚度在逐步减弱而西部在提高。市场规模的扩张和制度环境的完善会增强服务业的集聚性，而地区要素资源禀赋等变量则对其没有明显的影响。

方远平、闫小培（2008）指出，生产者服务业整个行业的区位选择一般有强烈的中心性要求，大都集聚布局在城市的中央商务区内部，要求有良好的通达性和信息流通的便利性等特点，但具体到内部各个不同行业，又存在细微的差别。

林彰平（2009）则通过对广州开发区内企业金融服务消费情况的抽样调查发现，国际国内结算业务等风险小、收益不高、准标准化的金融服务需求基本上由区内金融满足，而很大一部分融资服务需求则是在广州市和深圳市实现的。

陈建军、陈菁菁（2011）以浙江省 69 个城市和地区的产业分布为例发现：生产性服务业区位对制造业集聚的影响以及后者对前者的逆影响的大小，在不同规模城市中存在差异，由此决定了产业发展顺序的差异。大城市要推进制造业的转型升级，首先要注重发展与集聚生产性服务业，而中小城市则必须先推动制造业集群的发展以吸引生产性服务业的集聚。

从上述文献回顾可以看出，国内大多数学者比较一致的看法是，服务业，特别是生产者服务业集聚于大都市，而制造业集聚于中小城市。这一结论既与现实比较吻合，也与国外学者的研究基本相同。

---

① 他还认为，长三角地区大都市的服务业集聚，在很大程度上是由跨国公司将公司总部和制造业工厂在地理空间上实现垂直分离驱动的。

2. 在计量实证分析方面

程大中、黄雯（2005）基于区位指数（LQ 指数）、显性比较优势指数（RCA 指数）和克鲁格曼专业化指数（K - spec 指数）分析了中国服务业及其各部门的区位分布与地区专业化，认为不能过分强调服务业的地区分工与专业化，而应该根据各服务部门的特性及其在经济社会发展中的角色，促进服务部门与地区协调发展。马凤华、刘俊（2006）利用产业地理集中指数以及自定义的五省市集中度对中国 11 个服务行业的集聚程度进行了测定，结果表明，中国服务业在 1998～2002 年间没有显著的产业集聚，但集聚程度有所增长。服务业地域分布极不平衡，总体上看服务业有向制造业集聚的地区集中的趋势。申玉铭等（2007）运用聚类分析和 Theil 系数探讨了中国三大地带间、三大地带内和 31 个省（区、市）服务业发展的空间特征。研究表明，城市发展、市场发育、经济发展、交通通信、经济全球化和人力资源影响着中国服务业的发展空间。

钟韵、闫小培（2007）以珠三角经济区为研究区域，通过统计数据的定性分析以及利用 SPSS 软件的主成分和聚类分析，显示珠三角各地目前的生产者服务业发展普遍与其所在城市在珠三角中的等级序列密切相关。其研究的一个重要结论是，城市经济发展水平与生产者服务业发展水平呈正相关。

高峰、刘志彪（2008）进一步利用长三角地区制造业与服务业数据，并构造了服务业集聚指数、制造业集聚指数和互动指数，对各个城市内部的互动以及外商直接投资（FDI）与互动的相关性进行了实证分析，认为长三角地区制造业与服务业的互动，将弱化制造业集聚引发的地方产业同构、过度竞争和产业萎缩，提升了产业升级的可能性并促进了经济增长。李文秀（2008）认为服务业集聚应从区域集聚和行业集聚两个维度分别进行评价。生产者服务行业区域集聚程度一般较高，但企业集聚程度不存在一致性。她利用空间基尼系数、赫芬达尔系数、埃利森和格莱泽方法中的 γ 系数三个指标分别对中国服务业区域集聚程度、行业内的企业集聚程度以及服务业的集聚结构进行度量，发现中国服务业中的绝大部分行业的区域集聚程度呈上升趋势。

顾乃华（2010）引入政策环境、地理距离、企业价值链整合能力等变量，分析了生产者服务业对工业的外溢效应，并利用随机前沿函数模型和城市面板数据进行了检验。其结论之一是，生产者服务业与工业之间的地理距离与生产者服务业对工业获利能力的外溢效应负相关，提高生产者服务业集聚程度有助于增强其对工业的外溢效用。

李非等（2011）对台湾的生产者服务业区位分布的影响因素进行了研究。

他认为，台湾生产者服务业区位布局主要取决于集聚经济、产业关联程度、人力资本、城市规模及企业总部需求的影响；同时，生产者服务业自身发展阶段、内部子行业属性也会对产业区位选择产生重要影响。

路旭等（2012）利用测量国际生产者服务业公司业务联系的方法，对保险、银行等5个行业、99家国际生产服务业公司及分支机构在珠三角50个区（县）级空间单元的业务联系进行了分析。研究表明：珠三角城市网络呈东西两岸、中心与外围不均衡分布状态，并具有鲜明的"跳跃性"特征，即网络节点向各城市的中心城区集中，并在各城市中心城区之间形成长距离的联系，而这种城市网络特征与生产者服务业分行业差异有关。

关于外商直接投资与城市间产业互动的关系，也有学者给了关注。高峰、刘志彪（2008）利用长三角地区的数据，研究了外商直接投资与制造业、服务业协同定位的关系，认为外商直接投资是实现制造业集聚和服务业集聚的最重要因素，而且在加入协同集聚水平后，外商直接投资对长三角地区制造业和服务业集聚的贡献度有了显著提高。唐保庆等（2011）借助于1985～2006年美国对经济合作与发展组织（OECD）中24个国家直接投资的数据检验了制造业外商直接投资对生产者服务业产业转移区域分布的可能影响。结果表明，除了批发贸易类生产者服务业以外，其他各类生产者服务业在产业转移中均明显具有追逐制造业外商直接投资的倾向。生产者服务业的产业转移大多不受东道国市场规模因素与政治环境因素的影响，而且与工资水平呈正相关关系。

3. 小结

最近十多年来，国内学者开始关注生产者服务业与制造业的关系，并开始从空间视角加以研究，取得了丰硕的成果。但这些研究大多数还是基于一个城市内部，没有从空间分离的视角进行拓展研究，因此有必要继续深入探究城市间的产业互动究竟需要什么的条件，将会产生怎样的影响。

2.2
关于城市层级体系理论及中心—外围理论的研究

2.2.1 国外的相关研究

对于城市层级体系和中心外围现象，多年来国外学者进行了深入分析。

1. 关于城市层级体系的研究

沃尔特·克里斯塔勒的中心地区理论。他假设有一块匀质的平原，资源人口密度均匀，运费不变，消费偏好相同。厂商的定位原则需要考虑需求界限，考虑市场范围。这样就会形成商品市场的地理分布范围，形成若干个大小不同的"中心地"。在一个区域内，高级的中心地只有一个，次一级的中心地较多，等级越小的中心地越小，规模越小。每一中心地的相对重要性取决于它所提供的商品和服务的数量与等级。

奥古斯特·勒施（August Losch）的"经济景观理论"。勒施利用数学推导和经济学理论得出了一个与克里斯塔勒学说近乎相同的区位模型——六边形。如果一个点阵要在一个给定密度的中心地区使运输成本最小，那么市场区域必定是六边形的[①]。在勒施的体系中，克里斯塔勒的中心地形式仅是其中的特例。勒施通过不断改变六边形的方向和大小，得到不同规模的市场区。[②]

普雷德（Pred）的城市场概念。普雷德（977）认为，中心理论所提出的位置间的等级或垂直关系应当让位于"城市场"（urban field）或者城市体系这一概念。这一概念认为城市是一个由人员流、信息流、资金流和商品流组成的各模块之间的相互依赖的水平体系，而这一现象在 20 世纪 70 年代发达经济中就已出现。

杨小凯的新兴古典城市层级理论。杨小凯认为，在分工水平较高的情况下，集中交易可以提高交易效率，节约交易费用。这并不意味着城市越大越好。市场会自发形成最优的分层城市结构，在贸易品种达到一定数量时，市场的地理分布就可能产生金字塔分层结构。少数大城市在上层，众多中城市在中层，更多小城镇在下层。给定分工水平，有一个最优城市层次数，而政府主导下形成的城市分层结构总是畸大畸小。[③]

克鲁格曼等人的城市层级体系。克鲁格曼等人（1999）以 19 世纪美国城

[①] 奥古斯特·勒施著，王守礼译：《经济空间秩序——经济财货和地理间的关系》，商务印书馆1995 年版。

[②] 一般认为，克里斯塔勒的模式解释第三产业的区位比较合适，而勒施的模式解释第二产业的区位比较恰当。西方学者认为，中心地区理论没有整合为一个模型，勒施虽然指出六边形点阵的效率最高，但他并没有描述可能从该点阵中产生的分散化过程。克鲁格曼对此评论道：克里斯塔勒虽然认为层级结构似乎可能，但他并没有说明个体行为是如何导致这种层级出现的（甚至连这种层级出现后如何维持也没有说明）。

[③] 杨小凯认为，新古典城市化理论都是用规模效益和第 I 类集聚效益来解释城市出现的，同新型古典以分工和专业化经济为基础的城市化理论有很大区别。第 I 类集聚效益是指从事制造业的人集中居住便于改进交易效率和促进分工；第 II 类集聚效益是指分工的网络效应和集中交易对提高交易效率的效应（杨小凯，2003）。

市层级体系的形成为例，从动态的视角考察了城市层级体系的演化，认为行业间规模经济和（或）运输成本上的差异，使得分散的消费者与已经形成的集聚之间的力量相互抗衡，从而可以对不同的行业按次序排列；行业的这种排序转而又导致了一个包括许多不同类型的城市的层次体系。在这个层级体系中，与较低级别的城市相比，较高级别的城市包含更多的行业种类。城市会自然趋向于在空间和行业结构上形成层级体系。

2. 关于"中心—外围"理论的研究

"中心—外围"一词最早由阿根廷经济学家劳尔·普雷维什提出。其基本思想是："中心"主要是由西方发达经济体构成，具有生产结构同质性和多样化的特点；"外围"是广大的发展中经济体，它们呈现出生产结构异质性和专业化的特点。弗里德曼（A. J. Friedmann）在《区域发展政策——委内瑞拉案例研究》和《极化发展的一般理论》等著作中认为，经济发展是一个不连续但逐步累积的创新过程，而创新起源于区域内少数的变革中心（核心区），并由这些中心自上而下、由里向外地朝创新潜能较低的地区（外围区）扩散。在核心区与外围区的关系中，前者处于支配地位而后者处于依附地位。①

克鲁格曼等在空间经济学意义上对中心外围模型进行了新的阐释。他们的基本思想是：在满足一系列的假设条件下，当运输成本足够低、制造业差异产品种类足够多并且制造业份额足够大时，某些关键变量的微小变化会使经济发生波动，原先两个互相对称的地区发生转变，起初某个地区的微弱优势会不断积累，最终该地区变成产业集聚中心，另一个地区变成非产业化的外围，即经济的演化形成中心—外围的模式：制造业"中心"和农业"外围"。在放松了一些假定后，仍然可以得到这一结论。克鲁格曼等人在研究均质地区发展的基础上，还考察了非对称性对地区发展模式的影响。

中心—外围模型刺激了空间经济学的研究，使经济地理学成为主流经济学的一个重要分支。克鲁格曼和维纳布尔斯（Kragman P. R. and A. J. Venables, 1995）将行业的垂直上下游联系引入到中心外围模型，研究劳动力无法跨国流动时产业形成集聚的机制。他们认为拥有多个下游企业的国家能够为中间品厂商提供广阔的市场，从而吸引中间品厂商的集聚；而中间品厂商的集聚又会降低下游企业的生产成本，从而吸引更多的下游厂商的集聚。这样一直循环下去，就形成了产业在该国的集聚。

马丁和罗杰斯（Martin, P. and G. A. Rogers, 1995）用资本的跨国流动取

① 引自郑长德等主编：《现代西方城市经济理论》，经济日报出版社2007年版。

代中心外围模型中的劳动力流动，研究了基础设施对制造业区域集聚的作用。他们发现：厂商倾向于集聚在基础设施较好的国家，因为这意味着可以降低运输成本，进而降低售价，扩大国际市场。这样，就会吸引国际企业迁入到基础设施较好的国家。

普加（Puga，1999）假设劳动力可以跨行业流动，认为劳动力的供给弹性对产业集聚的形成有重要影响。他认为，农业部门相对于制造业部门保持较高的劳动力供给弹性，使得制造业部门以较低的工资增长从农业部门吸引到源源不断的劳动力，则会有利于制造业在某一地区的集聚。

藤田昌久（Fujita）、克鲁格曼和维纳布尔斯（1999）在克鲁格曼（1991b）提出的中心—外围模型基础上做了进一步分析。他们认为，运输成本与厂商集聚之间是非线性关系。当厂商集聚在一个地区集聚后，随着运输成本的进一步下降，原来的集聚均衡将会因为中心地区的拥挤成本而发生变化，会出现厂商从核心地区向外围地区扩散的倾向。总体来看，运输成本与厂商集聚之间存在一种倒"U"型关系：分散—集聚—分散。

奥尔加·阿隆索·维拉尔和何塞·玛丽亚·查莫罗·里瓦斯（Olga Alonso-Villar and José-María Chamorro-Rivas）在克鲁格曼和维纳布尔斯模型的基础上，构建了一个包含两个地区、三个部门（制造业、生产者服务业和农业）的理论模型，发现当地区一体化时将会出现专业化（生产者服务业居于核心区域，制造业居于外围区域）而不是集聚。[①]

应当说，克鲁格曼等人关于中心—外围的研究，开创了经济地理学研究的新领域。但是他们大多没有考虑服务业的因素；也没有考虑发展中经济体，特别是一些新兴经济体，在他们的模型中，每个区域的规模、决策权限一样，唯一的差异就在于区域间距离不同而导致的运输成本不同。另外，在他们的分析中，多个区域被置于一个"连续空间"，一个区域的经济活动借助相邻区域传导至其他区域，但没有考虑到发展中经济体可能存在的多区域之间的分割和多重互动关系。因此，若要借助中心—外围思想分析发展中经济体，他们的模型还需要进一步完善。

2.2.2　国内的相关研究

1. 关于城市层级体系的研究

洪银兴（2003）认为，由于城市本身也有等级，各类公司会依自身的等

---

① 这篇文章对于本书研究中心—外围有着重要的借鉴意义（2012 年笔者曾将该文译成中文与部分学者交流）。

级进入不同等级的城市，因此形成城市现代化水平的不同等级。中心城市聚集服务业，卫星城市和城镇集聚制造业。吕力（2005）用产业集聚、扩散解释了城市化进程中城市规模的形成和城市空间体系的演变规律。陈殷、李金勇（2004）认为，在城市等级体系中，不同级别与支配力的城市对应不同档次与实力的生产者服务业集群。钟韵、闫小培（2007）论证了生产者服务业发展与城市等级序列之间的关系，提出"区域中心城市，而不是其他等级序列较低的城市，可以将生产者服务业培养为城市经济发展的新驱动力"的观点。高波、张志鹏（2008）认为，自20世纪90年代以来，长三角地区城市间的职能分工与功能依存不断加深。在这一过程中，服务业的集聚有效提升了城市功能，在空间上实现了服务业资源的合理配置，并要求各城市之间重新评估和调整相互间的功能关系。

2. 关于中心——外围理论的研究

朱希伟（2004）引入部门间人口流动成本和地区间技术差异，认为新兴制造业可以在外围地区形成并缩小地区间差异。梁琦（2005）从制造业集聚的视角指出，经济一体化和贸易自由化究竟是导致产业的空间集聚还是分散存在不确定性。如果垂直关联度很强且贸易成本仍然实质性地存在，那么经济一体化可能导致空间集聚在一地发生。反之，公司根据要素价格差异而分散定位。现实情况可能是，一些产业会集聚，而另外一些产业作为对要素价格区域差异的反映而分散。所以区域经济一体化并不必然导致中心与外围的结果。何雄浪（2007）扩展了贸易成本的范围，认为贸易成本不仅包括产品运输成本，而且也包括要素流动成本，并引入前后向产业联系，在此基础上发展了可解的中心——外围模型。何青松等（2008）认为区位因素形成的外生比较优势与集聚因素形成的内生比较优势是共同决定产业集聚发展的重要因素。中心——外围模型仅考虑了集聚因素对产业集聚的影响，而他则将区位因素也纳入该模型。赵伟等人（2009）沿着藤田昌久——克鲁格曼——维纳布尔斯（1999）的经典模型范式，将长三角地区多层"区域"及其内外区际经济互动关系，视为一个多层的两地区两产业模式，由此建立了一个囊括五个层次的核心外围框架。这个框架由外及内，分为五个层级，每一个层级都形成了一个相对独立的核心外围模式。①

---

① 第一个层级等同于全国层次的长三角与中西部地区的互动关系；第二个层级代表大区域层次的长三角与其他两大工业化地带的互动关系；第三个层级代表长三角某个省域（如浙江）与其他两省一市的互动关系；第四个层级代表长三角任意一个跨县市产业区（如苏南）与邻近其他产业区（苏中或苏北）的互动关系；第五个层级是任意一个县域经济与邻近其他县域经济的互动关系（赵伟等，2009）。

2.3
本章小结

国外学者借用制造业集聚理论对生产者服务业的集聚进行了多方位的研究。有的研究关注到了生产者服务业集聚的空间特征以及在不同层级城市的分布差异，但是对于制造业与生产者服务业空间互动的研究相对不足，对于城市层级体系本身又会产生怎样的影响则涉及较少。而传统的中心—外围模型也是基于制造业与农业的分工视角，缺乏对服务业作用的深刻理解。在模型设定上有些假设条件与中国国情相差较大，不能随意移植到中国的产业成长和区域经济分析中来。

国内的研究也存在类似的情形。研究服务业的文献有些注意到了产业互动，但还是囿于城市内部，没有将之扩展到城市之间，还很少将其与中心外围、城市层级体系的演进联系起来考察；另外，研究互动的文献过于关注制造业的引领作用，而对于服务业本身的发展规律未能给予足够的重视。有些研究缺乏关于生产者服务的特性、服务企业组织形态演进及其对城市层级体系影响的相关研究，因而在互动研究的微观基础方面显得不够坚实。

借鉴上述研究成果，接下来本书将从互动形成的条件着手，研究城市间生产者服务业与制造业互动的形成机制，研究生产者服务业的选址规律，以及这种互动对于中心—外围格局、城市层级体系等方面的综合影响，力求进行一定程度的补缺或创新，以期对城市间产业分工的相关研究有所贡献。

第3章

城市间生产者服务业与制造业互动的
形成机制：空间交易成本假说

城市间生产者服务业与制造业的互动，有着内在的形成机制或演进规律。为了更好地理解城市间产业互动的形成，接下来的几章，本书将分析这种互动的形成机制。本章侧重于从空间交易成本的视角，研析其形成的条件或因素。

3.1
空间交易成本、企业空间边界与产业互动的演进

3.1.1 空间交易成本的含义

在产业互动的空间演进中，空间交易成本起着非常重要的作用。这一概念源于交易成本，是指企业因为空间距离而产生的各类交易成本。① 从城市视角看，它主要包括以下几类成本：

（1）城市间的市场壁垒。市场壁垒与贸易壁垒类似，后者一般是指国家间（或主权经济体间）限制自由贸易的各类举措，包括各种关税壁垒和非关税壁垒。而前者泛指一切不同经济区域之间的各类限制交易措施，既涵盖国家之间、地区之间，也包括城市之间。与国家或地区一样，一些城市因为自身特色利益，而对本市以外的企业或其他市场主体实行歧视性政策，对本市企业实

---

① 本书阐释的空间交易成本概念与王春艳、鲍伶俐（2010）提出的"空间性交易成本"有较大区别。后者侧重于用威廉姆森关于交易成本三个基本维度（不确定性、资产专用性和市场交易频率），分析了纵向一体化组织形态和产业集聚空间形态的差异。本书侧重于用边际分析法阐释企业空间边界的确定及变化。

施各类特殊优惠或补贴，从而干扰市场机制运行，扭曲乃至抬高正常的市场交易成本。市场壁垒高，将阻碍城市间产业的互动。

（2）城市间的交通成本。交通成本泛指一切因为空间距离而产生的各项运输费用，包括人员通勤成本和物流成本等。其中，物流成本是指产品的空间移动及时间占有中所耗费的各种支出。物流成本不仅受到空间距离远近、交通技术条件优劣的影响，同时还会受到通信信息技术、物流仓储、物流管理、人力成本甚至城市间交通规费等诸多因素的影响。城市间的交通成本越高，越不利于企业跨城市的生产经营。

（3）城市间的信息交换成本。信息交换也会发生一定的成本。在现代信息技术应用之前，空间距离越远，信息的交换成本也越高。即使现代信息技术普及的今天，信息交换也要耗费一定的成本，这其中包括庞大的信息基础设施投入、终端信息设备的购买支出，等等。此外，对于一定空间距离以外的信息，人们面临的信息不对称程度更高，需要仔细甄别以判断真伪，这也需要付出一定的费用。如果信息失真，则付出的潜在成本会更高。同样，信息交换成本越高，越不利于企业在城市间乃至全球间的产业布局。

上述三类空间交易成本在很大程度上影响着企业的空间决策，影响着企业空间边界的扩展，从而影响着产业互动演进的空间范围。

3.1.2　空间交易成本与企业空间边界的拓展

产业互动从城市内演进至城市间，实质上是企业空间边界不断拓展的一种表现。这其中有两种力量在交互影响，共同决定着一个企业的最优空间边界。

一种力量是拥挤成本。当某一城市的企业、产业集聚发展到一定阶段，在带来集聚经济效应的同时，也会造成集聚不经济，即出现拥挤效应（诸如工资抬升、租金上涨等），使得企业收益下降。在这种情形下，企业可能会考虑将部分生产经营环节甚至整体外迁，寻求要素价格更为低廉的城市。一般来说，企业的空间边界拓展得越远，付出的拥挤成本就越少（见图 3-1 中的拥挤成本曲线）。

另一种力量就是空间交易成本。企业拓展空间边界虽然会节约拥挤成本，但随着空间距离的延展，企业付出的空间交易成本也会上升。如前所述，在其他城市拓展业务，面临着市场壁垒，还要付出交通成本、信息成本等。一般来说，企业的空间边界拓展得越远，付出的空间交易成本越高（见图 3-1 中的空间交易成本曲线）。

企业的空间边界由这两种成本的合力共同决定。当边际拥挤成本等于边际空间交易成本时，企业节约的拥挤费用正好为空间交易费用的增加所抵消，即达到一个空间边界扩张的均衡点（如点 E），企业就会停止空间边界的扩张，此时的空间边界为最优（如 a）。如果因为一些因素的变化，使得空间交易成本曲线整体下移，那么空间均衡点也会向右下移动（从均衡点 E 移动到点 E*），企业的最优空间边界也会随之从点 a 扩张到点 a*（见图 3-1）。

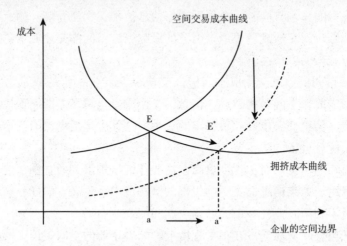

图 3-1　企业空间边界的确定与变化

由上述分析可知，空间交易成本是影响企业空间边界的一个重要变量，空间交易成本的下降有利于企业空间边界的拓展。

3.1.3　空间交易成本与产业互动的演进

企业空间边界的拓展，从城市视角看，其结果将会使得产业互动从城市内向城市间逐步演进。

城市间产业的互动，是在城市内产业互动的基础上发展而来的。在产业发展早期，由于市场机制还不够完善，技术进步缓慢，不仅空间交易成本高，而且其他非空间性质的交易成本也比较高，这就限制了企业的空间边界而扩张了企业的组织边界。在这一阶段，大多数企业选择在一个城市内部实行纵向一体化，把研发设计、营销品牌等生产服务环节以及加工制造环节全部整合在企业内部，避免外部交易的烦琐、困难或风险，从而节约交易成本，这在市场发展早期（甚至现今某些特殊行业）不失为一种理性的选择。这样，生产者服务业与制造业的互动，实际上是在（城市内的）企业内部进行（见图 3-2 中的 A 区）。

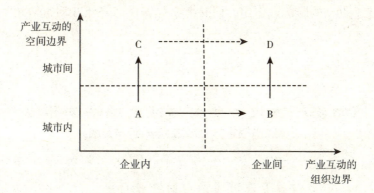

图3-2　产业互动的类型及演进路径

随着市场经济运行环境的改善，交易成本下降，企业的组织边界收缩，部分生产者服务逐步从企业内部独立出来，变成一个个独立的专业化市场主体。这样，生产者服务业与制造业就从企业内的互动变成了企业间的互动（即从图3-2中的A区演进到B区），此时这种互动还是在城市内部开展。

当经济社会发展到一定阶段，由于出现了一系列新的外部条件或因素，导致企业的空间交易成本逐步下降，一旦下降到一个临界点，生产者服务业与制造业将突破某一个城市的空间限制，开始向其他城市转移或集聚。进一步讲，是生产者服务业不断向区域内的某一些城市集聚，而制造业不断向区域内的另外一些城市集聚，这样产业互动将从城市内的（企业间）互动逐步演进到城市间的（企业间）互动（即从图3-2中的B区演进到D区）。

与此同时，也由于空间交易成本下降的缘故，企业的空间边界可以在更广的范围扩张，同一个企业的生产者服务环节将向其他城市延伸或转移，而加工制造环节则延伸或转移到另外一些城市，这样产业互动将从城市内的（企业内）互动逐步演进到城市间的（企业内）互动（即从图3-2中的A区演进到C区）。①

总之，空间交易成本上升，将制约企业在城市间的资源整合从而不利于城市间产业互动的形成；反之，则有利于城市间产业互动的发展。随着一些因素的改变，空间交易成本也会发生变化，在条件向好的情况下趋于下降，这样有利于生产者服务业与制造业的互动从城市内部逐步演进到城市之间。那么，究竟有哪些条件或因素会影响企业的空间交易成本，进而影响着城市间产业互动的形成？接下来本章将分析市场一体化、技术等因素对于空间交易成本进而对

---

① 在企业外部交易成本不断降低的情形下，C区的产业互动可能也会向D区演进。

城市间产业互动的影响或作用，同时考察与城市间产业互动密切相关的其他因素。

3.2
市场一体化、要素的区位偏好差异与
城市间产业互动的形成

3.2.1　市场分割无法形成城市间产业互动

在某些经济体中，由于一些特殊的制度安排，各区域甚至各城市竞相设立较高的市场壁垒，导致企业的空间交易成本很高，区域的统一市场被人为分割。在市场分割的状态下，生产者服务业与制造业只能在一个有限的区域——譬如一个城市的内部形成互动。也就是说，该城市的生产者服务业只为该城市内部的企业服务，不可能为其他城市的企业服务；同样，这个城市的制造业也只能接受该市企业的生产者服务，不可能寻求其他城市的服务；只能向本地企业提供制造品，不可能向外地企业提供产品。在这样的状态下，企业及产业的空间边界受到极大的制约，一个企业的价值链只能在一个城市内进行布局、整合，企业对利益最大化的追求受到了地理上的限制。当然，生产者服务和制造业也就不可能在城市间形成互动。

所以，实现生产者服务业与制造业能够在城市之间的互动，其首要条件就是进行制度创新，实现区域市场一体化。市场一体化的本质就是拆除市场壁垒，降低企业及产业的空间交易成本，用市场价格信号引导经济资源（或生产经营的各类要素）在某一区域范围内自由流动。

3.2.2　市场一体化对于城市间产业互动的影响

区域市场一体化意味着城市间的市场壁垒被拆除，当这一空间交易成本大幅下降，在市场价格信号的引导下，企业可以根据各个城市的商务成本等状况决定自身的研发、制造和营销等各个环节所组成的价值链如何选址。企业的价值链有了重组的可能（因为没有了重组的制度障碍），也有了重组的需要（市场一体化加剧了企业间的竞争）。价值链重组的可能与市场竞争的加剧使得企业原有的价值链在整体上发生裂变，一个企业在一个城市内掌控价值链的所有环节变得不可能也不经济。在一个一体化的区域市场内，对于价值链的不同环节，企业可以在更广阔的范围内进行重新选址。原先一个完整的价值链，可能会进行拆分；原先就已分离的价值链，也有可能进行重新布局。从空间上看，企业对整个价值链进行重组，也就是重新进行各个环节的选址。这场重新选址的过程会因为多重因素（规模经济、集聚经济、外部经济，土地、人力资源、基础设施、市场规模、要素流动性以及政策干预等）而显现出集聚与扩散的动态调整。

但是，以上分析只能解释制造业或服务业独自的空间调整（例如，一些制造业从一个城市转移到另一个城市，一些服务业从一个城市转移到另一个城市），还不足以解释服务业与制造业在空间上的协同调整，即为什么制造业向一些城市——主要是中小城市集聚，而生产者服务业向另外一些城市——特别是大城市集聚，从而形成一些城市以制造业为主、而一些城市以生产者服务业为主的城市间互动。因此，必须进一步探究其他影响企业区位选择的因素。

3.2.3 价值链不同环节的要素及区位偏好

回答上述问题的关键在于，价值链的不同增值环节对于不同要素及区位的偏好存在较大的差异。一般来说，价值链中的研发环节，主要依靠人才和技术来驱动，因而在要素偏好方面更喜欢科技人才、技术、知识和信息等高级要素，在区位偏好方面也更喜欢接近科研机构、高素质的劳动力市场、接近新产品的使用者市场；而价值链中的制造环节，主要依靠熟练工和机器来驱动生产，因此在要素偏好方面则更喜欢廉价劳动力、便宜的土地、原料和零部件等，在区位偏好方面要求接近廉价劳动力市场、低地价城市、原料供应地、接近交通枢纽和有较强产业配套能力的地方；而价值链中的营销环节，主要依靠人才、市场和信息来驱动，因此在要素偏好方面希望有丰富的营销人才、完备的通信、信息及交通基础设施，在区位偏好方面则相应要求所在城市有较大的市场需求、完善的销售网络和便利的交通运输。

由于价值链不同增值环节所要求的要素和区位偏好不同，这就导致了生产者服务业在集聚地点上与制造业有所区别。一般来说，大城市高校科研院所集聚，人才集聚，基础教育和高等教育水平总体较高，基础设施比较完备，生活设施也比较完善，市场交易的法治环境好，比较适合研发环节和营销服务环节的发展；而中小城市人力成本、土地成本、水电成本等都比较低廉，有些城市自然资源还比较丰富，因此较为适合加工制造环节的发展。三者的比较见表 3 - 1。

表 3 –1   价值链的不同环节对于不同要素及区位的偏好

价值链环节	要素偏好	区位偏好1	区位偏好2
研发（生产者服务环节）	高级人力资本、技术、知识和信息等高级要素	接近科研机构、高素质的人力资源市场，接近新产品的使用者市场	大城市及其郊区
加工制造	廉价劳动力与土地、原料和零部件等	接近廉价劳动力市场、低地价城市、原料供应地，接近交通枢纽和有较强产业配套能力的地方	中小城市，大城市郊区
营销（生产者服务环节）	接近市场、需求信息和较好的通达性	有较大的市场需求，完善的销售网络和便利的交通运输	大城市核心区

资料来源：参考高波、张志鹏（2008），笔者有所改动。

　　市场一体化后，空间交易成本大幅降低。一些企业基于利用不同城市优势资源的目的，把企业价值链中的高端部分——主要是高层次的生产者服务，如执行战略决策、资源配置、资本经营、绩效管理及外部公关等全部或部分职能，保留在或迁移到大城市，而把价值链中的低端部分——主要是具有占地面积相对较大、劳动密集型等特点的制造环节，迁移到周边中小城市。企业总部自身提供生产者服务。不仅如此，为了提供这些服务，它们也需要大量配套的、专业化的生产者服务企业。这就进一步促进了生产者服务业向大城市的集聚，最终形成了中小城市或大城市郊区发展制造业，而大城市特别是其核心区集聚发展生产者服务业的新格局。从以上分析可知，进行制度创新，拆除市场壁垒，实现市场一体化以降低空间交易成本是两大产业在城市间互动的前提条件之一。

3.3
现代技术变迁与产业互动的空间扩展

　　在城市间产业互动形成的过程中，科技革命带来的技术变迁，包括现代交通技术、通信技术和信息传输技术等起到了极其重要的作用，这也是影响空间交易成本以及城市间产业互动的重要因素。

3.3.1　技术变迁对于产业发展的影响

　　从历史上看，在第一次工业革命中，蒸汽机的改良加快了机器对手工生产的替代，推动了机器的普及以及现代工厂制的建立，使得近代大工业开始逐步向城市集聚。一些城市交通便利，要素集聚，降低了工业生产成本，比较适合机器大工业的发展，这样工业生产开始与城市发展紧密相关，两者相互依赖、相互促进。

在第二次工业革命中，自然科学的发展开始与工业生产紧密结合，使得科学在推动生产力发展方面发挥了更为重要的作用。科学与技术的结合使以"电气时代"为标志的第二次工业革命取得了巨大成果，不仅为现代工业生产提供了更加有效的制造设备等，而且为城市发展提供了现代化的交通工具，如汽车、飞机等。而近年来兴起的新型交通技术（磁悬浮、高速铁路、城际铁路的近似公交化运营）则又进一步大幅缩短了行驶时间，[①] 使得各个城市的联系更为紧密，不仅形成了较大的都市圈、城市群，甚至出现了"同城化"的趋势。生产要素在城市集聚和流动的成本因为有了现代交通工具而被大幅降低，人们开始用"几小时都市圈"的概念来形容工作生活的半径。这使得远距离的生产者服务、从而城市间产业互动的形成成为可能。

在第三次科技革命中，信息技术、数字技术得到飞速发展，众多城市已开始步入数字时代和互联网时代。现代城市内部以及城市之间以通信、计算机及信息资源网络化为基础，广泛利用云计算、大数据等新兴数字化信息处理技术和网络通信技术，将城市的各种信息资源加以整合，形成了一个遍及全球绝大多数城市的巨大而无限的互联网世界。智慧城市、智慧国家甚至智慧地球的概念已经开始风行，这将深刻影响产业互动的发展趋势。

3.3.2　现代技术变迁推进了城市间产业互动的形成

交通、通信和信息技术的变革，不仅方便了不同城市人们之间的联系，使得人际间的沟通更为快捷、顺畅，而且极大地降低了通勤成本、物流成本、信息交换成本等空间交易成本，[②] 从而极大地方便了企业的生产经营。对于企业而言，通信、信息技术的进步使得企业总部与分支机构、企业与企业之间可以通过有线、无线网络等多重方式进行远距离的瞬时交流与全天候遥控。而快速便捷的高速铁路和航空网络，则同样实现了企业人员远距离出勤和商务旅行，实现部门之间的正常协作。这使得企业完全可以在城市之间对价值链进行重

---

① 例如，武广高速铁路正式投入运行后，高达 350 公里的时速，将武汉与广州之间的铁路旅行时间从 11 小时拉近到 3 小时。

② 信息技术领域有一个摩尔定律：当价格不变时，集成电路上可容纳的晶体管数目，约每隔 2 年便会增加一倍，性能也将提升一倍。这一定律揭示了信息技术进步的速度和成本下降的速度。

组，根据城市的基础设施、人力资源等状况，决定以生产者服务功能为主的企业部门置于一些特殊的城市（如区域性的大城市），而将制造功能为主的价值链部门置于另外一些城市（如中小城市）。

简言之，交通、通信及信息技术的飞速发展，在很大程度上克服了因为产业在空间上的距离而带来的交易成本，使得距离不再成为企业进行区位选择的一个首要因素，企业完全可以在更为广阔的地理空间上进行产业布局，这就意味着两大产业能够实现在不同城市间的互动。很难设想，如果没有技术的飞速发展，一些大城市能够从容地扩展其强大的生产者服务而不必担心所谓"产业空心化"的趋势。只有依靠这些不断更新的现代技术，生产者服务才能有效地扩展其服务的半径或范围，实现与制造业在广域空间上的互动。所以，现代交通、通信和信息技术的发展也是形成城市间产业互动的重要条件之一。

3.4

企业组织结构的演进与城市间的产业互动

在城市间产业互动的形成过程中，有两个因素的演进，虽然并不直接影响空间交易成本，但也与城市间的产业互动高度相关，是形成城市间产业互动的重要条件，分析它们与产业互动的关系对于完整理解城市间产业互动的形成同样有着十分重要的意义。这两个因素，一个是企业的组织结构，另一个是产业内的分工。本小节分析企业组织结构的演进，下一小节分析产业内分工的深化。

3.4.1 全能型组织结构的特点及弊端

企业组织结构的不断创新对于城市间产业互动的形成起到了重要的推动作用。在一个有限的、封闭的城市内部，企业往往是较为单一的功能垂直型组织结构（"U"型结构），所有业务、所有功能都集中在一起，分支机构仅限于城市内部甚至没有分支。一个企业总部将研发、制造和营销、融资等所有环节都集中在一处。这种结构既是在城市内部产业高度混同、统一的基础上形成的（即生产者服务可能还没有完全从制造业中分化出来），同时又反过来强化了这样的产业形态。这种组织形态的好处在于，研发、加工与营销等环节衔接较为及时，空间交易成本很小甚至近乎为零。

但是，这种企业组织结构随着时间的推移逐渐显现出它的弊端，特别是灵活性、适应性不够，各个环节的机会成本从空间视角看较高，不能在全域范围内整合资源实现成本的最低化（在市场一体化条件下，制造基地完全可以选择土地、劳动力要素更低的城市，而研发及营销总部可以选择条件更为优越的区域中心城市），因此，迫切需要创新组织结构。

3.4.2　新型企业组织结构的特点及影响

经济全球化、区域一体化和信息技术的快速发展，使企业的组织结构也发生了质的变化，传统的纵向组织模式通过信息网络变成了纵横交错的组织模式，企业管理的信息沟通能力和管理跨度迅速增长。在这种背景下，企业得以将制造功能与服务功能在空间上进行分离，从而有效利用不同城市的资源禀赋。这样就出现了企业集群、战略联盟、企业网络以及"总部—分支"（或基地）等多种组织形态，这些新形态可以有效地延伸企业的触角，便于企业在更大空间上的发展。

例如，事业部型的 M 型组织结构，对于各个事业部赋予了更强的独立性，在更大程度上强化了各事业部及其分支在地理上的独立选择。又如，在总部—分支型组织结构中，总部主要承担管理、投融资、研发、公关和营销等生产者服务功能，而分支（基地）主要承担着某一项或几项功能，譬如生产（制造）这一环节。这样，原先高度集中统一的企业组织结构开始分化，企业根据实际重新在空间上为总部和分支机构进行选址。很多大企业利用不同城市资源禀赋的差异，把承担高层次生产者服务职能的企业总部保留在大城市，而把一些制造加工环节外移到周边中小城市。[①] 相反，一些企业为了寻找更广阔的发展空间进行反向迁移——把制造环节保留在次一级城市，而把企业总部迁到中心城市。[②] 这样的布局对于企业有着重要的经济意义——具有服务集成功能的总部集聚于中心城市，可以充分利用当地的各种便利设施降低企业运转成本，获得一定授权的分支或事业部集聚于其他城市，可根据当地实际灵活组织生产经营（从而降低与企业总部往来的各种冗繁的组织协调成本）。

上述现象反映了同一种趋势——企业原有的组织模式正在被打破。企业，特别是大企业正在通过将总部与制造基地空间分离的形式，寻求包括空间交易成本在内的成本最低化，并实现不同区域优势资源在企业内部的最优配置，以

---

① 例如，联合利华公司将生产基地从上海迁往合肥，白菊集团将生产基地从北京迁往河北霸州。
② 如杉杉集团将企业总部从宁波迁往上海，二汽将企业总部从十堰迁往武汉，等等。

此谋求更大的竞争优势。从发展趋势来看，企业总部在不断向中心城市、尤其是大城市集聚,[①] 而分支机构或制造基地在不断向郊区或中小城市扩散（扩散中也有集聚）。所以，伴随着市场一体化、价值链重组而日趋演变的企业组织结构，对于城市间产业互动的形成也起到了极大的推动作用，是其重要的条件之一。

3.5

产业内分工的深化与生产者服务业
选址独立性的增强

分工的深化，一方面是交易成本下降的结果，另一方面也会影响交易成本并从多个侧面影响产业互动的演进。本小节分析的对象是产业内的分工，且主要是生产者服务业内部的分工，它对于增进生产者服务选址的独立性，进而形成城市间的产业互动有着重要影响。

3.5.1 产业内的分工

众所周知，没有分工，就没有效率的提高，就没有产业的细化和发展。在人类社会发展早期曾出现过三次社会大分工,[②] 且每次大分工都推动了社会生产和商品交换的进一步发展。现代社会，随着技术的演进和市场竞争的加剧，不仅出现了产业之间的分工，而且还出现了产业内的分工（甚至产品内的分工）。

就本书关注的主题来说，不仅生产者服务业与制造业产业间的分工日益显现，同时生产者服务业内部的分工也日益细化。在现代信息技术和网络技术的催化下，企业间交易成本不断下降，生产者服务业自身也在大量地裂变，行业内部演化出众多的子行业、孙行业等。例如，单就金融行业来说，其内部就有银行、证券、保险、信托、租赁、典当等行业之分。保险业有财险、人寿和保险辅助服务等行业。证券业又有从事股票、基金和债券、期货、外汇交易、其他金融衍生产品交易等各类业务。金融衍生品交易中还有产品设计、等级评估、承销发行、风险管理、投资咨询等一系列相关的行业。每一个子项里面还可以细分出很多行业。由此可见，现代社会产业分工越来越细，专业化的运作

---

① 当然，还可能在中心城市或大城市之间迁移。
② 恩格斯：《家庭、私有制和国家的起源》，人民出版社 2003 年版。

程度越来越深。这不仅体现在制造业内部，同样也体现在生产者服务业内部。

3.5.2 产业内分工的影响

生产者服务业的日益细分，使得各类服务更加专业，更容易形成规模经济，降低服务价格，促进整个行业的发展。不仅如此，生产者服务业的日益细分，还可形成数量众多、分工明确与协作有序的中间服务供应商，有助于提高交易的成功率；另外，不断膨胀的服务市场规模发展到一定阶段，也可能会形成某一区域产业发展的拥挤效应，即出现人力资源稀缺、土地稀缺等情形，导致人员工资、土地租金等不断上涨，进而产生企业在原地理空间上生产经营的离心力，迫使企业从一个空间迁移到另一个空间，从一个城市迁移到另一个城市，这实际上也有助于城市间产业互动的形成。

更重要的是，生产者服务业的日益细分，表明了生产者服务企业之间越来越多地相互提供服务，其自身的发展就是自身的市场需求。这实际上意味着生产者服务业内部就可以创造巨大的市场需求，而不一定完全依赖于制造业的发展。据有关学者研究，从 1981 年以来，中国生产者服务业中投入到服务业部门的比重明显上升（1981 年为 26.7%，2005 年为 39.6%）。这种状况表明，随着经济的发展，服务业自身越来越成为生产者服务业的重要需求来源。这一特点不仅在中国发生，在世界主要发达经济体中也普遍存在。[①] 生产者服务业这一特性的变化，不仅会反映在该产业市场规模的不断扩张，而且也会反映到该产业空间选址的变化——生产者服务业在一定条件下能够在地理上与制造业实现分离，因为生产者服务业内部丰富而细致的分工与协作，使得它的发展可以相对独立于制造业，从而进一步增强自身发展的地域独立性，这也是生产者服务业与制造业在城市间能够长期互动发展的重要条件之一。

3.6
多因素的交互作用与城市间的产业互动

3.6.1 不同因素的作用及相互关系

上文分析了四种因素对于空间交易成本及城市间产业互动的影响，这四种

---

① 引自陈秋玲等著：《中国服务产业研究》，经济管理出版社 2010 年版。

因素可以分为两类：一类是市场及技术因素，它们通过影响空间交易成本而影响城市间产业互动；另一类是组织及分工因素，它们可增进或延缓这种互动的进程。

具体来看，在第一类因素中，就市场而言，区域经济一体化形成的统一市场使两大产业在城市间的重组成为可能，同时又使得市场竞争日益加剧，迫使两类企业在空间上对整个价值链进行重组。价值链重组的过程可能会带来生产者服务业与制造业在空间上的协同调整。就技术来说，现代交通技术、通信技术和信息传输技术等飞速发展，缩短了人们在空间上的联系距离以及联系的时间，降低了人们的交通成本和信息成本，有利于企业更远距离、更大空间上的经营布局。

在第二类因素中，就组织结构而言，在价值链空间重组的过程中，企业的组织结构也随之发生改变，出现了企业集群、企业网络以及"总部—分支"（或基地）等多种组织形态，它们对于产业在空间上的集聚与扩散起到了极大的促进作用。就分工来说，生产者服务业内部的分工也日益细化，生产者服务企业之间越来越多地相互提供服务。这实际上意味着生产者服务业内部就可以创造巨大的市场需求，而不一定完全依赖于制造业的发展。这在很大程度上强化了生产者服务业的地域独立性。

事实上，上述四种因素也反映了四种性质的变迁对于城市间产业互动的影响：市场一体化反映的是制度变迁；交通通信信息技术的进步反映的是技术变迁；组织结构的演进反映的是组织变迁；而分工的细化反映的是市场结构的变迁。这些外在或内在的变迁，必然会从微观层面影响企业的空间交易成本及其他成本，进而对城市间产业互动产生深远的影响。它们与城市间产业互动的关系见图3-3。

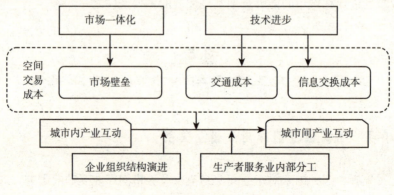

图3-3　不同因素对于城市间产业互动的影响

从上述描述可见，没有制度变革以消除市场壁垒，就不可能形成一体化的市场，就不可能出现产业的重组和更加激烈的市场竞争，便不会有价值链的空间分解；没有现代技术的进步，就不能缩短生产者服务与制造业互动的空间和时间。另外，如果没有组织形态的创新，企业也很难进行跨时空的操控；而没有分工的深化，生产者服务业也就不会大胆地脱离制造业而"勇敢"地集聚在大城市。

在上述四种因素中，市场一体化是城市间产业互动的前提。离开这个前提，其他条件都很难发挥作用。例如，分工的细化离不开市场一体化，因为分工需要一定的市场规模。① 同样，也许技术在进步，组织结构可以演化，但如果离开了市场一体化，技术变迁和组织演进终究只能在一个有限的范围内发挥作用，不可能在更广阔的空间产生影响。当然，一旦启动了市场一体化，则技术进步、组织演化将在更大的范围内施展能量，促进产业在更大空间内形成互动；而分工也将进一步深化、细化，助推产业互动的进一步发展。

3.6.2 多因素综合作用下产业互动的演进

上面分析的四种因素，在城市间产业互动的演进中扮演着不同的角色，发挥着不同的功能：在市场一体化、技术进步等因素的直接作用下，企业的空间交易成本将不断趋于下降，最优空间边界不断拓展；在企业组织创新和生产者服务业内部分工深化等因素的强力助推下，生产者服务业选址的空间广度和独立性进一步增强，这将加速产业互动从城市内发展到城市间。

除了以上四种因素，现实经济中，还有很多影响企业组织边界和空间边界、进而影响产业互动演进范围的因素，例如，司法环境、商业文化等——这些因素与市场交易成本密切相关。如果各城市能进行体制机制革新、政策调整、司法改革、技术创新，加强多元商业文化理念的沟通，营造诚实守信的商业环境，等等，以进一步降低企业间的各类交易成本，则生产者服务环节将会不断从企业内部分离出来，使得产业互动从企业内发展到企业间，进而发展到城市间。

在多重因素的综合作用下，企业的全部交易成本将不断下降，生产者服务业与制造业互动的组织边界和空间边界将不断延伸，从企业内部、城市内部逐

---

① 斯蒂格勒认为，在产业的新生期和衰退期，狭小的市场容量不足以独立出专业化的企业，这时候该产业内的企业主要是"全能"企业；只有该产业的市场容量发展到一定的程度，各专业化的企业才能独立出来承担各个再生产环节，企业内部分工才能转化为社会分工（见斯蒂格勒：《产业组织与政府管制》，上海三联书店，1989 年中译本，第 22～35 页）。

步演进到企业之间、城市之间（见图 3 - 4）。

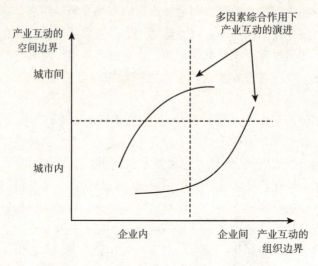

图 3 - 4　多因素综合作用下产业互动的演进

3.7

本章小结

本章主要从空间交易成本及其影响因素的视角分析了城市间产业互动的形成机制。空间交易成本假说认为，空间交易成本与拥挤成本共同决定企业的空间边界；空间交易成本下降，企业的空间边界会相应拓展，从而使产业互动从城市内向城市间演进。在与空间交易成本相关的因素中，市场因素和技术因素对空间交易成本影响很大。制度变革可消除市场壁垒，实现区域经济一体化，形成的统一市场使得两大产业在城市间的重组成为可能，同时又使得市场竞争日益加剧并迫使两类企业在空间上对整个价值链进行重组，从而带来了生产者服务业与制造业在空间上的协同调整。在这一过程中，科学技术飞速发展，缩短了人们交流的距离与时间，降低了交通成本和信息交换成本，使得远距离的生产者服务成为可能，这为城市间的产业互动提供了必要的技术前提。

此外，在产业互动的发展中，企业的组织结构也随之演进，出现了企业集群、企业网络以及"总部—分支"等多种组织形态。它们对于两大产业在空间上的集聚与扩散起到了极大的推动作用；与此同时，不仅生产者服务业与制造业的产业间分工日益显现，而且生产者服务业内部的分工也日益细化，使得生产者服务企业之间越来越多地相互提供服务，在生产者服务业内部创造了巨大的市场需求，这也使得生产者服务业不完全依赖于制造业的发展。

以上这些因素（以及其他因素）的综合作用，使得企业的空间边界不断拓展，生产者服务业与制造业在空间上日益分离，在更广阔的区域进行更为有效的互动。这就是城市间产业互动形成的条件或可能性。

空间交易成本假说这一分析框架，与"中心—外围"等一些理论对产业地理分工的解释有所不同。除了解释的视角有所区别以外，其他理论一般都只能解释不同产业在城市间的重组，但是无法解释服务业与制造业在城市间如此明显的分工——即为什么从总体上说，一些城市只发展服务业，而另外一些城市只发展制造业。本书提出的空间交易成本假说则突破了上述局限，不仅解释了空间交易成本下降带来产业在城市间的重组集聚，而且从价值链不同环节的要素区位偏好视角，解释了生产者服务业、制造业与不同类型的城市具有发展的匹配性——即生产者服务业偏好于大城市，而制造业一般偏好于中小城市，使得城市间产业互动的形成机制得到了更加完整的阐述。

第4章

城市间生产者服务业与制造业互动的
形成机制：城市比较优势假说

前文提到，当今世界一些发达国家或地区，在经济发展过程中出现了这样一种趋势，制造业不断从大城市向中小城市集中，而生产者服务业、特别是高层次生产者服务向区域中心城市（特别是大城市）集中。这样，制造业与生产者服务业不再囿于一个城市内部进行互动，正逐步发展为城市间的产业互动。

为什么会形成这样一种分工格局？本章将运用比较优势理论回答这一问题，说明城市间生产者服务业与制造业的互动在一定条件下是必然发生的。分析表明，当区域实现一体化后，各个城市基于劳动生产率或资源禀赋的差异，而形成各自的比较优势，一些城市比较适合发展生产者服务业，而另外一些城市比较适合发展制造业。如果每个城市都能专业化于某一类产业的发展，即形成城市间的产业互动，将获得比分工协作前更高的收益，有助于提升该区域整体发展水平。

4.1
封闭条件下的双城模型

本章讨论的经济体具有这样一些特征：区域市场实现了一体化；产业分工较为发达，生产者服务已经开始从制造业分离出来，成为一个独立的部门；不同产业（生产者服务业与制造业）存在对投入要素的偏好差异；某一区域内，城市是非均质的，各个城市因为存在要素的先天或后天的差异而适宜发展不同产业。有些城市原先适合发展某种产业，因为自身要素的变化，可能会演变为适合发展另外一些产业。

4.1.1　基于劳动率比较优势理论视角的解释

本小节的一些共性假设如下：（1）在一个区域有 A、B 两个非均质城市；（2）存在两种产业：生产者服务业与制造业；（3）只存在单一要素：劳动力；（4）完全竞争市场，不存在规模经济效应，不存在技术进步；（5）没有国际贸易，但可以进行区域内的城市间贸易。

上述假定虽不符合实际，但能够抓住问题的本质，便于得出最基本的结论。现在的问题是，上述情形是否会演变为城市间的产业分工：一个城市专门生产制成品，另一个城市专门提供生产者服务，或者其他类型的分工？下文分情形讨论（见表4-1）。

表4-1　　　　　　　　　　　　分析的基本类型

情形	基本假定	进一步假定
情形一	A 市生产者服务业生产率高于 B 市； B 市制造业生产率高于 A 市	只有两个行业
		有多个行业
情形二	A 市生产者服务业生产率、制造业生产率都高于 B 市	只有两个行业
		有多个行业
情形三	A 市有部分生产者服务行业的生产率高于 B 市； B 市有部分制造行业的生产率高于 A 市	多个行业

1. 情形之一

假设 A 市在生产者服务业方面具有更高的劳动生产率（即 B 市在生产者服务行业处于相对劣势），B 市则在制造业方面具有更高的劳动生产率（即 A 在制造行业处于相对劣势）。

（1）假定只有两个行业。A 市只有一个制造业行业和一个生产者服务业行业；B 市也是如此。根据假定，这实际上意味着 A 市的生产者服务业存在着对于 B 市的绝对优势；反之，B 市的制造业存在着对于 A 市的绝对优势。所以，按照绝对优势原理，[①] A 市应当专业化于生产者服务业的发展，而 B 市则专业化于制造业的发展，然后进行产品与服务的交换，这样可以获得比原来更高的收益（见图4-1）。

---

① 注意，这里实际上已不属于比较优势理论讨论的范围，但是为了论述的完整，还是把它作为一个特殊情形放进来讨论。具体论证可参见国际贸易的绝对优势理论。

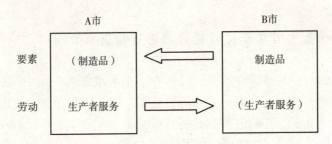

图4-1　两市两行业绝对优势模型

这是非常极端的完全分工专业化,[①] 形成了城市间产业互动的"双城极端模型"——一个生产者服务业中心城市,一个制造业中心城市,两个城市既实现了在城市内部同类产业的规模效应、集聚效应,同时又实现了城市之间生产者服务业和制造业的协同效应,即A市向B市"出口"生产者服务,B市向A市"出口"工业制成品。

当然,这只是城市自由贸易的理想状态。由于生产者服务是工业制成品的中间投入,只有当经济发展到这样一个阶段——确保B市的制造业能够无障碍地、低成本地获取A市的生产者服务,A市和B市之间才能形成这样一种理想的分工状态——这一点与绝对优势贸易理论不同。因为在绝对优势模型中,两种产品之间可以不存在中间投入关系,是较为随机的产品组合;而这里研究的城市贸易模型中,生产者服务是工业制成品的中间投入,分工的前提是确保产品或服务互通,否则,很难形成这种绝对专业的分工。特别是A市,作为服务业中心,如果没有制造品的供给,其自身很难发展。因此,市场一体化是城市间产业分工的重要前提。

（2）假定生产者服务业和制造业包含很多子行业。也就是说,A市有门类众多的制造行业和生产者服务行业,B市也是如此,则问题较为复杂。根据情形一的初始假定[②]——相对B市,A市所有的生产者服务业具有更高的劳动生产率,即B市在所有的生产者服务行业处于劣势;那么,B市肯定在某些生产者服务行业的劣势相对较小（可以计算出每一种生产者服务行业的两个城市劳动生产率之比,据此可以进行高低排序;下同）。

同理,根据情形一的初始假定——相对A市,B市所有的制造业具有更高的劳动生产率,即A市在所有的制造行业都处于劣势;那么,A市必定在某些制造行业的劣势相对较小（可以计算出每一种制造行业的两个城市劳动生

---

① 因而在现实中几乎不太可能。
② 即A市生产者服务业生产率高于B市,B市制造业生产率高于A市。

产率之比，据此也可以进行高低排序）。

当然，究竟哪个城市的哪些行业能够在一体化后获得更好的发展机会，还要结合当时两市的相对工资水平进行综合分析。哪个城市能够以更低的成本（工资乘以劳动生产率——假定只有一种要素）提供产品或服务，则这个城市将可能在这些行业胜出。

对于生产者服务业，如果 A 市与 B 市的工资之比（即 A 市的相对工资水平）低于 B 市与 A 市某一行业的劳动生产率之比（即 A 市某行业的相对劳动生产率水平），也即 A 市某一服务行业的服务成本低于 B 市，则意味着 A 市在该行业劳动生产率高于此相对工资水平之上的服务行业拥有专业化的优势（运用前面的排序可得）；而 B 市在行业劳动生产率低于此相对工资水平之下的服务行业拥有专业化的优势。以上说明可参见表 4-2。同理，制造业也是如此。

表4-2　　　　　　A市的相对劳动生产率与相对工资之比

行业	A市 相对劳动生产率	A市 相对工资	
行业 1	b_1/a_1（最高）		某
行业 2	b_2/a_2		一
行业 3	b_3/a_3	←	假定
……			数值
行业 n	b_n/a_n（最低）		

注：a_n 与 b_n 分别代表 A、B 两市某行业的劳动生产率水平。

至于相对工资水平，则由相对劳动需求与供给来决定——对劳动力的相对需求是根据两个城市对生产的产品或服务推算出来的派生需求（见图 4-2）。

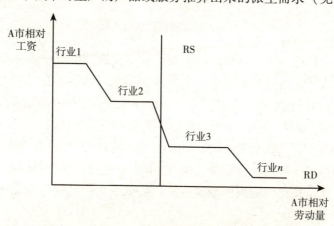

图4-2　两市多行业比较优势模型中相对工资的确定

一般情况，A 市的相对工资上升时，对该市的相对劳动需求量（RS）会减少。此外，当 A 市的相对工资上升到使得某一行业转移到 B 市时，则对 A 市的相对劳动需求出现急剧下降。因此，当各城市的专业化生产布局不变时，图中的曲线平缓地向下倾斜；当生产布局发生重大改变导致相对需求突然下降时，图中的曲线近乎是一条水平线，这些水平线对应 A 市各个行业的相对劳动生产率。

假定劳动的相对供给就是 A 市与 B 市可供给的劳动之比，并且不随工资变化而变化，那么 RS 曲线就是一条垂直于横轴的直线。曲线 RS 与 RD 的交点确定了均衡的相对工资。[①]

这样，就会出现比较复杂的产业分布：A 市发展自身具有更大优势的某些生产者服务业（放弃优势较小的一些生产者服务业），同时发展那些劣势较小的某些制造业（放弃那些劣势较大的某些制造业）；B 市发展自身具有优势更大的制造业（放弃那些优势较小的制造业），同时发展那些劣势较小的生产者服务业（放弃那些劣势较大的生产者服务业）。这是产业分工的非完全专业化（见图 4 - 3）。

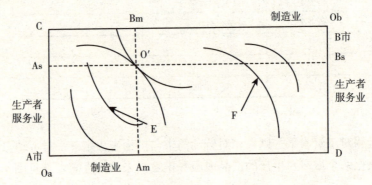

图 4 - 3　不完全的城市间产业分工埃奇沃思图

从城市间产业分工埃奇沃思图可知，在没有进行城市产业分工前，A、B 两个城市都将既发展一些制造业，也发展一些生产者服务业（如图中的 E 点或 F 点）。在进行城市间产业分工后，一种可能是，在某种特殊条件下，A、B 两市的生产均衡点移至 C 点——即意味着 A 市完全专业化于生产者服务业（产量为 OaC），B 市完全专业化于制造业（产量为 ObC）；另一种可能是，因为多重因素影响，均衡点移至 O′，即 A、B 两市还是既发展制造业又发展生产者服务业，但是相比以前有所侧重：A 市偏重于生产者服务业发展（生产者

① 具体可参见克鲁格曼的《国际经济学》中对于两国多产品模型的推理。

服务业产量为 OaAs，制造业产量为 OaAm），B 市偏重于制造业发展（生产者服务业产量为 ObBs，制造业产量为 ObBm）。

于是，最终会形成这样的产业空间分布：A 市以发展生产者服务业为主（兼顾某些制造业），并逐步成为服务业中心城市；而 B 市则以发展制造业为主（兼顾发展某些生产者服务业），并逐步发展成为制造业中心城市。①

2. 情形之二

假设 A 市在所有的生产者服务业和制造业发展方面相比 B 市都具有更高的劳动生产率。

（1）假定只有两个行业。对于 B 市来说，无论是生产者服务业还是制造业，相对于 A 市都存在着绝对劣势。但是从机会成本角度讲，假定 B 市在制造业方面劣势相对较小，所以存在着制造业方面的比较优势。按照李嘉图的比较优势原理，这两个城市也可以进行专业化分工：A 市专业化于生产者服务业的发展，而 B 市则专业化于制造业的发展，然后进行产品与服务的交换，这样还是可以获得比原来更大的收益。这也是分工的完全专业化，同样形成了双城极端模型——一个生产者服务业中心城市，一个制造业中心城市，A 市向 B 市"出口"生产者服务，B 市向 A 市"出口"工业制成品。

反之，如果假定 B 市在生产者服务业方面劣势相对较小，所以存在着生产者服务业方面的比较优势。按照李嘉图的比较优势原理，这两个城市也可以进行专业化的分工，A 市专业化于制造业的发展，而 B 市则专业化于生产者服务业的发展，然后进行产品与服务的交换，这样还是可以获得比原来更大的收益。这也是分工的完全专业化，同样形成了双城极端模型——一个生产者服务业中心城市，一个制造业中心城市，A 市向 B 市"出口"工业制成品，B 市向 A 市"出口"生产者服务。

如图 4-4 所示，生产者服务与制造品的相对需求和相对供给将决定两者的相对价格。如果这个价格正好处于两市生产者服务或制造品相对劳动生产率之比的中间，则将形成完全的产业化分工模式——一个城市将向另一个城市出口生产者服务，后者将向前者出口工业制成品；反之，则反是。当然，这个价格也可能不一定落在两市生产者服务或制造品相对劳动生产率之比的中间（可能正好等于某一劳动生产率之比），那么将形成不完全专业化的模式，其

---

① 在此，还可以做进一步讨论，一个城市是否放弃某一产业，还要结合实际分析，例如地方政府意愿、产业特性等。另外，该模型比较的只是劳动生产率（只考虑了一种要素——劳动力资源禀赋），而没有考虑到各地的资本、科技、学习效应等因素，也没有考虑到产业之间存在的投入产出关系，以及城市贸易壁垒、运输费用等因素，所以存在一定的缺陷。

中一个城市将会同时供应制造品和生产者服务，而另一城市则仅仅供应制造品或者生产者服务。

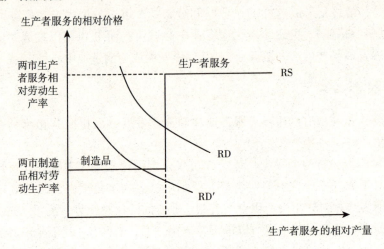

图 4 - 4　两市两行业比较优势模型

（2）如果两大产业包含很多子行业。假定：（由于行业很多，可以对两个城市各行业的劳动生产率按照优势的大小进行排序）A 市在某些生产者服务行业存在更大的优势，某些生产者服务行业方面优势小些（即 B 市在对应的这些生产者服务行业方面的劣势小些）。

依据比较优势原理（结合相对工资水平与劳动生产率的比较，参见情形之一的第（2）点），将会出现 A 市发展优势更大的一些生产者服务行业，而 B 市发展劣势更小些的生产者服务行业。

同理，A 市在某些制造业行业存在更大的优势，某些制造业行业优势较小。依据比较优势原理，同样，A 市也会发展优势更大的一些制造业，而 B 市发展劣势更小的制造业。

这样，也会出现比较复杂的产业分布：A 市发展优势更大的一些生产者服务业，并兼顾一些制造业，逐步发展成为服务业中心城市；B 市发展制造业，兼顾劣势更小的一些生产者服务业，并逐步发展成为制造业中心城市。

这一结局与情形之一的第二种非常类似。在此也可以作进一步讨论：A 市是否会同时成为服务业中心和制造业中心？短期看可能如此，但从长期看不太可能！因为，一个城市一旦以发展生产者服务业为主，那么这个城市会形成产业发展的自我强化机制，在产业发展的各个方面变得越来越适合生产者服务业的发展，而越来越不适合制造业的发展，存在着排斥制造业发展的内在动力。而这正好给了 B 市发展制造业的机遇和空间。同时，即使是 A 市那些有着绝对优势的部分制造业行业，也可能会脱离 A 市而寻求到 B 市发展。

3. 情形之三

假设 A 市只有部分生产者服务行业的生产率高于 B 市，B 市也只有部分制造行业的生产率高于 A 市。

这一情形是基于多行业的分析，其思路与情形之一的第二种类型有相通之处。分析如下。就生产者服务业来看，上述假定意味着 A 市有部分生产者服务行业的生产率高于 B 市，也有部分生产者服务行业的生产率低于 B 市。那么，对于 A 市生产率都比较高的那些生产者服务行业来说（即 B 市这些行业的生产率都比较低），那么 B 市肯定在上述行业中有一些行业的生产率劣势相对较小，因此，根据比较优势原理，B 市可以发挥自身的比较优势发展这些生产者服务行业。

对于 B 市生产率都比较高的那些生产者服务行业来说（即 A 市这些生产者服务行业的生产率都比较低），那么，A 市肯定在上述行业中有一些行业的生产率劣势相对较小，因此，根据比较优势原理，A 市可以发挥自身的比较优势发展这些生产者服务行业。

因此，结果是 A 市将发展那些生产率比较高的生产者服务行业，以及那些生产率虽然较低但劣势相对较小的生产者服务行业；B 市也是如此。同理，在专业化发展制造业方面结果也一样。

综上所述，在只有两个行业的模型中，通常会出现较为极端的双城模型；而在包含多个产业的模型中，则会出现复杂的城市间产业分工格局。

4.1.2　基于要素禀赋理论视角的分析

要素禀赋理论基于各个地区要素禀赋的差异分析贸易的模式，这一思想也可以延伸到城市之间的产业分工分析，以作为前文比较优势理论分析的补充。假定有两个城市：（1）两市都可以提供生产者服务和制造品，每种产品或服务至少要投入两种生产要素（人力资本和非人力资本），即"2×2×2 模型"。（2）两市在产品或服务的生产中，方法相同，技术相同，具有相同的生产函数，产量是因变量，要素的投入为自变量。（3）商品市场和要素市场是完全竞争的。（4）生产要素在城市内可以自由流动，在城市间不能自由流动（稍后将放松这一假定）。（5）两市中，有一个城市人力资本要素禀赋比较丰裕，即拥有人力资本与非人力资本的比例高于另一城市的比例；有一个城市非人力资本比较丰裕，即拥有非人力资本与人力资本的比例高于另一个城市的比例。

生产者服务是人力资本密集型产品，制造品是非人力资本密集型产品。（6）城市之间贸易是自由的，没有运输成本，也没有贸易壁垒（稍后也将放松这一假定）。（7）城市在生产过程中没有规模经济效益，即单位生产成本不随产量的变化而变化。（8）两市的消费偏好相同。分析过程如下：

① 封闭条件。两市的企业基于成本最小化原则，以及边际要素成本等于边际收益产品的原则，同时供给生产者服务和工业制成品。

由于要素丰裕程度的不同，形成了服务或产品价格的区别：人力资本相对丰裕的城市，供给的生产者服务价格相对低于人力资本相对稀缺的城市；非人力资本相对丰裕的城市，供给的工业制成品价格相对低于非人力资本相对稀缺的城市。这为两市之间进行贸易提供了必要条件。

② 自由贸易条件。在打破行政壁垒、服务或产品可以相互流动的情形下，由于在非人力资本相对丰裕的城市，生产者服务价格相对较高，而工业制成品价格相对较低，所以，人力资本相对丰裕的城市"出口"生产者服务，"进口"工业制成品；非人力资本相对丰裕的城市则正好相反："进口"生产者服务，"出口"工业制成品。这样，前者可能会演变为服务业中心城市，而后者则演变为制造业中心城市。

分析的结论是：A、B两市在封闭条件下，由于资源禀赋差异导致供给能力的差异，进而引起相对价格的差异。价格差异是两个城市发生贸易的直接原因；区域一体化后，一个城市会"出口"密集使用其丰裕要素的产品，"进口"密集使其用稀缺要素的产品，从而形成城市间的产业互动。

以上是基本分析，还可对上述结论做进一步探讨。

探讨之一：放松人力资本、劳动力不能流动的假定。这时，人力资本相对丰裕的城市不仅出口"生产者服务"，还向外输出大量的人力资本，同时"进口"大量非人力资本的资源，这将改善服务业城市的非人力资本稀缺的状况，非人力资本的报酬相对下降。同时，由于人力资本逐步流出，从而降低人力资本的丰裕状态，人力资本相对收入水平将会逐步提高。

对于非人力资本相对丰裕的城市，可能不仅"出口"制造品，而且还会输出大量的劳动力资源，同时"进口"大量的人力资本。这样，其非人力资本过于丰裕的状态，以及人力资本稀缺的状态都会有所缓解。其非人力资本价格上升，而人力资本价格下降。

如果放松没有运输成本与贸易壁垒的假定，那么上述分析所描述的进程都会由于这两个因素的影响而有所延缓，城市之间的要素稀缺状态达到一个新的平衡将有一个较为漫长的过程（具体时间将取决于贸易壁垒的严厉程度和设置时间的长短），从而要素报酬的均等化也将是一个漫长的演进。由于生产者服务与制造品之间存在着非常强烈的投入产出关系，要素的流动以及生产者服务与制造品的出口，都将推动城市之间的经济一体化进程。

探讨之二：现实中，服务业中心城市的生产者服务价格，不一定低于制造业城市的生产者服务价格。这是因为构成生产者服务的主要成本——人力资本这一要素的价格，一般也是服务业中心城市高于制造业城市。至于为什么人力资本丰富、价格不低反而较高，或者人力资本贫乏、价格不高反而较低，原因非常复杂，可能是因为各个城市经济发展水平的差异，可能是各个城市对于人力资本需求的差异，也可能是一些城市政策导致的结果。

需要指出的是，即使服务业中心城市的生产者服务价格较高，但是在某些情形下，制造业城市仍需"进口"生产者服务，这是因为有些高层次生产者服务，制造业城市自身无法提供。

4.2
封闭条件下的多城市模型

多城市模型一个重要的特点，制造业中心和服务业中心的形成具有较大的不确定性。双城模型中，从理论上讲，一个城市不是服务业中心，就是制造中心；而在多城市模型中，一个城市，或者是服务业中心，或者是制造业中心，或者既不是服务业中心，也不是制造业中心；并且服务业中心可能不只是一个城市，制造业中心也可能不只是一个城市。问题变得较为复杂，当然也更为切合实际。为了分析的简便，在此只运用城市贸易模型中的比较优势理论。

4.2.1　多城市两行业模型

多城市两行业模型，即一个区域有多个城市，每个城市只有两个产业，即生产者服务业与制造业，并且这两大产业都分别只包含一个行业。

基本假设与第 4.1 节一样，只补充一个假定：有一些城市，生产者服务业或制造业的劳动生产率较高，其他一些城市较低，这是符合实际的。

这样，可以把各个城市生产者服务业的机会成本（即生产者服务业与制造业的劳动生产率之比），按照高低进行排序。则必然出现这样的情形，有些城市排名靠前，有些城市居中或靠后。

生产者服务的价格用 P_S 表示，制造品的价格用 P_M 表示，相对价格之比

表示为 P_S/P_M；某城市的生产者服务的劳动生产率用 a_{ls} 表示，制造业劳动生产率用 a_{lm} 表示，第 n 个城市的生产者服务劳动生产率和制造业劳动生产率分别用 a_{ls}^n 和 a_{lm}^n，它们的比率则表示为 a_{ls}^n/a_{lm}^n（即机会成本，在图 4-5 中简单地用 a_n 表示），同时假定从 a_{ls}^1/a_{lm}^1 到 a_{ls}^n/a_{lm}^n 按照由低到高的顺序排列。它们的关系如表 4-3 所示。

表 4-3   各市生产者服务业与制造业劳动生产率之比和相对价格的关系

P_S/P_M	$(-\infty, a_{ls}^1/a_{lm}^1)$	a_{ls}^1/a_{lm}^1	$(a_{ls}^1/a_{lm}^1, a_{ls}^2/a_{lm}^2)$	a_{ls}^2/a_{lm}^2	...	a_{ls}^n/a_{lm}^n	$(a_{ls}^n/a_{lm}^n, +\infty)$
第1个城市从事	工业制成品生产	生产者服务；工业制成品	生产者服务	生产者服务	……	生产者服务	生产者服务
第2个城市从事	工业制成品生产	工业制成品生产	工业制成品生产	生产者服务；工业制成品	……	生产者服务	生产者服务
第3个城市从事	工业制成品生产	工业制成品生产	工业制成品生产	工业制成品生产	……	生产者服务	生产者服务
……	……	……	……	……	……	……	……
第n个城市从事	工业制成品生产	工业制成品生产	工业制成品生产	工业制成品生产	……	生产者服务；工业制成品	生产者服务
整个区域	工业制成品生产	生产者服务；工业制成品	生产者服务；工业制成品	生产者服务；工业制成品	……	生产者服务；工业制成品	生产者服务

注：一般而言，相对价格不会落到最低以下或最高以上的区域。如果那样，则该区域只能从事一种生产，而这实际上不可能：制造业总需要生产者服务，反过来也是如此。

表 4-3 的内容意味着该区域经济体的相对供给曲线有更多的"台阶"（见图 4-5）。

图 4-5 中，当 $P_S/P_M < a_{ls}^1/a_{lm}^1$，则 $P_S \cdot 1/a_{ls}^1 < P_M \cdot 1/a_{lm}^1$，这意味着从事生产者服务的工资低于从事制造业的工资，因此，该城市的工人都将选择从事工业制成品生产，生产者服务的供给为零。反之，则该城市的工人都将选择从事生产者服务。如果 $P_S/P_M = a_{ls}^1/a_{lm}^1$，则意味着该市生产存在不确定性，既有可能从事制造业，又有可能从事生产者服务。

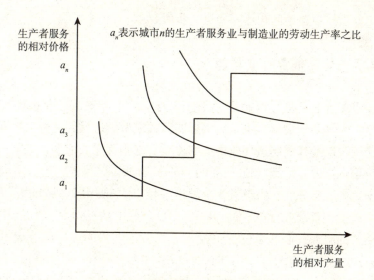

a_n表示城市n的生产者服务业与制造业的劳动生产率之比

图4-5 多城市两行业比较优势模型

所以，一旦经济体相对需求和相对供给决定的相对价格确定后，那么，所有生产者服务业的机会成本（即两个行业的劳动生产率之比）低于这一相对价格的城市，则专业化于生产者服务，并向其他城市"出口"生产者服务；高于这一价格的则专业化于工业品制造，并向其他城市"出口"制造品；相等的，则不能实现专业化。

这样，那些专业化于生产者服务供给的城市都有可能成为服务业城市。如果只有一个城市，则成为服务业中心的可能性较大，这样可能形成一个服务业中心—多个制造业（中心）城市的格局。当然，也可能会出现有两个城市的机会成本遥遥领先而又不相上下的情形。那么，这两个城市发展生产者服务都具有较大优势，成为服务业中心城市的可能性较大。这样可能形成两个服务业中心（或许存在一个主次之分）—多个制造业（中心）城市的格局。甚至还有这样的情形：有一个城市的生产者服务业与制造业的劳动生产率之比领先于其他城市，还有一个（或两个）城市的生产者服务业与制造业的劳动生产率之比落后于第一位城市，但又较大幅度领先于其他城市，这样就有可能形成一主一（两）副的服务业中心城市—多个制造业（中心）城市的格局。

现实生活中，还可能存在本书没有预见的更为复杂的情形。例如，杨小凯等（2003）认为，在有3个国家、2种商品的李嘉图模型中，在一定参数范围内，如果一个国家在任何商品中都没有对所有潜在贸易伙伴的比较优势，并且（或者）其交易效率非常低，那么这个国家将被排除在贸易之外。推而广之，在多城市两种产业模型中，也可能出现这样的情形，有一些城市无法参与区域产业分工。当然，这个问题还需要进一步研究。

4.2.2 多城市多行业模型

多城市多行业模型，即制造业有多个行业，生产者服务业也拥有多个行业。这是更为复杂的情形，也是更接近实际的模型。这就要进行生产者服务业内部的比较，以及开展制造环业内部的比较。遇到这样的情形，必须采用新的方法——埃奇沃思－维纳（Edgeworth-Viner）方法。[①]

对于生产者服务业，假设有 3 个城市（城市 1、城市 2、城市 3），每个城市都有 4 个生产者服务行业（A、B、C、D）。假定从点 O 出发的线段表示某个城市供给的服务行业的单位劳动投入（以劳动度量的单位服务成本）的对数值。例如，对于城市 1：$O_1A_1 = \ln a_1$，$O_1B_1 = \ln b_1$，等等；对于城市 2，$O_2A_2 = \ln a_2$，$O_2B_2 = \ln b_2$，等等；以此类推。两个原点的距离为两个城市的相对工资率（如 $w = w_2/w_1$）的对数值，例如，$O_1O_2 = \ln w$，若 $w_2 < w_1$，则 $\ln w < 0$，表示点 O_2 在点 O_1 之下，反之，则在上面。若 $a_1/a_2 = w = w_2/w_1$，两边取对数，则 $\ln a_1 = \ln a_2 + \ln w$，即 $O_1A_1 = O_2A_2 - O_1O_2$，A_1 与 A_2 处于同一水平。

制造品或生产者服务"出口"或"进口"的原则，就是比较它们的生产成本在各个城市的高低。商品只有在成本最低的城市生产才最有竞争力，这个城市才能专业化于该商品的生产。因此，对于城市 1 和城市 2，如果城市 1 生产一种商品的成本低于城市 2 生产同样商品的成本，那么意味着 $a_1w_1 < a_2w_2$，从而 $a_1/a_2 < w = w_2/w_1$（在前面假设下，商品的生产成本等于劳动生产率乘以工资率，即等于 $a*w$）；两边取对数，则 $\ln a_1 < \ln a_2 + \ln w$，即 $O_1A_1 < O_2A_2 - O_1O_2$，即 A_1 点的位置低于 A_2。

这样，可以得到一个普遍性的原则：图 4 – 6 中点的位置较高的城市"进口"某种生产者服务，位置较低的城市"出口"某种生产者服务，位置相同的则不确定。同理可得对于制造业的分析。现在，问题的关键就是比较代表同种商品的那一点所代表的城市位置的高低。

在多城市多行业模型中，一般来说，由于城市之间发展不平衡规律的作用，也必然有少数城市在某些生产者服务业方面（见表 4 – 4 的城市 2），或者在制造业方面较为领先，而在某些生产者服务业方面特别领先的城市，将会发展成为服务业中心城市；其他城市或者成为一般的服务业城市，或者成为制造业城市。

---

① 具体参见 Viner, J., Studies in the Theory of International Trade, New York, Harper & Brothers, 1937；或程大中的《国际贸易：理论与经验分析》，上海格致出版社、上海人民出版社 2009 年版。

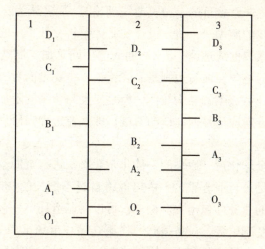

图 4 - 6　3 个城市 4 种行业比较优势模型
资料来源：改编自 Viner, J., 1937。

表 4 - 4　　　　　　　3 个城市 4 种行业比较优势模型

进出口	城市 1	城市 2	城市 3
出口	A	BD	C
进口	BCD	AC	ABD

资料来源：改编自 Viner, J., 1937。

4.3
开放条件下的城市间产业互动

4.3.1　全球价值链理论及微笑曲线理论视角的解析

　　开放条件下，由于发达经济体加大了对落后区域的制造业投资，以及对高端生产者服务业的控制，也由于存在广大的欠发达经济体，使得在封闭条件下的双城模型和多城市模型中形成的各种城市关系变得更为复杂。

　　近年来，随着经济全球化的兴起和深入，在价值链的基础上又形成了全球价值链。据联合国工业发展组织的定义，全球价值链是指为实现商品或服务价值而连接生产、销售、回收处理等过程的全球性跨企业网络组织，涉及从原料采购和运输到半成品和成品的生产和分销直至最终消费和回收处理的整个过程。

　　与价值链理论非常接近的是微笑曲线理论①。后者认为，价值链中附加值更多地体现在曲线的两端——研发设计和服务销售，处于中间环节的制造附加值最低。修正的微笑曲线理论②指出，曲线的中间是加工制造；左边是研发环节，面临全球性的竞争；而右边则是品牌营销，主要是面对当地的竞争。从现实看，目前制造环节贡献的利润较低，但是研发与营销的附加价值较高，因此企业未来的发展方向应该是向曲线的两端，即在左边加强研发，在右边加强营销与服务。③

　　当经济逐步全球化后，原来的一体化企业必须进行资源整合，这可以从两个方面入手：一是进行业务整合——可以将自身不擅长的、或者是非核心的、或者是低附加值的业务外包出去。例如，可以将制造环节外包，还可以将一些人力资源培训、基础财务、设备采购、物流仓储、市场推广等诸多业务外包；二是进行空间整合——就是利用不同城市、不同区域、不同国家各类资源丰裕程度的差异进而价格的差异，以及要素的独特性及可得性，对原来局限于一地的企业价值链进行重新布局。其基本原则是，依据价值链不同环节对不同要素的依赖，确定最合适的地点。例如，由于制造环节比较依赖于土地、劳动力和自然资源，所以往往把制造环节放在土地、劳动力和自然资源供给比较充足、价格相对较低的国家或地区；由于研发环节、营销环节比较依赖于高级人力资本，所以往往把研发、营销环节放在高级人力资本比较集中的国家、地区或某些城市。

　　随着技术的进步，制造环节越来越多地依靠精密的数控自动化装备，一般劳动力有了简单知识就能操控，这使得制造环节（不是制造业）的竞争越来越由垄断竞争趋向完全竞争，制造加工环节的利润越来越被摊薄——这种形势也会导致企业把制造环节更多地外包出去，或者转移到生产成本更低的地区或城市。

　　相反，研发环节强烈依靠隐性知识，即难以复制、难以编码的知识，更多地依赖于高级人力资本——只有这样才能使产品或服务与其他企业形成差异化，才能赢得客户的青睐，获取更多的利润，最终在竞争中立于不败之地。因此，研发、营销环节的利润或附加值越来越高，自然其竞争也越来越激烈——这种形势也导致企业越来越把竞争的重点转向研发营销环节，把研发营销环节

---

　　① 它是宏碁集团创办人施振荣先生在 1992 年为了"再造宏碁"提出的理论，以作为宏碁的策略方向。

　　② 在《宏碁的世纪变革》一书中施振荣先生提出的新思想。

　　③ 最近，有学者提出了"苦笑曲线"的说法，认为价值链两端的附加值下降，中间的上升，但是，这一说法还没有得到广泛认同，还缺乏大样本数据及案例的实证。

布局在高端人力资本密集的国家、地区或城市。

　　在这种战略的指导下，全球价值链或微笑曲线在地理上出现了以下趋势：制造环节或者专门从事加工的企业不断往新兴市场经济体、欠发达地区的中小城市迁移；研发、营销环节或者专门从事研发设计、品牌营销的企业越来越集聚在发达经济体的中心城市，如图 4 - 7 所示。

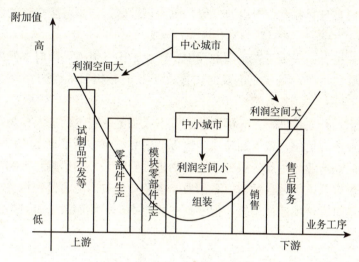

图 4 - 7　微笑曲线的空间分布

4.3.2　开放条件下城市间产业互动的复杂性

　　基于上述价值链理论或微笑曲线理论，不难理解，在产业竞争日趋激烈的市场环境中，企业会利用要素在空间上的集聚差异从而价格差异，对价值链的各个环节进行重组，把制造环节、利润空间小的环节转移到要素成本相对较低的城市，而把研发设计销售等利润空间大的环节，转移到要素成本虽高但收益更大的城市。这样逐渐形成了生产者服务业逐步集聚于大城市，而制造业逐步集聚于中小城市的格局。

　　上述情形是就全球层面来讲的，即开放背景下，从全球来看，形成了发达经济体高层次生产者服务业与发展中经济体制造业的分工互动。事实上，开放背景下，就城市层面来讲，由于外来资本和全球价值链的影响，可能会加速或延缓某一城市成为制造业中心或服务业中心的进程。

　　一个制造业中心城市，在内生发展规律的支配下，本来可能会逐渐发展成为服务业中心城市。但是，开放条件下这一进程变得不确定。对于发展中经济体的城市来说，如果外来制造业资本大举进入该市（而又没有将相应的生产者服务移植过来），则可能会延缓该市成为服务业中心城市的进程；如果是服务业资本大举进入该市，则也有可能会加速该市成为服务业中心城市的进程。①

而对于发达经济体来说，一些制造业城市，在进行大规模制造资本转移的同时加快发展高层次生产者服务，有可能快速转变为服务业城市；进一步的，这些服务业城市，由于外部服务资本的大规模涌入或者其服务辐射功能的充分发挥，使得自身服务业获得迅速发展，成为该地区、该国甚至全球的服务业中心城市。

当然，也有一些城市在转型过程中，产业结构升级遇到障碍，发展服务业特别是高层次生产者服务业不及时，导致产业空心化，从而失去原先的城市地位。

总之，在开放条件下，外部制造业资本或服务业资本的进入，为一些城市强化制造业中心地位，或者加速成为服务业中心城市提供了更多的机遇。这将使得城市间制造业与生产者服务业互动的进程受到一定的影响。影响的程度与开放的程度以及该区域各城市、各产业、各企业应对的能力紧密相关。原有的自发的互动进程将加速或延缓，但互动的规律不会因此而改变，只是表现的形式有所不同。

4.4

本章小结

本章立足于比较优势理论，并通过封闭条件下的双城模型、多城模型，②从不同视角分析了生产者服务和制造业在不同城市进行互动的必要性。它们不仅从产业或行业层面解释了城市间产业互动的必然趋势，而且也说明了两大产业城市间互动的多种模式。

开放条件下的城市间产业互动进程受到了全球化的影响，因此城市间的产业互动关系更为复杂。城市间原有的产业互动进程将加速或延缓，但互动的规律不会因此而改变。从全球范围看，已经初步形成了发达经济体的高层次生产者服务业与发展中经济体制造业依托全球价值链进行互动的态势，这一态势还在演化之中，并深刻影响着各个国家内部的城市间产业互动的进程与成效。

---

① 这一点，不仅对于一个城市，事实上，对于一个地区、一个国家也是如此。
② 本书没有运用新贸易理论分析城市间的产业互动，这主要是因为，新贸易理论侧重于分析产业内的贸易，也就是同类产业在不同国家或区域（对于本书当然也可以是城市）之间的贸易情形，而本书主要目的在于分析各个城市不同产业（主要是制造业与生产者服务业之间）的互动情形。

第 5 章

城市间生产者服务业与制造业互动的
形成机制：企业选址模型

城市间产业互动的形成，一个非常重要的原因是制造业企业和服务业企业在不同城市重新分工，进行成本收益对比分析后的理性选择所致。本章从企业选址的视角，分两个层面分析这一问题：一是不同行业的企业对于不同类型城市的选择；二是同一企业的制造及服务环节对于不同类型城市的选择。

5.1
不同行业的企业对于不同类型城市的选择

借鉴赵弘（2004）的总部经济理论模型①，本节提出"企业选址模型"，以不同行业的企业对于价值链不同环节的选址来说明两大产业在城市间进行互动的必然性。

5.1.1 模型的假设

模型基本假设如下：

（1）假定企业为生产某种最终产品需要两种价值创造活动，一是制造活动 Y，二是研发设计和营销活动 X，且后者又是前者的中间投入环节。

（2）假定研发营销活动 X 需要人力资本 H 和自然资源 R（包括土地、水、

---

① 与赵弘（2004）总部经济理论模型相比，本书提出的"企业选址模型"增加了对于城市人力资本价格差异的讨论——而赵弘的模型对于这一点的设定较简单；另外，本书的模型还运用概率论讨论了企业选址的可能性。

电、矿产等），而制造活动 Y 需要 X、自然资源 R 和一般人力资源 L；① 最终产品的价格为 P_{Yi}；研发设计和营销活动（也即生产者服务）的价格为 P_{Xi}，人力资本、自然资源和一般人力资源的价格分别为 P_{Hi}、P_{Ri}、$P_{Li}(i=A,\ B)$。②

（3）假设有两个城市 A、B 是非均质的，存在资源禀赋结构上的先天或后天差异：A 市人力资本 H 较为丰富。因此，与 B 市相比，A 市人力资本 H 的价格可能有两种情形：

一是 A 市能以更低的价格获得从事 X 活动所需的人力资本 H，即 $P_{HA} <$ P_{HB}（P_{HA} 和 P_{HB} 分别表示 A、B 两市人力资本的价格）。出现这种情形的原因，可能是由于 A 市人力资本过于丰富，导致其不仅相对价格（相对劳动力资源的价格）低于 B 市，而且其绝对价格也低于 B 市的人力资本价格。

二是 A 市以较高的价格获得从事 X 活动所需的人力资本 H，即 $P_{HA} > P_{HB}$，但 A 市人力资本的相对价格（即相对于本市的一般劳动力的价格）低于 B 市，即 $\dfrac{P_{HA}}{P_{LA}} < \dfrac{P_{HB}}{P_{LB}}$。③

出现第二种情形，可能在于 A 市虽然人力资本丰富，但是由于多种原因，导致其绝对价格较高；当然，也由于人力资本比较丰富，所以其高价格也受到一定的影响，导致其相对价格（相对一般劳动力资源的价格）低于 B 市。

另外，由于 B 市的一般人力资源较为丰富，自然资源也较为丰富，所以这两种要素的价格相对较低，即 $P_{RB} < P_{RA}$，$P_{LB} < P_{LA}$。

由于市场一体化，有理由认为两市制造品价格趋同，所以假定 $P_{YA} = P_{YB}$；至于两市生产者服务价格是否趋同，则存在争议。这里暂先假定两市生产者服务的价格 P_X 相等，即 $P_{XA} = P_{XB}$。这一假定的好处在于，可以集中注意力讨论影响企业选址的具体要素。稍后将放松这一假定。

（4）假定 $X = f(H)$ 具有凸函数的基本特征，即生产者服务的产出会随着人力资本投入的增加而增加，但是，其边际生产率递减。

（5）如果一个企业将服务、制造环节分别置于两个城市，则发生空间组织成本 ΔC。

---

① 本书与赵弘的模型一样，省略了对于资本因素的讨论，原因在于，如果资本可以自由流动，导致各地区资金成本趋同，这样，即使加入资本因素，除了使模型更加复杂以外，并不能增加模型的解释力。

② A、B 的解释见下面的假设（3）。

③ 例如，上海的人力资本年人均收入是 20 万元，一般劳动力是 5 万元；而苏北某地级市的人力资本年人均收入是 15 万元，一般劳动力为 3 万元。上海人力资本的相对工资为 4，而苏北某市人力资本的相对工资为 5。但是上海人力资本的绝对价格仍然高于苏北某市——这是本书与赵弘总部经济模型的重要区别之一。

（6）对于最终产品的生产，研发营销活动 X 与制造活动 Y 不能相互替代，这样 L、R 等要素与 H 之间也就不能相互替代。这就避免了企业在不同要素价格下为生产同样产量而对不同要素进行替代。这实际上是说，对于最终产品的生产而言，研发营销活动 X 是必不可少的。

（7）不考虑两地税收的差异以及运输成本的影响（本书假定两地在税收方面执行了统一的制度和政策；不考虑各种交易成本，包括服务的传输成本，实际上这意味着两个城市刚开始实现一体化）。

基于上述假定，现在分析这样一个问题，服务企业或者制造企业——无论是新投资设立的，还是原来就存在的企业，面对区域一体化的新形势，究竟应该如何进行空间选址才能获取最大利益。

5.1.2 对于服务业企业的分析

（1）假设 $P_{HA} < P_{HB}$（即 A 市的人力资本价格低于 B 市）。那么，该服务企业在 A、B 两市所获得的利润分别如下：

$$\pi_A = P_{XA}X - P_{HA} \cdot H - P_{RA} \cdot R \tag{5.1}$$

$$\pi_B = P_{XB}X - P_{HB} \cdot H - P_{RB} \cdot R \tag{5.2}$$

① 首先假定，一体化后生产者服务 X 在两市的价格相等，$P_{XA} = P_{XB}$。

式（5.1）−式（5.2），得：

$$\pi_A - \pi_B = (P_{HB} - P_{HA}) \cdot H + (P_{RB} - P_{RA}) \cdot R \tag{5.3}$$

两边同除以 X，得：

$$\frac{\pi_A - \pi_B}{X} = (P_{HB} - P_{HA}) \cdot \frac{H}{X} + (P_{RB} - P_{RA}) \cdot \frac{R}{X} \tag{5.4}$$

设 $\Phi = \dfrac{\pi_A - \pi_B}{X}$，根据假设，$P_{HA} < P_{HB}$，等式右边第一项为正；而 $P_{RA} > P_{RB}$，等式右边第二项为负，故尚难判断 Φ 与零的关系，只能具体分析如下：

若 $\Phi > 0$，则企业选址 A 市（即 A 市相对 B 市的人力资本优势弥补并超过了本市相对于 B 市的资源劣势）；

若 $\Phi < 0$，则企业选址 B 市（即 A 市相对 B 市的人力资本优势不能弥补本市相对于 B 市的资源劣势）；

若 $\Phi = 0$，则企业可能选址 A 市，也可能选址 B 市（即 A 市相对于 B 市的人力资本优势正好被本市相对于 B 市的资源劣势所抵消）。

上述分析固然可以，但是，与现实相去较远：在 $\Phi > 0$ 和 $\Phi < 0$ 的广大区间内，两市优势的任何变化均对企业选址结果没有影响；而 $\Phi = 0$ 邻域上一个由负到正的极微小的变化，却可能导致选址结果的不连续跳跃。事实上，企业的选址还会受到其他多重因素的影响。

因此，使用一个连续函数来刻画企业选址的概率会更加切合实际。[①] 假定企业选址决策受到随机变量 ε 扰动，为便于处理，可以假设 ε 服从均值为 0、方差为 $1/\sigma$ 的倍数、$\sigma > 0$ 的 Logistic 分布（方差在此意味着不确定的大小），则服务企业选址在 A 市的概率可以表示为累积分布函数：

$$\text{Prob}(\varepsilon \le \Phi) = F(\Phi) = \Lambda(\Phi) \frac{1}{1 + e^{-\sigma \cdot \Phi}}$$

分析：随着 $\frac{H}{X}$ 的上升，$\partial F / \partial\left(\frac{H}{X}\right)$ 也上升，即随着该服务企业人力资本密集程度的提升，该企业选址 A 市的概率愈来愈大（因为其获得的利润愈来愈多）；反之，则愈来愈小（因为其获得的利润愈来愈少）；

同理，随着 $\frac{R}{X}$ 的上升，$\partial F / \partial\left(\frac{R}{X}\right)$ 下降，即随着该服务企业资源密集程度的提升，该企业选址 A 市的概率愈来愈小；反之，则愈来愈大。

一般来说，随着经济的发展，生产者服务企业的人力资本密集程度会越来越高，而资源密集程度（占用的空间等）会越来越低，因此，该服务企业选址 A 市的可能性会越来越大。这一结论也符合常理。

② 现在放松 $P_{XA} = P_{XB}$ 的假定继续讨论。虽然两地市场一体化后，由于人力资本短期内流动的困难，所以，短期内两地的生产者服务价格不会趋同。如果 $P_{XA} \ne P_{XB}$，则有两种情况：$P_{XA} < P_{XB}$，或者 $P_{XA} > P_{XB}$——A 市的服务价格因为规模经济效应可能低于 B 市，但是也有可能因为声誉效应以及人力资本的成本效应而高于 B 市。总体看，它们的价格与 P_{HA}、P_{HB} 息息相关——人力资本价格构成了生产者服务的最重要成本。因此，若 P_{HA} 高，则 P_{XA} 也会高；若 $P_{HA} > P_{HB}$，则 $P_{XA} > P_{XB}$；若 $P_{HA} < P_{HB}$，则 $P_{XA} < P_{XB}$，即高昂的人力资本会导致较高的生产者服务价格。

根据初始假定 $P_{HA} < P_{HB}$，那么 $P_{XA} < P_{XB}$。这样，式（5.1）-式（5.2），得：

$$\pi_A - \pi_B = (P_{XA} - P_{XB}) \cdot X + (P_{HB} - P_{HA}) \cdot H + (P_{RB} - P_{RA}) \cdot R$$

① 这也是本书与赵弘（2004）总部经济模型的重要区别之一。

两边同除以 X，得：

$$\frac{\pi_A - \pi_B}{X} = (P_{XA} - P_{XB}) + (P_{HB} - P_{HA}) \cdot \frac{H}{X} + (P_{RB} - P_{RA}) \cdot \frac{R}{X}$$

由于 $P_{XA} < P_{XB}$，所以等式右边第一项为负；由于 $P_{HA} < P_{HB}$，等式右边第二项为正；由于 $P_{RA} > P_{RB}$，等式右边第三项为负，故尚难判断等式左边的正负号。接来下的分析与前面的分析类似，结论也一致。

结论一： 当 $P_{HA} < P_{HB}$ 时，随着该服务企业人力资本密集程度的提升，或者资源密集程度的下降，该企业选址 A 市的概率愈来愈大；反之，则反是。

(2) 假设 $P_{HA} > P_{HB}$。如果仍然遵照上述分析思路，最后的结论将是，随着人力资本密集程度的提升，服务企业选址 A 市的概率愈来愈小，而不是越来越大。这显然与常理相悖。为了解决这一问题，在模型中，引入一个变量 λ。随着人力资本密集程度的提高，产生了两种效应。[①]

一是产出效应，即，如果某一城市生产者服务业人力资本密集程度越来越高，则可以推断，该市生产者服务业的产出效率更高（可能是因为内外部的规模经济以及范围经济等因素），这样，每个企业都可以获得一个额外的产出"奖励"——λX，λ 为额外产出的比例。

二是工资效应。随着生产者服务业人力资本密集程度的提高，导致该市等量的服务业人力资本价格也会不断升高（最终导致 $P_{HA} > P_{HB}$）。

令 $\lambda = f(H/X)$，根据假定，当 H/X 上升时，λ 也会上升。这样：

$$\pi_A = P_{XA}(1 + \lambda)X - P_{HA} \cdot H - P_{RA} \cdot R \tag{5.5}$$

$$\pi_B = P_{XB}X - P_{HB} \cdot H - P_{RB} \cdot R \tag{5.6}$$

① 同样，首先假定，一体化后生产者服务 X 在两市的价格相等，$P_{XA} = P_{XB}$。式 (5.5) - 式(5.6)，得到：

$$\pi_A - \pi_B = \lambda P_{XA}X + (P_{HB} - P_{HA}) \cdot H + (P_{RB} - P_{RA}) \cdot R$$

两边同除以 X，得：

$$\frac{\pi_A - \pi_B}{X} = \lambda P_{XA} + (P_{HB} - P_{HA}) \cdot \frac{H}{X} + (P_{RB} - P_{RA}) \cdot \frac{R}{X}$$

令 $E = \frac{\pi_A - \pi_B}{X}$，与前面的分析思路一样，

$$\text{Prob}(\varepsilon \leqslant E) = F(E) = \Lambda(E) \frac{1}{1 + e^{-\sigma \cdot \Phi}}$$

---

① 这也是本书的模型有别于总部经济模型的重要分析。

分析：随着 $\frac{H}{X}$ 的上升，λ 也会上升（前面假定 $\lambda = f(H/X)$），而 $(P_{HB} - P_{HA}) \cdot \frac{H}{X}$ 则下降。

进一步分析，如果前者的效应大于后者（即密集的人力资本所形成的产出效应大于工资效应），则意味着，随着 $\frac{H}{X}$ 的上升，$\partial F / \partial\left(\frac{H}{X}\right)$ 也会上升，即随着人力资本密集程度的提升，服务企业选址 A 市的概率愈来愈大；反之，则愈来愈小；如果前者的效应小于后者，则正好相反。

其他分析与前面的分析相同——随着 $\frac{R}{X}$ 的上升，$\partial F / \partial\left(\frac{R}{X}\right)$ 下降——随着该服务企业资源密集程度的提升，该企业选址 A 市的概率愈来愈小；反之，则愈来愈大。

② 现在放松 $P_{XA} = P_{XB}$ 的假定继续讨论。根据前面的分析，若 $P_{HA} > P_{HB}$，则 $P_{XA} > P_{XB}$。这样，式（5.5）-式（5.6），得：

$$\pi_A - \pi_B = (P_{XA} - P_{XB}) \cdot X + \lambda P_{XA} X + (P_{HB} - P_{HA}) \cdot H + (P_{RB} - P_{RA}) \cdot R$$

两边同除以 X，得：

$$\frac{\pi_A - \pi_B}{X} = (P_{XA} - P_{XB}) + \lambda P_{XA} + (P_{HB} - P_{HA}) \cdot \frac{H}{X} + (P_{RB} - P_{RA}) \cdot \frac{R}{X}$$

由于 $P_{XA} > P_{XB}$，所以等式右边第一项不影响问题的分析。接下来的分析与前面一样，结论也一致。

结论二： 当 $P_{HA} > P_{HB}$ 时，如果人力资本密集程度的提高所导致的产出效应大于工资效应，那么，随着该服务企业人力资本密集程度的提升，该企业选址 A 市的概率愈来愈大；反之，则反是。另外，随着该服务企业资源密集程度的下降，该企业选址 A 市的概率愈来愈大；反之，则反是。

5.1.3　对于制造业企业的分析

首先补充两个假定：第一，制造企业的生产者服务不是企业自身提供，而是外部采购（这一假定总体上是合理的，因为随着经济发展，制造、服务环节的分离是一般性趋势），不管是本市的，还是外市的。

第二，选址在某一城市，则该企业就首选该市的生产者服务、劳动力以及自然资源（当然，随着区域经济一体化，可以放松这一假定——各个城市可以形成资源共享。例如，周边城市也可以购买中心城市的高级生产者服务）。

这样：

选址在 A 市，则企业利润为：

$$\pi_A = P_{YA}Y - P_{XA} \cdot X - W_A \cdot L - R_A \cdot R \tag{5.7}$$

选址在 B 市，则企业利润为：

$$\pi_B = P_{YB}Y - P_{XB} \cdot X - W_B \cdot L - R_B \cdot R \tag{5.8}$$

一体化后产品价格趋同，$P_{YA} = P_{YB}$。式 (5.7) - 式(5.8)，得：

$$\pi_A - \pi_B = (P_{XB} - P_{XA}) \cdot X + (W_B - W_A) \cdot L + (R_B - R_A) \cdot R$$

两边同除以 Y，得：

$$\frac{\pi_A - \pi_B}{Y} = (P_{XB} - P_{XA})\frac{X}{Y} + (W_B - W_A) \cdot \frac{L}{Y} + (R_B - R_A) \cdot \frac{R}{Y}$$

设 $\Phi' = \dfrac{\pi_A - \pi_B}{Y}$，

分析：一般来说，$W_B < W_A$，$R_B < R_A$，即后两项为负值；P_{XA} 与 P_{XB} 的关系如下：若 $P_{HA} > P_{HB}$，则 $P_{XA} > P_{XB}$；若 $P_{HA} < P_{HB}$，则 $P_{XA} < P_{XB}$，即高昂的人力资本会导致较高的生产者服务价格。进一步分析如下：

（1）假设 $P_{HB} > P_{HA}$。那么，根据假定，$P_{XB} > P_{XA}$；上式中，右边第一项为正，后两项为负；如果$(P_{XB} - P_{XA})\dfrac{X}{Y} > (W_B - W_A) \cdot \dfrac{L}{Y} + (R_B - R_A) \cdot \dfrac{R}{Y}$，即 A、B 两市生产者服务价格差异超过了两市劳动力与资源价格差异之和，则该制造企业选址 A 市。反之，则选址 B 市。如果相等，则选择 A、B 两市皆有可能。

上述分析固然可以，但是与现实相去较远：在 $\Phi' > 0$ 和 $\Phi' < 0$ 的广大区间内，两市优势的任何变化均对企业选址结果没有影响；而 $\Phi' = 0$ 邻域上一个由负到正极微小的变化，却可能导致投资结果的不连续跳跃。事实上，制造企业的选址还会受到其他多重因素的影响。因此，仍然需要使用一个连续函数来刻画企业选址的概率才会更加切合实际。

与服务企业的分析类似，同样假定，企业选址决策会受到随机变量 ε 扰动。为便于处理，可以假设 ε 服从均值为 0、方差为 $1/\sigma$ 的倍数、$\sigma > 0$ 的 Logistic 分布（方差在此意味着不确定的大小），则该制造企业选址在 A 市的概率可以表示为累积分布函数：

$$\text{Prob}(\varepsilon \leq \Phi') = F(\Phi') = \Lambda(\Phi')\frac{1}{1 + e^{-\sigma \cdot \Phi'}}$$

分析：随着 $\frac{L}{Y}$ 的上升，$\partial F/\partial\left(\frac{L}{Y}\right)$ 下降，即随着制造企业劳动力密集程度的提升，它选址 A 市的概率愈来愈小，选址 B 市的概率愈来愈大；反之，随着制造业企业劳动力密集程度的下降，它选址 A 市的概率愈来愈大，选址 B 市的概率愈来愈小。

同理，随着 $\frac{R}{X}$ 的上升，$\partial F/\partial\left(\frac{R}{X}\right)$ 下降，即随着制造企业资源密集程度的提升，它选址 A 市的概率愈来愈小，选址 B 市的概率愈来愈大；反之，随着该企业资源密集程度的下降，它选址 A 市的概率愈来愈大，选址 B 市的概率愈来愈小。

此外，随着 $\frac{X}{Y}$ 的上升，$\partial F/\partial\left(\frac{X}{Y}\right)$ 上升，即随着制造企业越来越服务化（即由制造企业转向服务企业），它选址 A 市的概率愈来愈大，选址 B 市的概率愈来愈小；反之，则选址 A 市的概率愈来愈小，选址 B 市的概率愈来愈大。

结论三： 当 $P_{HB}>P_{HA}$ 时，随着该制造业劳动密集程度的提升，或者资源密集程度的提升，或者企业服务化程度的下降，该制造企业选址 A 市的概率愈来愈小；反之，则反是。

（2）假设 $P_{HB}<P_{HA}$，那么，根据假定，$P_{XB}<P_{XA}$。

这一分析较为简单：由于等式右边的三项都小于零，则 $\Phi'=\dfrac{\pi_A-\pi_B}{Y}<0$。即由于 B 市拥有相对于 A 市在生产者服务（由于高级人力资本带来的）、劳动力以及资源这三个方面的价格优势，导致该制造业企业倾向于选址 B 市。这也是现实生活中常见的情形——即不考虑其他条件，大城市、中心城市的各类成本越来越高，迫使制造企业不断向大城市郊区或中小城市迁移。

结论四： 当 $P_{HB}<P_{HA}$ 时，该制造企业选址 B 市。

5.2

同一企业的不同环节对于不同类型城市的选择

现实生活中，有相当一部分（制造业）企业，在一个城市内没有将制造环节和服务环节进行分离。发展到一定阶段，适逢一体化进程启动。在这样的背景下，这类企业如何选址也值得研究。具体分析如下。

原来，企业将生产环节与服务环节都布局在同一城市：A 市或 B 市。

若位于 A 市，所获利润为：$\pi_A=P_{YA}Y-P_{HA}\cdot H-W_A\cdot L-R_A\cdot R$

若位于 B 市，所获利润为：$\pi_B = P_{YB}Y - P_{HB} \cdot H - W_B \cdot L - R_B \cdot R$

现在，由于区域一体化，企业开始谋求新的布局，利用要素价格在空间上的差异，将生产环节和服务环节分离，以寻求利益最大化。但是，企业将生产环节和服务环节分离时，会产生一个内部的协调成本 ΔC。另外，由于市场一体化后，制造品价格趋同，所以，不再区分 P_{YA} 还是 P_{YB}，即 $P_{YA} = P_{YB} = P_Y$。

若该企业将服务环节布局在 A 市，[①] 制造环节布局在 B 市，则获得的利润是：

$$\pi_A' = P_Y Y - P_{HA} \cdot H - W_B \cdot L - R_B \cdot R - \Delta C$$

若该企业将服务环节布局在 B 市，制造环节布局在 A 市，则获得的利润是：

$$\pi_B' = P_Y Y - P_{HB} \cdot H - W_A \cdot L - R_A \cdot R - \Delta C$$

进一步分析，要比较四种情形。

5.2.1　情形一：A 市服务、B 市制造——A 市制造与服务

分离后服务在 A 市、制造在 B 市，与原来全部布局在 A 市的比较。

分离前，$\pi_A = P_Y Y - P_{HA} \cdot H - W_A \cdot L - R_A \cdot R$

分离后，$\pi_A' = P_Y Y - P_{HA} \cdot H - W_B \cdot L - R_B \cdot R - \Delta C$

$$\pi_A' - \pi_A = (W_A - W_B) \cdot L + (R_A - R_B) \cdot R - \Delta C$$

前两项是要素差额，后一项是企业空间布局产生的协调成本。

由于 $W_A > W_B$，$R_A > R_B$，所以前两项为正。

如果要素差额大于协调成本，则企业倾向于将制造环节分离到 B 市，保留服务环节在 A 市。反之，则可能会保持原来的布局（即全部留在 A 市）。

当然，这里也可以借鉴累积概率分布函数的思想进行分析：随着劳动密集程度（L/Y）或资源密集程度（R/Y）的提高，企业倾向于将服务、制造环节分离；随着协调成本占比（$\Delta C/Y$）的上升，企业倾向于维持现状。这一分析符合常理，该模式充分利用了两市资源价格的差异。

5.2.2　情形二：A 市服务、B 市制造——B 市制造与服务

分离后服务在 A 市、制造在 B 市，与原来全部布局在 B 市的比较。

---

① 这里可以假定，将服务环节布局在 A 市，只需要人力资本这一要素即可。

分离前，$\pi_B = P_Y Y - P_{HB} \cdot H - W_B \cdot L - R_B \cdot R$

分离后，$\pi'_A = P_Y Y - P_{HA} \cdot H - W_B \cdot L - R_B \cdot R - \Delta C$

$$\pi'_A - \pi_B = (P_{HB} - P_{HA}) \cdot H - \Delta C$$

第一项是要素差额，后一项是企业空间布局产生的协调成本。

如果 $P_{HB} < P_{HA}$，则 $\pi'_A - \pi_B < 0$，该企业不可能将服务环节迁到 A 市（也即如果 B 市的人力资本价格低，则企业所有环节都会留在 B 市）。[①]

如果 $P_{HB} > P_{HA}$，进一步，若要素差额效应大于协调成本，则企业将服务环节迁移到 A 市，生产环节保留在 B 市；若要素差额效应小于协调成本，则企业可能仍然在 B 市。

另外，也可借鉴累积概率分布函数的思想进行分析，结果如下：

当 $P_{HB} < P_{HA}$，随着 H/Y 的提升，企业倾向于维持现状（即制造、服务环节仍然都留在 B 市）；随着 $\Delta C/Y$ 的上升，企业也倾向于维持原状。

当 $P_{HB} > P_{HA}$，随着 H/Y 的提升，企业倾向于分离（即制造环节仍然留在 B 市，而服务环节迁到 A 市）；随着 $\Delta C/Y$ 的上升，企业倾向于维持原状。

5.2.3　情形三：B 市服务、A 市制造——A 市制造与服务

分离后服务在 B 市、生产在 A 市，与原来全部布局在 A 市的比较。

分离前，$\pi_A = P_Y Y - P_{HA} \cdot H - W_A \cdot L - R_A \cdot R$

分离后，$\pi'_B = P_Y Y - P_{HB} \cdot H - W_A \cdot L - R_A \cdot R - \Delta C$

$$\pi'_B - \pi_A = (P_{HA} - P_{HB}) \cdot H - \Delta C$$

第一项是要素差额，后一项是企业空间布局产生的协调成本。

如果 $P_{HA} > P_{HB}$，进一步，要素在城市间的差额超过了由此产生的协调成本，那么，企业倾向于将服务环节迁移到 B 市，而保留制造环节在 A 市。但是若考虑到城市声誉、集聚效应等因素，该企业未必将服务环节外迁到 B 市，因为在 A 市可以获得一个额外的产出。

如果 $P_{HA} < P_{HB}$，则 $\pi'_B - \pi_A < 0$，则企业不可能将 A 市的服务环节外迁到 B 市，所有环节都会留在 B 市。

同样，也可借鉴累积概率分布函数的思想进行分析，结果如下：

---

① 当然，若考虑到服务的城市声誉、集聚效应等因素，企业也有可能迁移。因为服务的城市声誉、集聚效应等因素使得服务会形成一个额外的产出（前面已经提到），如果它能足以弥补高人力资本价格以及空间协调成本，则企业有可能将服务环节迁到 A 市，制造环节仍然留在 B 市。

当 $P_{HA} > P_{HB}$，随着 H/Y 的提升，企业倾向于将服务环节外迁到 B 市（制造环节保留在 A 市）；随着 $\Delta C/Y$ 的上升，企业倾向于维持原状（即仍然全部留在 A 市发展）。

当 $P_{HB} > P_{HA}$，随着 H/Y 的提升，企业倾向于维持原状；随着 $\Delta C/Y$ 的上升，企业也会倾向于维持原状。

5.2.4　情形四：B 市服务、A 市制造——B 市制造与服务

分离后服务在 B 市、生产在 A 市，与原来全部布局在 B 市的比较。

分离前，$\pi_B = P_Y Y - P_{HB} \cdot H - W_B \cdot L - R_B \cdot R$

分离后，$\pi'_B = P_Y Y - P_{HB} \cdot H - W_A \cdot L - R_A \cdot R - \Delta C$

$$\pi'_B - \pi_B = (W_B - W_A) \cdot L + (R_B - R_A) \cdot R - \Delta C$$

前两项是要素差额，后一项是企业空间布局产生的协调成本。

一般来说，$W_B < W_A$；$R_B < R_A$，所以 $\pi'_B - \pi_B < 0$。因此，原来在 B 市发展的企业，不会把制造环节迁移到 A 市而将服务环节留在 B 市。这与经济常识也是相符的。

上述分析都是假定人力资本、劳动力因素没有流动以及自然禀赋不可改变的情形。如果放松上述假定（因为区域一体化），假设人力资本、劳动力可以自由迁移，获取自然资源的能力也可以改变，则情形更为复杂。

例如，如果考虑到劳动力可以从一般城市流向中心城市，人力资本从中心城市向周边城市扩散，中心城市获取自然资源的能力不断提升，这样，生产者服务业（尤其是高级生产者服务业）向中心城市集聚、制造业向中小城市集聚的进程可能被延缓。

另外，可以预见，在法治不断完善、交易环境不断改善、交通通信信息技术不断进步的条件下，企业内部空间协调成本、企业之间交易费用将越来越低，这样，服务环节和制造环节分离于两个城市并由不同企业承担，获得的总收益会越来越高。这样，在两城市的企业选址模型中，将逐步形成一个服务中心、一个制造中心的格局。

5.3

本章小结

本章从企业选址的视角，进一步说明城市间生产者服务业与制造业互动形

成的必然性。当外在条件演进后，基于自身利益的考虑，不同行业的企业，或者同一企业会对不同环节进行重新选址，以适应形势变化获取最大利益。

一般而言，企业都会将服务环节置于人力资本较为丰富的城市，而将制造环节置于人力资源、自然资源比较丰富的城市。这就从总体上形成了城市间的产业分工与协作。

回顾城市产业发展的历程可以发现均衡状态的演进路径轨迹：一开始是在各城市内部，生产者服务内含于制造业的一种初始均衡状态；接着，还是在各城市内部，生产者服务从制造业内部逐步开始分离的均衡状态；渐进的，又演进到各城市间（甚至各区域间、各国家间），生产者服务业与制造业的空间分离协同均衡状态。在每一阶段，企业都会根据实际进行成本收益分析而获取最大利益。城市间的产业互动实际上就是企业以及产业这种均衡动态演进的结果。

第 6 章

城市间产业互动中的生产者服务业区位选择：城市声誉假说

在前面几章中，本书对城市间产业互动进行了多视角的分析。本章则从生产者服务业的视角，阐释生产者服务特别是高层次生产者服务向大城市或中心城市集聚的原因，从而进一步丰富对于城市间产业互动演进路径的认识。

关于生产者服务业的选址，长期以来，人们形成了这样一种认识：生产者服务业在地理上一般都紧邻制造业。但是，随着经济一体化的不断深入，在一些较为发达的国家或地区，制造业不断从大城市向其郊区或中小城市转移，而生产者服务业，尤其是高层次生产者服务并没有完全追随前者向大都市郊区或中小城市转移。随着交通、通信、信息技术的发展、企业组织结构的演进以及生产者服务业内部分工的深化，生产者服务越来越呈现出集聚于城市、特别是大城市的特征。更进一步讲，高层级生产者服务尤其偏好大城市集聚。例如，以金融服务为例，据帕尔和巴德（Parr, J. and Budd. L., 2000）研究，英国的国际证券资产服务、衍生品交易、国际商品交易、国际股票债券和国际保险等业务基本上都集中在顶级城市——伦敦。[①]

对于这一演进趋势，许多人认为这样可以享受产业集聚带来的外部效应（如信息共享、人才共享、供应商专业化以及便于相互学习，等等）。本书则认为，生产者服务，尤其是高层级生产者服务集聚于大城市，可以借助城市声誉克服生产者服务交易中的信息不对称。

---

① 而国内有价证券服务、外汇交易、国内公司融资业务、国内股票债券业务和国内保险业务，以及地区有价证券服务、外汇交易中介服务、国债业务、地区公司融资业务，地区保险业务基本上集中在英国的第二、第三层级城市。

6.1

对于生产者服务业选址规律认识的演进

6.1.1 邻近原则及其缺陷

关于生产者服务业的选址规律，国内外许多学者已经做了大量研究，但是在很长一段时间内都囿于这样一种思维范式，即生产者服务是制造过程的中间投入环节，其生产和消费在时空上不可分离，所以必须在地理上紧邻制造业以便进行面对面的交流——即所谓的"邻近原则"（Hansen，1990；Goe，1990），从而实现两大产业的协同效应。

事实上，邻近原则暗含的假设有两个方面不够严谨：一是假定技术和组织永远不变；二是假定产业内分工也不会变化（即认为生产者服务只是制造业的一个中间环节，除了制造业没有其他服务对象）。这两个前提随着经济社会的发展被不断证伪：交通、通信和信息技术的发展突破了时空上的联系障碍，使得生产者服务可以跨时空进行；而 M 型（事业部型）、总部—分支等企业组织结构的不断创新，也使得企业家掌控整个企业的形式更为灵活、地域更为广阔；随着产业内分工的日益细化，不仅生产者服务日益从制造业内部分化出来，而且生产者服务业内部也在不断裂变。它们相互提供服务，自身就是自身重要的市场。[①]

基于上述理论缺陷，众多学者对邻近原则提出了质疑。例如，马歇尔和伍德（1995）认为，不像其他服务业，生产者服务业并不依赖于对服务客户的接近性，它们受惠于并且需要在位置上接近能够提供关键投入的其他服务供应商。又如，丝奇雅·沙森（2005）认为，生产者服务业和制造业之间并非地域上的相互依赖，尤其是生产者服务中的高端环节，如满足投融资需要的金融服务以及其他商务服务，或者与制造业无关，或者并不以制造业为中心。格尔（1994）通过分析俄亥俄州的克利夫兰和亚克朗这两个"去工业化"城市区域指出，生产者服务企业更频繁地与其他服务部门，而不是与制造业进行当地或非当地的贸易。马丁（2004）通过调查瑞典一些功能区后也发现，将制造业的便利性作为生产者服务业选址的一个重要因素在统计上并不显著，因为许多

---

① 例如，据调查，珠三角服务企业对广州生产者服务业的使用量是制造业企业的 2 倍（钟韵，2007）。

生产者服务业同时也为其他服务行业提供服务。

6.1.2 集聚原则的解释

在邻近原则的基础上，许多学者提出了集聚原则。例如，丹尼尔斯（Daniels，1985）指出，由于传统和威望等人为因素，以及劳动力、工资和房价等经济发展因素，导致生产服务业办公场所依然集聚在大城市的中心商务区。达尔（Dahles，1999）则总结了服务业定位于大都市区域的五个明显优势，如与商务伙伴的联系更加紧密；在获得消费服务和生产服务以及高技能劳动力方面存在大量的选择机会；快速的技术和商务信息流动以便考虑降低风险的措施；便利的交通条件因而运输成本较低，等等。斯文·伊列雷斯和让·菲利普（Sven，Illeris，and Jean，Philippe，1993）认为，生产者服务业的选址不是由客户的位置决定的，而是由雇员的素质决定的（因为生产者服务业高度依赖于他们的高素质员工）。

在众多研究中，斯科特（Scott）与罗尔夫·斯坦（Rolf Stein）从生产者服务交易的特点和交易成本的视角分别对城市集聚做了较为独特的解释。斯科特（1986）认为，对于需要面对面接触、具有高度"前台"功能的生产者服务业仍需保持集聚的趋势；而属于传统"后台"功能的生产者服务业不再需要采用面对面的接触方式，可以远离大城市的中心商务区转而布局在大城市的边缘区域而享受较低的商务成本。罗尔夫·斯坦（2002）则指出，那些从事交易活动的服务行业，特别是需要高素质劳动力的行业倾向于高度集聚，而那些非交易类或者部分交易类的服务行业在空间集聚方面显得较为分散。

生产者服务的集聚也引起了国内学者的关注。在区位选择的研究方面，高波、张志鹏（2008）、钟韵（2007）、方远平、闫小培（2008）等学者也都注意到了生产者服务的集聚特征。陈殷、李金勇（2004）、江静、刘志彪（2006）、吴福象（2008）等则从成本视角对生产者服务集聚于大城市的原因进行了深入的研究。

综合国内外已有的研究，一些学者提出的邻近原则实际上是对生产者服务在发展初期区位选择特征的一个比较客观的把握。但是在技术、组织和分工日益发达的信息时代，这一原则已经发生了很大的变化。而目前流行的集聚原则虽从多个视角解释了生产者服务集聚的原因，但是并没有穷尽高层级生产者服务倾向于大城市集聚的全部因素。由于生产者服务的内部是有差异的，不同层级的生产者服务在区位选择上有一定的差异，这就需要拓宽理论视野进一步加以研究。

6.2

生产者服务交易的信息不对称

无论是在产业发展的初期，还是在信息技术高度发达的今天，由于自身的属性，生产者服务交易中始终都存在着这样的情形：生产者服务的供给方掌握着关于自身服务的充分信息，而买方很难知道交易中特别的重要信息。这就形成了生产者服务交易的信息不对称。归纳起来，主要原因有以下三个方面。

6.2.1　生产者服务供给的时间

生产者服务一般只能在签约之后才能真实地显现，这是与普通产品交易的一个重要区别。普通产品可以在签约后生产，也可以事先生产出来，但是生产者服务的供给方却只能按照商谈的结果，根据客户的具体要求向需求方供给服务，不可能事前就进行服务，因为没有服务对象就无法进行实际的服务。这种事后供给的特征给服务的需求方带来了诸多交易隐患，给交易双方在签约时带来了诸多不确定因素，使得双方难以达成一个比较完备的协议，也为双方事后商谈留下了巨大的讨价还价空间。

6.2.2　生产者服务供给的标准

生产者服务的供给一般难以标准化。生产者服务包含的行业较为广泛，从是否可以编码、是否可以实现程序化运作的视角来看，有些生产者服务相对而言比较容易实现标准化的操作（一般都是中低层级的），而有些生产者服务很难实现标准化（往往都是一些高层级的）。这样，一些容易标准化的服务因为交易双方对质量和水平的鉴定所产生的歧义相对较少使得交易相对容易一些，而不容易标准化的服务在交易时就比较困难。

6.2.3　生产者服务供给的比较

生产者服务质量和水平的横向比较往往非常困难。买方如果不知道某一生产者服务企业提供服务的真实质量与水平，那么通过横向比较进行鉴别也不失为一种办法。但是，由于第二个因素，即一些生产者服务难以标准化，导致横向比较也非常困难（因为各个服务商供给服务的内容、路径、方式以及服务主体即人力资源存在较大差异，使得即使进行比较往往也不能用一把尺子量到底）。另外，在产业发展的初期，生产者服务行业还没有形成产业集聚，地域范围较为分散，若想进行集中的统一比较也非常困难。

6.3

生产者服务的层级特征及其交易的信息不对称程度

6.3.1 生产者服务的层级特征

随着产业内分工的日益细化，生产者服务的层级特征也日益明显。服务的层级特征，简单地解释，就是服务有高、中、低之分。这并不是说某些生产者服务行业是低层级的，另一些行业是高层级的，而是指各种生产者服务行业内部都有高层级服务和中低层级服务之分。区分的标准主要看是否能够标准化、程序化运作。能够标准化、程序化操作的服务，一般来说就是中低层级的，反之则是高层级的。

这里的原因在于，能够标准化、程序化操作的服务，在运营中就比较规范，可以按部就班地操作。此类服务的交易双方，信息对等程度较高，争议较少。这样，即使一个中初级的人才也能迅速掌握交易的主要流程。所以，能够标准化、程序化的生产者服务一般都是中低层级的。

反之，难以标准化的生产者服务在进行交易时，更多的是凭借服务主体的主观经验以及一些隐含知识（即某些难以编码的、只能意会的知识）。这对服务供给方的素质要求很高。一般来说，只有经过长期训练或有实践经验的高级人才方能提供此类服务。所以，难以标准化的生产者服务一般都是高层级的。①

---

① 例如，在金融服务中，一般的存款业务往往是比较低层级的，而贷款业务就是相对高层级的。即使是贷款业务，诸如客户接洽、材料的收集整理往往也是较低层级的，而资格审查、风险评估、授信额度的确定往往是高层级的。相比于存贷款业务，开发金融衍生产品、融资融券、上市公司辅导、过桥贷款、企业并购贷款、风险投资、私募股权投资等往往又是更高层级的。

6.3.2　不同层次生产者服务交易的信息不对称程度

不同层级的生产者服务，其信息不对称的程度存在较大差异，因而交易的困难程度也不一样。高层级生产者服务，因为商谈的内容比较复杂，很难标准化操作，也难以在短时间内显现效果并鉴定清楚，信息不对称程度较为严重，因此交易难度较大。

而中低层级的生产者服务，因为容易实现标准化、程序化的操作，所包含的信息也易于被买方证实，因此信息不对称的程度较轻，交易难度相对较小。

不同层级的生产者服务，因其不同的交易信息不对称程度，引起了它们在企业运作以及选址方面的巨大差异，从而深刻影响着城市间的产业互动。

6.4
空间交易成本假说与生产者服务
交易及选址的变迁

为了克服信息不对称，从个体角度讲，服务需求方可以选择诸如规范详尽的合同文本、锁定品牌服务商、固定伙伴重复交易以及垂直一体化等手段；服务供给方也可以选择诸如规范合同、形象推介以及一般服务标准化等方式。除此之外，选择合适的服务供给区位也非常重要，不同层级的生产者服务对于区位选择的要求有所差别。上述交易方式及选址差异在市场一体化前后有所不同。

6.4.1　市场一体化之前

在市场一体化之前，企业如何克服信息不对称以顺利地进行生产者服务的交易？

在这一阶段的早期，交易成本高，绝大部分生产者服务都内在于制造业企业，与制造环节进行互动（即垂直一体化的方式），这样能比较好地克服信息不对称，解决交易中的机会主义风险，这实际上就是地理上邻近原则的体现。

随着技术进步和市场经济的发展，一些中低层次的生产者服务可以逐步实现标准化操作，这时这些环节如果还内在于企业，其成本将大于收益，所以，这些服务环节首先从制造企业脱离出来，采取服务外包（包括规范文本、固定交易伙伴等），实现了（中低层次）生产者服务与制造环节在企业之间的互动。

但是，由于此时区域市场还没有实现一体化，空间交易成本很高，所以，此时生产者服务与制造环节的互动还是在城市内部（这实际上还是地理邻近原则的体现）。而对于高层次的生产者服务，由于其交易的信息不对称及复杂性问题仍然难以解决，此时外部化的成本大于收益，所以这一阶段仍然更多地采用垂直一体化的方式，用一个长期的企业合约（内部化的方式），以克服交易信息不对称，避免契约执行的困难、机会主义等交易风险。

6.4.2　市场一体化之后

在实现了市场一体化之后，空间交易成本逐步下降，这时，企业又如何克服信息不对称，顺利地进行生产者服务的交易？

首先看中低层次的生产者服务，上一阶段它们已经逐步从制造企业分离，实现了外部化运作。随着体制、技术组织分工的深入发展，在这一阶段，它们从制造业分离的步伐和规模将越来越大；不仅如此，原来还局限于一个城市的内部，此时，它们将突破城市的限制，开始在外地寻求扩大服务的商机，从而实现了（中低层次）生产者服务与制造环节在城市间的互动。

再看高层次生产者服务，由于技术等方面的原因，某些类别行业的高层次生产者服务，采取垂直一体化方式的收益大于成本，故仍然会保留在企业内部，但是它们也会顺应时代的发展形势，在地理上对这些高层次生产者服务进行重组，不再局限于一个城市的内部，而是在城市之间寻求更为合适的发展机会———一般都会集聚于大都市，这样，这部分高层次生产者服务就实现了（企业内）与制造业在城市间的互动。

还有一些类别的高层次生产者服务，尤其是人力资源管理、订单管理、财务管理、营销策划，甚至技术开发等服务环节，随着经济发展，借助于现代科技和组织转型，也逐步开始外部化，因为在一定条件下外部化的收益将大于成本；同样，随着区域市场一体化的进展，这些服务环节将不再局限于一个城市内部，开始在更多的城市开展业务布局。这样，这些类别的高层次生产者服务就实现了（企业间）城市间的产业互动。

进一步，在后一类高层次生产者服务寻求城市外的发展时，会出现一个比较明显的动向，就是这些类别的生产者服务往往都会倾向于集聚在一些大城市，借助大城市的优势与各类城市各企业的制造环节（或其他服务环节）开展互动。深入分析这一趋势，有助于深化对生产者服务选址规律以及城市间产业互动规律的认识。上述分析可见表6-1。

表6-1　　市场一体化前后不同层次生产者服务的交易及选址方式

企业组织方式和空间边界		市场一体化之前		市场一体化之后	
		交易的服务类别	互动类别	交易的服务类别	互动类别
垂直一体化	城市内部	高层次生产者服务	与制造环节在城市内部开展产业互动	部分高层次生产者服务	与制造及其他服务环节的互动在城市内部进行产业互动
	城市之间				与制造及其他服务环节的互动在城市之间开展产业互动
服务外包	城市内部	中低层次生产者服务（从垂直一体化到外部化）	与制造环节及其他服务环节在城市内部互动	部分高层次生产者服务；各类中低层次的生产者服务	与制造及其他服务环节在城市内部互动
	城市之间				与制造及其他服务环节在城市之间互动

　　总之，在信息经济时代，中低层级生产者服务的区位选择是不确定的：或者集中到大城市，或者集聚于大城市郊区，或许分散到中小城市。而高层级的生产者服务对于选址的要求比较严格。从趋势来看，有一些仍然还保留于企业内部，但越来越多的各类高层级生产者服务，都逐步分化出来，在城市间布局，并且基本上都倾向于大城市集聚（上述过程可用图6-1描述。A、B等均为虚拟的城市）。

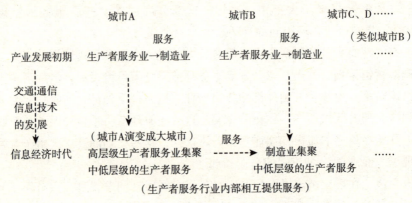

图6-1　生产者服务区位选择的演进

为什么会形成这样的分布特征？集聚原则的解释是形成了集聚效应，但是为什么高层级生产者服务主要是在大城市而很少在中小城市集聚？为什么中低层级的生产者服务既可以在大城市集聚又可以在中小城市集聚？显然，集聚原则并不能给出完全的回答。

6.5
城市声誉的形成与作用机制

从信息理论的视角看，由于交易中信息不对称的程度相比中低层级生产者服务更为严重，高层级生产者服务集中在大城市，除了能够带来通常所讲的集聚效应，实际上还在于这样的地理集聚能够发出一个有利于交易的信号特征——城市声誉。

6.5.1　城市声誉的形成机制

所谓城市声誉，是指城市在发展过程中凭借自身一些有形或无形的特质性资源逐步积累起来的形象或品牌。在进行生产者服务交易时，它可以作为显示来自该市服务质量与水平高低的重要信号，从而有助于某类城市高层级生产者服务的供给方将自身的服务与其他城市企业提供的同类服务区别开来，便于需求方进行合理选择从而克服信息不对称的困境。

城市声誉是如何形成的？一般来说，每个城市都会拥有一些自身的特质性资源：或者是得天独厚的地理环境，或者是丰富的自然资源，或者是深厚的历史文化传统，或者是优越的交通便利，或者是浓郁的商业氛围，或者是高水平的教育体系，等等。[①] 在某一区域，各个城市在历史渊源、人文地理、现实发展等方面拥有的特质性资源是不一样的。即使同为经济发达的城市，可能还存在着交通通信、主导产业、创新环境、金融资源以及高级人力资本等诸多方面的差异，也就是说各个城市是不均质的（即异质城市）。

在这些异质城市中，一些城市借助丰富且优质的特质性资源，以及长期营造的良好形象和广为流传的城市美誉度迅速成为区域内的高层级城市（基本

---

① 某些城市在特定资源禀赋下，相关生产者服务主体之间相互作用，形成一个利益共同体，同时又是一个相互竞争、相互合作的群体。这个群体集聚在一起，形成某个城市的行业声誉，成为所在城市一张亮丽的"名片"，这也是重要的交易信号，详见下文关于行业声誉的分析。

上都是大城市），而其他一些城市则相应沦为中低层级城市（一般都是中小城市），① 即形成了异质城市的层级化特征。进一步讲，大城市的城市声誉强度基本上（但并不一定）要高于中小城市。同样是大城市，由于特质性资源种类的差异，在城市声誉的具体类别方面可能又会有一定的差异。②

由于企业的成长与发展严重依赖于某些特质性资源，这就导致了企业对于这些特质性资源所在城市的依赖，即形成了产业布局的"城市的专用性"——不同产业适宜在不同（层级）的城市发展，因此就会出现某些产业集聚在某类城市，而其他一些产业集聚在另一类城市。就生产者服务业来说，将会出现高层级生产者服务一般都选择大城市，这样的区位选择有利于它利用大城市的声誉发出有差异的交易信号。

6.5.2　城市声誉的作用机制

城市声誉机制究竟是怎样发挥作用的？一是从服务的供给和需求来分析。就高层级生产者服务的供给方来说，这些企业选择区位时，往往会把自身提供的服务与所在城市的形象以及美誉度联系在一起，借此凸显企业服务的质量和水平。在这种思想的指引下，那些拥有良好的交通通信设施、科教资源密集、信息传输快捷的城市（一般都是大城市）往往成为高层级生产者服务企业的首选。③ 从生产者服务的需求方来看，一种来自于大城市的高层级生产者服务，其水平一般也应高于（至少不低于）中小城市提供的同类生产者服务。即使大城市的服务价格再高，为了更高的收益，需求方往往也会选择大城市的服务企业。这样，一方面，高层级生产者服务的供给方需要借助城市声誉显示自身服务的质量与水平；另一方面，高层级生产者服务的需求方需要借助城市声誉甄别不同质量与水平的服务。于是，高层级生产者服务的交易往往就会选择在大城市而不是中小城市进行。

---

① 在本书中，大城市、中小城市并不仅仅指它们在城市规模上的差异，主要是指它们在拥有的特质性资源及竞争能力方面存在的差异——更科学的说法是特殊城市和普通城市。一个城市，只要拥有了发达的交通通信设施、高级人力资本、高端生活服务等资源，往往就会吸引高层级生产者服务企业落户。现实中，这样的特殊城市往往在经济规模、人口规模和地域面积方面都比较大，所以这些特殊城市往往也就是区域中的大城市。

② 例如，提到波士顿，其声誉就是教育之城；提到芝加哥，就是期货之都；提到法兰克福，就是欧洲金融之都。

③ 例如，2007 年微软中国研发集团宣布建立 SQL Server 中国研发中心。该中心选择在北京和上海两地扩展研发团队，主要是因为京沪两市拥有丰富的科教资源、人力资源、快捷的交通通信设施以及优越的生活服务。这些资源无疑是吸引微软等这些高端服务企业落户的重要资本。

二是从城市声誉信号强度在空间上的分布来分析。从城市的层级性特征可以看出，随着城市层级的降低，其声誉信号的强度在空间上也会递减。在这种情况下，一个大城市的高层级生产者服务水平一般（但并不一定）要高于一个中等城市类似服务的水平，而后者又要高于小城市或者小城镇的水平。声誉信号强度在空间分布上的差异也有利于供需双方选择不同城市进行生产者服务交易。就高层级生产者服务来说，交易双方为了克服信息不对称，当然最好是选择在声誉信号最强的大城市进行交易。

三是从声誉信号的具体类型来分析。声誉信号不仅仅是一个城市形象和美誉度的笼统表述。在现实中，不同的大城市，其城市声誉的类型存在较大差异。有些大城市的声誉可能体现在某一方面，而另外一些大城市可能会体现在其他方面。有差异的城市声誉实际上也有助于引导服务的需求方在众多的大城市中进行更为细致的选择。

上述分析思路可表示如下：

城市特质性资源→异质城市→城市声誉→交易信号特征→缓解服务交易的信息不对称

6.5.3 城市声誉与行业声誉

城市声誉是从总体上说明了高层级生产者服务集聚大城市的意义，实际上还可以聚焦到城市的某一区域进行微观解析。一般而言，高层级生产者服务往往会自发地集聚在大城市某个特殊的商务区（尤其是 CBD），进而发展成某一产业集群，这样很容易形成该区域的行业声誉①——这是城市声誉的一个具体表现。其交易信号功能有以下三个方面。

首先是赢得客户的信任。在交易中，如果该服务是来自于某大城市 CBD 或其他闻名的商务区，服务的买方很容易认为其服务质量和水平较之一般的中小城市要高出许多。其次是便于客户的鉴别。相当多的高层级生产者服务集聚到大城市商务区并形成一个个服务业集群，也有利于客户对各个服务供应商提供服务的质量与水平进行集中比较、鉴别，并且也减少了交易的不确定性，降低了交易的风险。再次是繁荣行业内的交易。高层级生产者服务集聚在大城市的某个商务区，实质上也方便了生产者服务行业内部的相互供给，有助于克服它们在相互交易时的信息不对称。

---

① 行业声誉的信号在产业发展初期是难以形成的。那时，高层级生产者服务发展不充分，整个行业显得较为零散，还没有形成产业集群。

需要注意的是，城市声誉与行业声誉既有联系又有区别。就联系来说，生产者服务交易中的城市声誉，可能起源于（或体现在）某种生产者服务产业集群在某一城市区域形成的行业声誉。但是这两者又有一定的区别：第一，城市声誉包含的内容较为广泛，不仅包括某城市商务区的行业品牌，还包括整个城市的国内外形象、媒体美誉度、公众满意度以及生态环境、人文素质等多项因子；第二，城市声誉的形成并不完全都是因为产业集群基础上形成行业声誉的缘故，有时也会出现先有城市声誉后有行业声誉的现象；①第三，一个生产者服务供应商，即使空间上不处于某个产业集群内，但只要在某个合适的大城市，借助该城市声誉，同样也能发出有利的交易信号。所以，城市声誉主要不是借助于集聚的外部经济来吸引各方，而是借助于城市自身的形象和美誉度等因素为生产者服务交易双方提供一个有利于消除信息不对称的信号。

需要补充的是，强调城市声誉及行业声誉机制，并不否定生产者服务供应商采用一些个体意义上的克服信息不对称的手段（如规范合同文本、广告宣传等）。但即使充分运用了上述手段，高层级生产者服务如果没有选择大城市而选择了中小城市，其克服信息不对称的能力仍然不如大城市中的竞争者。后者也可以充分使用这些个体手段，并且还增添了一个交易信号强度较高的城市声誉。所以城市声誉实质上是从整体上提升了高层级生产者服务的交易能力（以至于一个没有进行自我营销的高层级生产者服务供应商也可以搭上城市声誉这个便车，因而激励着越来越多的高层级生产者服务供应商在大城市集聚）。

以上主要解析了高层级生产者服务的区位选择。至于中低层级的生产者服务，由于这些服务的操作程序较为规范，信息的透明度较高，交易困难程度较小，所以其对区位选择的要求就克服信息不对称来说不像高层级生产者服务那样严格。因此，从理论上讲，它们在不同层级的城市都有分布，具体如何选址则需要结合多重因素加以具体分析。②

---

① 例如，大连凭借自身的滨海城市、科技城市形象才吸引、集聚了众多的国内外软件服务外包企业。

② 在上述分析中，可能会有这样一个疑问：假如一个企业提供的生产者服务，既有中低层级的，又有高层级的，那么它将如何选择区位？一般来说，如果该企业以提供中低层级的生产者服务为主，那么，它既可能选择大城市，也可能选择中小城市；如果该企业以提供高层级生产者服务为主，那么，它基本上会布局在大城市。另外，也可能会出现这样的分布，该企业在大城市提供高层级生产者服务，而利用分支机构向中小城市提供部分高层级服务和中低层级的生产者服务。当然，生产者服务的区位选择还会受到其他因素的影响（如行业特性、行政因素，等等），在此不再赘述。

6.6

本章小结

本章认为，生产者服务本身是有层级的；不同层级的生产者服务在交易时信息不对称程度有所差别；当服务业在地理上进行重组时，生产者服务、特别是高层级生产者服务倾向于在大城市集聚，而中低层级的生产者服务在大城市和中小城市都能生存与发展。从信息理论的视角看，高层级生产者服务集聚在大城市可以借助城市声誉较好地克服交易双方的信息不对称。

作为对生产者服务选址规律的探究，邻近原则、集聚原则与本章提出的城市声誉原则三者之间的关系可用表6-2做一简要概括。

表6-2　　　　邻近原则、集聚原则和城市声誉原则的比较

选址原则	内容	条件	政策含义
邻近原则	生产者服务在地理上紧邻制造业，进行面对面地交流从而实现两者的协同效应	产业间分工不断发展，生产者服务日益从制造企业外部化	在地理上建立一个贴近制造业的服务要素投入市场，以增强制造业的竞争力
集聚原则	生产者服务集聚可以带来正外部效应（信息、人才等资源共享、便于相互学习等）	区域经济一体化（交通、通信、信息技术日益发达，产业内分工进一步细化）	在区域内的各城市间进行合理的产业分工，实现产业在城市间的互动
城市声誉原则	高层级生产者服务集聚大城市可以发送有利于交易的信号，从而缓解信息不对称	区域经济一体化；有大城市在某区域脱颖而出	实现区域内不同城市间的产业合理分工；强调大城市及商务区优先发展战略

在三种选址原则中，集聚原则是在邻近原则基础上逐步形成的，而声誉原则实质上是对集聚原则的进一步深化。就邻近原则和声誉原则来说，它们有着一个共同的特征，就是都满足了必须解决生产者服务交易中的信息不对称问题：邻近原则是从地理邻近的意义去回应这一交易障碍，而城市声誉原则实质上是从城市声誉的信号功能来解答这一交易难题。在不同原则的指导下会有不同的政策导向。当前一些城市、特别是区域中心城市要注重集聚原则、特别是城市声誉原则所蕴含的政策含义，以加速自身的发展。①

---

① 由于高层级生产者服务基本上都集中在大城市交易，所以这将形成大城市的高层级生产者服务对于周边中小城市的极化效应。从区域产业结构调整来看，这种布局不仅有助于克服信息不对称困境，而且还可能在更大的空间内实现生产者服务资源的优化配置，更充分地发挥生产者服务业在整个区域的服务功能。决策者在制定政策时应该充分认识这一意义。

　　综上所述，在声誉原则等因素的作用下，生产者服务业，特别是高层次生产者服务逐步走出了制造业笼罩的"光环"，开始向其他城市，特别是大城市、区域中心城市转移。如果生产者服务业不能在空间上脱离制造业而发展，那也就谈不上它与制造业在更广空间上的分离互动。这是本章试图解释的生产者服务业与制造业走向城市间互动的重要一环，是对前几章关于互动形成机制的进一步补充，也是从具体行业层面对城市间产业互动所做的进一步分析。

第 7 章

城市间产业互动的空间演化：
有限数量的服务业中心城市假说

产业互动从城市内部向城市之间演进，势必对中心外围格局以及城市层级体系产生影响。本章在分析克鲁格曼等创立的"制造业中心—农业外围"模型和奥尔加·阿隆索·维拉尔等创立的"服务业中心—制造业外围"模型基础上，[①] 试图阐释并拓展"服务业中心—制造业外围"模型的新内涵，并提出一个新的假说——有限数量的服务业中心城市；同时分析城市间产业互动对城市层级体系以及各个城市经济利益的影响。

7.1
"中心—外围"模型的拓展

中心—外围模型自提出以后，许多学者对此进行了深度研究。由于假设的区别，形成了各类新模型的差异。本节在修改有关基本假设的基础上，阐释劳动力在城市间可以自由流动的条件下"服务业中心—制造业外围"模型的新内涵。

7.1.1 "中心—外围"模型的基本思想

1. "制造业中心—农业外围"模型的基本思想

该模型的基本内容是：存在两个地区与两个部门，两地区初始发展相

---

① 该模型的具体思想，请参见 Olga Alonso – Villar, José – María Chamorro – Rivas, *Environment and Planning* A 2001, Vol. 33, pp. 1621 – 1642。

同，制造部门报酬递增、产品具有差异性，农业部门报酬不变、产品同质。两部门使用的生产要素都是劳动力，但同一地区内的农业部门的劳动力不能向制造部门流动，制造部门的劳动力也不能流向农业部门，但制造部门的劳动力可以在同一部门内跨地区流动。农产品没有运输成本，而制造品则存在"冰山成本"。该模型认为：随着贸易成本的逐渐降低，原先两个互相对称的地区发展变化，起初某个地区的微弱优势会不断累积，最终使得该地区变成产业集聚的中心，而另一个地区则变为非产业化的外围（见图7-1）。[①]中心—外围模型的意义在于它可以预测一个经济体中经济地理模式的演进过程。初始状态时，一个地区的地理区位可能有某种优势，对于另一地区的特定厂商具有一定的吸引力，并导致这些厂商生产区位的改变。一旦某个区位形成行业的地理集中，该地区的聚集经济就会迅速发展并获得地区垄断竞争优势。

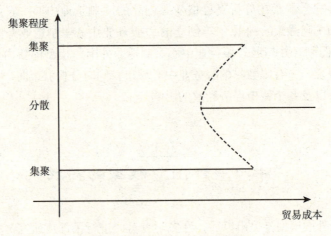

图7-1 经典的中心—外围模型

2. "服务业中心—制造业外围"模型的基本思想

该模型是奥尔加·阿隆索·维拉尔和何塞·玛丽亚·查莫罗·里瓦斯在借鉴克鲁格曼模型并改进维纳布尔斯（1996）模型[②]的基础上发展起来的。该模型假设有两个地区，每个地区都有三个部门：农业、制造业和生产者服务

---

① 参见藤田昌久、克鲁格曼、维纳布尔斯：《空间经济学——城市、区域与国际贸易》，中国人民大学出版社2005年版。

② 维纳布尔斯模型与克鲁格曼模型最主要的区别就是劳动力只能在部门间流动而不能在地区间流动。

业①。农业部门完全竞争；制造业和生产者服务业则是不完全竞争，并存在垂直联系，因为生产者服务是制造业的中间产品。这两个部门生产差异化的产品，并存在规模经济，企业处于垄断竞争状态。劳动力在三个部门间可以自由流动，但是在地区间不能自由流动。该模型的基本思想是：当一体化时，将会出现产业的地区专业化——生产者服务业居于核心区域，制造业居于外围区域，而不是两个产业在一起集聚（见图7-2）。

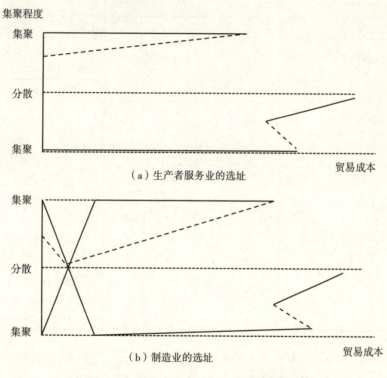

（a）生产者服务业的选址

（b）制造业的选址

图7-2　"服务业中心—制造业外围"模型

　　该模型认为，当贸易成本很高的时候，制造业在形成经济活动的空间分布方面起着决定作用，因为它们需要接近消费者，这样也导致了服务业的分散。相反，当贸易成本降低的时候，服务业决定着整个经济活动的空间分布。彼此分享信息的需要使得服务业集聚在一起，进而抬高了当地的工资水平，也迫使制造业迁往其他地区。这就形成了产业的地区专业化，即服务业集聚在一个城市，而制造业集聚在另一个城市。该模型的基本观点汇总如表7-1所示。

---

① 该模型假定生产者服务业部门是知识、信息密集型的产业。

表 7-1　　　　　"服务业中心—制造业外围"模型的基本观点

影响选址的因素	贸易成本高		贸易成本低	
	制造业	服务业	制造业	服务业
接近最终需求	非常重要		重要性下降	
工资抬升效应	不显著		显著	
产业关联		要求接近制造业		重要性被削弱
信息的可得性		重要性不突出		非常突出
企业选址倾向	分散	分散（追随制造业）	集聚后又分散	集聚在人力资本密集、通信完备的地区
通信的改进		加强分散		加强集聚
在整个经济活动空间分布中的地位	决定作用			决定作用
不同制造业			劳动密集型迁移到低工资地区(外围)　｜　技术密集型不确定	
不同生产者服务业			一般情况下，后台业务环节也将迁移到低工资地区（外围）	前台业务，越是知识密集型、信息密集型的，越是集聚在中心地区

　　该模型增加了一个生产者服务业部门，因而增强了模型的解释力；拓展了对于经济活动中集聚、扩散内在机制的认识；扩展了对于中心外围模型的认识，增加了对于生产者服务业重要性的认识。但是，该模型对于集聚与扩散各个阶段各因素的解释还不是非常明晰：例如，为什么当贸易成本较高的时候，制造业接近最终市场需求这一点非常重要，反之则不重要？为什么当贸易成本较低而不是较高的时候，信息可得性对于生产者服务业的重要性就超过了产业间的联系？又如，为什么当贸易成本较高的时候，工资的抬升效应不明显，而贸易成本降低时工资抬升效应却将导致制造业外迁？再如，为什么生产者服务业不会遭遇工资的抬升效应？技术密集型、资本密集型与劳动密集型制造业对于工资抬升效应的反应程度是否一样？是否都将外迁到低工资区域？另外，如果制造业、服务业的劳动力能够在地区间流动，那又会产生什么样的结果？关于最后一点质疑，正是本书下一步将要研究的重点。

3. "服务业中心—制造业外围"模型与"制造业中心—农业外围"模型的异同

这两个模型的基本假设一致，考虑的要素也大致相同。区别主要如下：

（1）假设中的部门数量不同。"服务业中心—制造业外围"模型多了一个生产者服务业部门，从而使得"战斧"模型变成了"有缺口的双剪刀"模型。

（2）劳动力流动性的假设不同。"制造业中心—农业外围"模型假设劳动力可以在地区间流动，而"服务业中心—制造业外围"模型对此的假定正好相反。

（3）产业集聚的机制不同。"制造业中心—农业外围"模型认为，劳动力可以在地区间自由流动时，贸易成本降低引发的产业集聚机制是由于本地市场效应和价格指数效应；而"服务业中心—制造业外围"模型认为，贸易成本降低（或贸易自由度的提高）引发的产业集聚主要是由于部门间的垂直联系效应。

总之，"服务业中心—制造业外围"模型更为复杂，但也因此增强了模型对现实世界的解释力，进一步拓展了对于经济活动集聚扩散内在机制的认识。

7.1.2　一个拓展的"服务业中心—制造业外围"模型

在"制造业中心—农业外围"模型与"服务业中心—制造业外围"模型的基础上，本节尝试进一步拓展"服务业中心—制造业外围"模型的新内涵。[①] 假设存在三个部门：农业、制造业和生产者服务业，制造业和服务业的劳动力不仅在两大产业之间、城市内部可以流动，而且可以在城市间可以流动，其他假设与"服务业中心—制造业外围"模型一致。那么，这一模型的结论会与"制造业中心—农业外围"模型、"服务业中心—制造业外围"有何区别？分析如下。

当一个地区偶然比另一个地区先行一步，有了更好的技术环境或其他发展条件，那么，前一个地区的服务业将会开始吸引后一个地区的服务企业集聚。此时，前一个地区的服务业不仅吸引本地区的制造业劳动力向该部门转移（即"服务业中心—制造业外围"的含义），而且还将吸引另一个地区的制造业甚至服务业的劳动力向该地区转移（根据本模型的假设，劳动力可

---

① 转型经济体是否存在中心外围的经济空间特征？本章在附录中以江苏为例，分析了转型背景下"中心—外围"特征的演变机制与发展趋势，并与经典理论的观点进行比较，所得出的结论基本符合本书前述的分析逻辑。具体内容请参见本章附录。

以在地区间流动）。这样，拓展模型中不仅存在产业间上下游（中间投入和最终消费之间）的产业联系效应，而且还存在地区的价格指数效应、本地市场效应（即"制造业中心—农业外围"模型的含义）。由于外地劳动力源源不断转移到该地区，最终两地实际工资差异消失。结果，会形成如下产业空间分布模式（见图7-3）：制造业由分散而集聚再到分散（甚至存在更为复杂的趋势）——制造业对于低要素成本的追求使得它不停地变换着自身的区位选择，而服务业则由分散到集聚（集聚后则很难再分散）——生产者服务业存在比较强的区位黏性。①

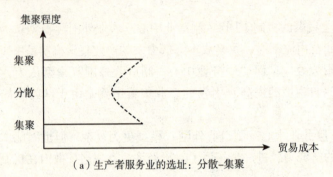

（a）生产者服务业的选址：分散-集聚

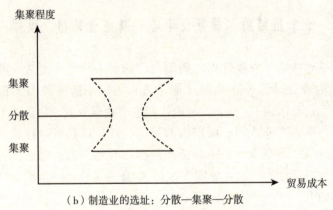

（b）制造业的选址：分散—集聚—分散

图7-3　拓展的"服务业中心—制造业外围"模型（一）

　　这个结论与"服务业中心—制造业外围"模型的结论有一定区别：拓展模型认为，两个地区实际工资差异最终会消失，否则还会有劳动力在地区间迁移；而在"服务业中心—制造业外围"模型中，劳动力在两个地区之间不能流动，所以，地区间的工资差异是不会消失的。

① 参见本章第7.2节的分析。

这个结论与克鲁格曼等人的"制造业中心—农业外围"模型也有一定的区别：拓展模型认为，从分散到集聚再到分散，这只是制造业的发展特点；对于服务业（主要是生产服务业）则就是从分散到集聚。而克鲁格曼等人只分析了制造业从分散到集聚的演进过程。

这里，可以综合比较一下克鲁格曼模型、维纳布尔斯模型、"服务业中心—制造业外围"模型以及本书提出的拓展模型这四个模型的解释范围。

克鲁格曼模型（即"制造业中心—农业外围"模型）可以解释服务业发展前的美国经济（存在农业、制造业两个部门，农业劳动力不流动，制造业劳动力可以在地区间流动）。

维纳布尔斯模型可以解释服务业发展前的欧洲经济（存在农业、制造业两个部门，农业劳动力、制造业劳动力在地区间不能流动，但在部门内部可以流动）。

"服务业中心—制造业外围"模型可以解释服务业发展起来的欧洲经济以及全球经济（存在农业、制造业和服务业三个部门，农业劳动力不流动，制造业劳动力和服务业劳动力在地区间不流动，但在部门间可以流动）。

本书的拓展模型[①]可以解释服务业发展起来的美国经济以及正在发展的中国经济（存在农业、制造业和服务业三个部门，农业劳动力不流动，制造业劳动力和服务业劳动力既可以在部门间流动，也可以在地区间流动——事实上，即使放松农业劳动力不流动的假定，也可以得出同样的结论）。

以上是本书提出的拓展模型以及与一些相关模型的比较。如果把时间维度放宽一些，即考虑经济发展从不完全一体化到完全一体化这样一个完整过程，就可以把上述模型与铃铛型曲线[②]综合成一个更加一般的动态模型（见图7-4，基于制造业的视角）。这个动态模型的基本思想是：当劳动力只在部门间流动时（意味着一体化的程度还不太高），随着贸易自由度的提高（即贸易成本的降低），产业可能从分散走向集聚再走向分散；随着一体化的深入，劳动力不仅可以在部门间流动，而且还可以在地区间自由流动。这时，随着贸易自由度

---

① 当然，拓展模型还可以进一步深入下去，如果参与流动的劳动力是异质性的，即既有高水平的劳动力，也有低技能的劳动力，那么均衡结果将会如何？又如，假设（在劳动力可以地区间自由流动的假设下）存在多级政府对于经济发展的主导权，结论又会怎样？等等。

② 海德和迈耶（Head and Mayer, 2004）用铃铛型曲线描述了经济集聚的过程。当贸易自由度较低时，地区间贸易成本较高，厂商在各地区对称分布；一旦贸易自由度通过断点，集聚开始形成；随着贸易成本的进一步降低，厂商从当地购买中间投入品所节约的成本优势开始下降，而地区间工资水平的差距仍然存在。一旦集聚所带来的成本节约小于工资水平的高涨，厂商就开始向外围地区转移。最终，集聚程度开始下降。如果贸易自由度继续上升，贸易成本下降得足够快，经济就会达到第二个断点。通过这个断点后，经济又开始分散，地区间的工资水平重新达到均等。

的提高，产业往往会从分散再度趋向集聚。当然，如果细分来看，制造业是分散到集聚再到分散，而服务业（主要是生产者服务业）则就是从分散到集聚。这是一个综合了时间维度和贸易成本维度的解释框架。[①]

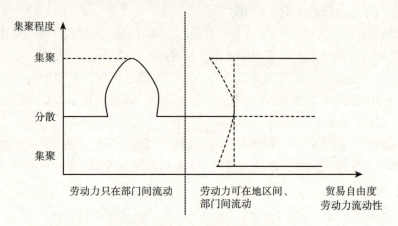

图7-4 拓展的"服务业中心—制造业外围"模型（二）

7.2

有限数量的服务业中心城市假说

中心—外围模型的思想有着丰富的启发意义。本小节在上述研究的基础上，结合现实提出这样一个假说——有限数量的服务业中心城市。该假说是指，在一个有限区域，作为服务业中心城市的数量是非常有限的，非服务业中心城市数量较多，它们在这个区域内形成协作分工的关系，共同促进整个区域的发展。

7.2.1 现实中的少数服务业中心城市

一般来说，在某个区域内制造业城市的数量往往很多。只要某个城市在某类产品或几类产品的生产上（或者某一产业链）形成相当规模，进而形成产业集聚，市场占有率在本地区或全国达到一定程度，就有可能打造成为区域性甚至全国性的制造业中心城市。这样，一个区域内可以有多个制造业城市，其

① 限于时间和水平，此动态拓展模型的分析有待进一步深化，尤其是数理建模方面。

至形成多个制造业中心城市。但是，服务业中心城市的形成却与之不大一样。

例如，以中国长三角地区为例。2013 年的数据表明（见表 7 - 2），15 个城市中，有 11 个城市的工业增加值比重超过 40%，且都超过服务业增加值比重。在工业区位商中，只有上海、南京、南通、杭州、舟山低于 1，其他 10 个城市都高于 1。由此可以看出，长三角区域存在较多的制造业城市，包括苏州、无锡、常州、宁波、嘉兴和绍兴等这样的区域性制造业中心城市。

表 7 - 2　　　　2013 年长三角部分城市工业、服务业增加值比重和区位商比较

区域	城市	工业占比（%）	服务业占比（%）	工业区位商	服务业区位商
上海	上海	33.50	62.24	0.74	1.29
江苏	南京	37.42	54.38	0.83	1.12
	无锡	48.25	46.02	1.07	0.95
	常州	46.69	45.22	1.04	0.94
	苏州	48.94	45.73	1.09	0.95
	镇江	48.89	42.66	1.09	0.88
	南通	43.03	41.08	0.96	0.85
	扬州	45.17	41.02	1.00	0.85
	泰州	45.31	40.80	1.01	0.84
浙江	杭州	38.91	52.93	0.86	1.09
	湖州	47.75	40.17	1.06	0.83
	嘉兴	49.59	40.20	1.10	0.83
	绍兴	47.44	42.12	1.05	0.87
	宁波	47.38	43.64	1.05	0.90
	舟山	34.28	45.50	0.76	0.94

资料来源：笔者根据 2014 年各市统计年鉴（或统计公报）计算而得。

那么在一个有限的区域内，是否会形成多个服务业中心城市呢？仍以长三角区域为例，2013 年只有上海、南京、杭州服务业增加值比重超过 50%，其他城市都在 50% 以下。就服务业区位商而言，也只有上海、南京和杭州超过 1，苏锡和舟山接近 1，其他城市都接近或低于 0.9。上述情形显示，在长三角区域，与制造业中心城市相比，服务业中心城市的数量非常有限。

从生产者服务业增加值比重看（见表 7 - 3），在长三角区域，只有上海的比重超过 70%，苏州、无锡和宁波超过 60%（南京和杭州由于数据的可得性，低于 50%，与全国平均水平相当），且只有上海生产者服务业增加值在 GDP 中的比重接近 50%。一般来说，作为服务业经济体，服务业占 GDP 比重以及

生产者服务业占服务业比重都在70%左右（推算可知生产者服务业占GDP比重大约在50%左右）。以此衡量，目前长三角地区只有上海算是该区域的服务业中心城市。

表7-3　　　　　2012年长三角地区部分城市生产者服务业增加值比重　　　单位:%

城市	占服务业增加值比重	占地区生产总值比重
上海	74.81	45.22
南京	47.53	25.38
苏州	67.02	29.65
无锡	64.95	29.89
扬州	58.86	23.55
杭州	46.82	23.85
宁波	61.92	26.31
江苏	60.78	25.80
浙江	61.52	27.83
全国	44.54	19.86

注：因为数据的可得性，全国及南京只统计了三大行业：交通运输、仓储和邮政业，批发和零售业，金融业；杭州只统计了四大行业：交通运输、仓储及邮政业，批发和零售业，金融业，科学研究、技术服务和地质勘查业。

其实，不仅是长三角区域，在中国的珠三角区域、环渤海区域以及发达经济体的某些区域，服务业中心城市的数量也都是有限的（见表7-4）。

表7-4　　　　　　　　部分国家某些区域的服务业中心城市

区域	服务业中心城市
美国东北海岸区域	纽约、费城、波士顿
美国五大湖区域	芝加哥
美国西海岸区域	旧金山、洛杉矶
英国中南部区域	伦敦
法国大巴黎区域	巴黎
德国莱茵河美因河区域	法兰克福
日本东京湾区域	东京
中国环渤海区域	北京
中国珠三角区域	香港、广州
中国长三角区域	上海

为什么只会出现少数而不是很多的服务业中心城市？要回答这一问题，必须从产业集聚的差异入手，全面比较生产者服务业集聚和制造业集聚的异同，并进一步分析成为服务业中心城市的特别条件，才能求解个中缘由。

7.2.2　生产者服务业集聚和制造业集聚的异同

到底有哪些因素促进了服务业集聚、特别是生产者服务业集聚？一般认为主要有以下几个因素：从需求来看，需求方需要生产者服务的集聚，因为众多行业的生产者服务集聚在一起可以省却需求方分散搜寻、购买服务的麻烦，极大地节约中间交易成本；而从供给来看，与制造业一样，生产者服务企业集聚在一起，同样可以享受专业化供应商的低成本供应、丰富且廉价的专业劳动力供应以及相互学习的好处。但是，生产者服务业还有以下几个与制造业不同的集聚特征。

一是从集聚的行业特征来看。制造业一般是同类行业的价值链上下游集聚以及配套行业的产业链集聚，而生产者服务业则是多个行业的共生集聚。不同门类制造业之间的联系可能比较微弱（例如，电子和服装之间、石化和汽车之间），但是生产者服务业之间的联系非常紧密。广告、法律、咨询、设计、会计、金融服务等行业看似不相干，但实质上关联性很强，需要一起提供服务（形成一个"服务包"）才能完成某个项目。所以，服务业尤其是生产者服务业不仅是本行业集聚，而且还会形成多个行业的共生集聚。一个城市服务业发达，并不是一两个服务业繁荣，而是一大批服务业都较为发达。所以由此形成的服务业中心城市将是一个较为综合的服务业中心，而不是单一的服务业中心（当然，也可能会由于各种原因在某一两个行业尤为突出）。

二是从集聚的地址来看。制造业一般偏好于大城市郊区或中小城市，而生产者服务业，尤其是高层次生产者服务业则偏好于大城市，特别是城市的核心区域。由于制造业对于土地、劳动力和水电等要素成本较为敏感。所以，一般来说制造业大都偏好于用地成本低、劳动力廉价、水电价格便宜的地区，这些地区一般都是中小城市或大城市郊区。而生产者服务业则对于交易成本更为敏感，其集聚地址也有个演进过程：一开始紧邻制造业（在各类城市都有分布）；后来，由于一些城市有了更便捷的交通、更好的通信信息基础设施、更为完善的交易环境，服务业尤其是高层次生产者服务业逐步脱离制造业，开始向上述这些城市集聚。所以，制造业往往在中小城市或大城市郊区集聚，而生产者服务业，尤其是高层次生产者服务业往往在一些各方面发展条件都比较好的大城市集聚。

三是从集聚的根植性来看。制造业集聚的根植性较差、容易迁移，而生产者服务业根植性较强、较为稳定。由于制造业对于要素成本非常敏感，而要素成本，如土地、水电、普通劳动力的价格一定时期内在各个城市变化较大，这将放大或侵蚀制造业企业的利润。所以，制造企业往往就像候鸟一样迁移。相比制造业，生产者服务业对于要素成本不太敏感，而对于交易成本更为敏感。一般来说，一个城市特别是法治更为健全的大城市，交易成本普遍较低且上升幅度较为缓慢，所以生产者服务业一般都会在某个大城市长期生存发展。上述区别归纳如表 7-5 所示。

表 7-5　　　　　　　　生产者服务业集聚和制造业集聚的区别

要素	制造业	生产者服务业
集聚的行业特征	同类行业的价值链集聚以及配套行业的产业链集聚	多个行业的共生集聚
集聚的地址	大城市郊区，中小城市	大城市（尤其是高层次生产者服务业）
集聚的根植性	根植性较差，容易迁移	根植性较强，较为稳定，不易迁移

7.2.3　成为服务业中心城市的苛刻条件

由于生产者服务业与制造业在集聚方面的这些差别，[1] 也导致了服务业中心城市和制造业中心城市在形成条件方面存在较大差异（并进而导致了两者的数量在一定区域内存在相当大的差异）。[2]

如前所述，一个城市在工业化进程中很容易成为某个制造业中心，但是成为服务业中心城市却非常困难。这是因为，与制造业不同，服务业中心城市的形成条件非常苛刻：首先，这样的城市必须能集聚服务业，不仅如此，而且还能大规模集聚服务业，尤其是生产者服务业，使得服务业比重非常突出（成为该城市第一大产业，并且这一比重要远远超过其他城市）；其次，该市还必须能够对外输出各类服务，尤其是高层次生产者服务，为周边制造业、农业以

---

① 关于服务业和制造业集聚差异的实证研究综述，可参见陈建军、陈国亮：《集聚视角下的服务业发展与区位选择：一个最新研究综述》，载《浙江大学学报》（人文社会科学版）2009 年第 39 卷第 5 期。

② 在服务业中心城市的形成过程中，还有一个因素起到了非常重要的推动作用，这就是企业总部和基地的分离。企业的研发、营销和管理总部一般只会有极少数几个，并且都将集中到大城市，而制造业基地可能会有许多。这种布局在很大程度上也决定了只能形成少数的服务业中心城市。

及其他服务业提供高层次的生产者服务。因此，要成为服务业中心城市，一个城市必须具备如下条件：

（1）各类高级人力资本非常丰富——只有这样才能为发展生产者服务业、特别是高层次生产者服务业供给大量的、专用性较强的人力资源；

（2）融资方式多样，且快速便捷——只有这样，才能满足各类生产者服务企业创始及发展过程中不同的、迫切的融资需求；

（3）交通、通信和信息技术基础设施非常完善——特别是要有国际航空和光纤通信，只有这样，才能便于集聚各类资源，也才能实现对周边城市的服务辐射；

（4）各类生活服务配套设施，尤其是中高端的生活配套非常完善——只有这样，才能吸引或留住高端人力资本长期在该城市工作生活，为生产者服务业的可持续发展提供坚实的人力资本基础；

（5）交易法规健全，契约执行规范，交易成本低廉——只有这样，才能为生产者服务的交易提供良好的外部环境（因为生产者服务交易中信息不对称的情形非常严重，良好的交易环境可以大大降低生产者服务的交易成本）。

从现实看，在某一区域内能够同时满足上述条件的城市数量往往很少（即使从动态视角看也会很少）。这其中的原因很多，概括来讲，就是各个城市的发展在各种外部因素的作用下呈现出重大差异，从而导致发展水平参差不齐。各方面条件都比较优越的城市只是少数几个。经过各种"筛选机制"的作用，生产者服务业、特别是高层次生产者服务业大部分最终都会集聚在少数几个城市。这些城市一般说来都是该区域的大城市，它们或者是这一区域政治上的首府，或者是传统的都会城市，或者是传统的商业中心或制造中心。经过一段时期，这些城市将会逐步发展成为区域内的服务业中心城市，而其他城市相应地成为非服务业中心城市。虽然其他中小城市随着经济的发展其服务业增加值比重也会不断提高（甚至成为第一大产业），但是其主要还是面向本市内部的用户，服务"出口"很少，称不上是服务业中心城市。

7.3

城市体系的演进

随着中心—外围格局的演进以及有限数量服务业中心城市的崛起，区域城市层级体系也在发生悄然的变化。

7.3.1 原先的城市层级体系

自工业革命以来，城市体系的一般特征是：众多城市形成一个有层级（甚至等级）的体系，制造业中心城市占据顶端或中心位置，控制着整个城市体系；一般制造业城市或城镇位于中间层次；处于最下层或外围的是广大的农村地区。

对于城市层级体系的形成，藤田昌久等（2005）认为，从本质上说，当公司发现建立新工厂生产"高等级商品"（即运输费用较低和/或替代参数较小的商品）有利可图时，考虑到现有的低等级城市中消费者的后向关联效应，它们将趋向于在这些城市建立工厂。因此，高等级城市的形成通常是通过对现有低等级城市的升级得到的。不断重复此过程，最终就形成了一个城市层级体系。当整个经济体形成层级结构时，较高等级的城市供给较低等级的城市所需要的大部分产品。①

上述思想有几点值得关注的地方：高等级城市与低等级城市之间存在密切的产业关联；高等级城市的产业规模、产业种类比低等级城市大；从低等级城市到高等级城市，这是一个自发的产业升级、产业完善的动态过程。但是，这一模型也有不够完善的地方：没有对高等级城市、低等级城市内部的产业做进一步分析；两类等级的城市究竟存在何种产业关联也没有涉及；究竟什么样的城市能够占据高等级地位，藤田昌久等只是说产业种类多的城市而没有深入到城市的产业内部进行更为微观的解析。为了深入探究城市层级体系的形成特征，本书借助生产者服务业与制造业互动的演化路径，试图给出一个更为有说服力的解释。

在工业革命初期，产业分工不够发达。由于生产者服务是制造业的投入要素，而这时生产者服务业与制造业的互动往往还内化在企业内部、城市内部，所以，制造业长期占据着社会产业发展的主导地位。哪个城市的制造业规模大，制造业种类多，则这个城市的经济规模、建设规模也就比较大，人口也比较多。这个规模背后对应的是，这个城市占据着重要的地理位置，拥有便捷的交通条件，丰富的人力资源、科教资源，等等。这样的城市往往发展成为制造业中心城市，并占据了整个城市体系的高端甚至顶端，控制着一般的制造业城市和广大的农业外围。后两者为前者提供原材料、能源和半成品，前者提供了

---

① 引自藤田昌久、克鲁格曼、维纳布尔斯：《空间经济学——城市、区域与国际贸易》，中国人民大学出版社 2005 年版。

人类生活大部分的最终消费品（就工业制成品而言）。如图7－5所示。

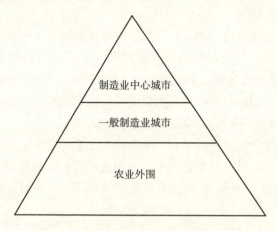

图7－5 制造业主导下的城市层级体系

这一城市层级体系维系了上百年，但是在最近数十年，特别是服务业迅速发展起来之后，开始呈现出新的动向。

7.3.2 向新城市层级体系演进

随着经济社会的发展，特别是经济全球化以及信息技术的兴起，城市体系也在悄然发生变化。生产者服务业，特别是高层次生产者服务走上前台，开始在产业互动中唱主角，从而深刻影响了城市体系以及城市间的产业关联。借用中心—外围模型的分析思路，人类社会经济发展在地理上的演进轨迹可以大致描述如下：

首先是从"农业—农业"状态逐步演进到"制造业、农业—制造业、农业"格局；其次，在第一次、第二次工业革命的影响下，从"制造业、农业—制造业、农业"逐步演进到"制造业中心—农业外围"的格局；再次，在经济全球化的带动下，从"制造业中心—农业外围"演进到"制造业、服务业中心—农业外围"；目前，在现代信息技术革命的推动下，将逐步从"制造业、服务业中心—农业外围"演进到"服务业中心—制造业农业外围"。[①]

从这一演进路线图来看，在很长一段时间内，在城市内部的产业互动过程中，起主导作用的还是制造业。哪个城市制造业发达，哪个城市就是该区域的中心城市。但是，随着服务业的崛起，现在则是哪个城市的生产者服务业发

① "服务业中心—制造业农业外围"是否是最终状态，还需要进一步研究。

达，哪个城市就是该区域的中心城市。这样，原来的城市层级体系将重新洗牌，形成新的城市体系。

就城市体系层次或内容来看，原来的城市体系包含了制造业中心城市之间的关系，制造业中心与农业外围之间的关系（至于农业外围之间的关系基本上无足轻重）；现在的城市体系则包含了服务业中心与服务业中心之间的关系，服务业中心与制造业及农业外围之间的关系，制造业中心与制造业中心之间的关系，以及制造业中心与农业外围之间的关系，等等。

因此，新的城市层级体系是：处于顶端的是服务业中心城市，然后是服务业副中心城市，再次是一些制造业中心城市或一般的制造业城市，最底层的则是农业外围（见图7-6）。从城市经济发展效率看，这是对以前城市体系的一种进化。

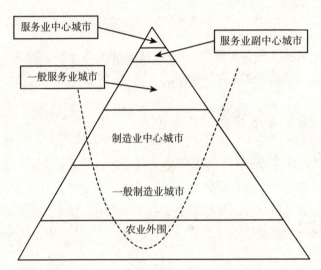

图7-6　生产者服务业主导下的新城市层级体系
注：虚线表示价值链的链接。

产生这一现象的原因在于：原来，一些制造业中心凭借自身的规模、种类以及最终产品的生产控制，获得了城市体系的最高端地位；现在，由于分工、竞争的需要，掌握着研发、设计、营销、品牌、售后等高端生产者服务环节的城市，控制着其他城市的制造环节，无论是在价值链中的影响力，还是在价值链中的利益分配，服务业中心城市都将超过制造业城市，成为该区域城市的领跑者，占据城市体系的最高端。

当然，另一方面，城市体系还会包括水平式的合作分工网络。各个城市因为自身产业定位的差异，形成在制造业内部、服务业内部之间的水平式分工。

这样，城市间的产业互动有可能使原来垂直型的城市层级体系演进为垂直型与水平型交织的复合型多层次城市网络体系。

在新的城市体系中，层级性可能还会得以强化。但这种层级性与原来的相比，又具有以下一些特征：一是内涵不一样：原来的城市层级性是基于产业在各个城市的规模和种类而形成的城市差异，而现在的层级性则是基于价值链分工环节的不同而形成的城市差异；二是稳定性不一样：原来的层级性存在动态调整的若干可能性，而现在的层级性则呈现出相对固化的趋势；三是控制力不一样：原来的层级性中，中心城市对一般城市的控制力较弱，而现在（在较为完备的市场体系下），服务业中心城市对于一般制造业中心城市的产业控制力比较强。

城市体系的层级性实质上是不同层级的城市在这个体系内地位与功能的综合反映。随着城市体系内部功能与结构的不断完善，各个城市的资源都将得到合理利用，部分城市获得新的发展机遇，整个区域也会从某一发展阶段逐步向新的发展阶段演进。在新的城市层级化趋势下，各个城市应当主动调整自己的发展思路，争取更为有利的发展前景。

7.4
城市经济地理新格局的影响

在城市间生产者服务业与制造业互动基础上形成的"服务业中心—制造业外围"以及"有限数量的服务业中心城市"经济地理格局，对于各区域、各城市的发展有着重大影响，且这种影响与原来区域内大部分都是制造业中心城市的格局有着较大区别。

7.4.1 对于优化城市间产业分工的意义

（1）各城市的资源将得到最优利用。新的发展趋势下，中心城市的空间资源、高级人力资本甚至城市声誉等资源都将因为生产者服务业的发展得到最充分的利用，而中小城市丰富的土地资源、矿产资源和人力资源也将因为制造业的发展而得到有效利用。因为，一般来说制造业尤其是加工制造环节因为竞争激烈而收益较低，如果利用服务业中心城市这类大城市的空间和高级人力资本等资源则成本太高，很难生存发展，所以只适宜利用大城市郊区或中小城市的资源谋求发展。而高层次生产者服务业在服务业中心城市发展，虽然付出的空间租金、高级人力资本薪酬等方面的成本较高，但是业务拓展的空间更大，收益更高，交易费用也更低，故它们适宜在中心城市拓展。这样，中心城市以及周边中小城市的各种资源都能被服务业或制造业充分利用。

（2）区域产业布局将更为合理。原来一个城市内部既发展制造业和农业，又发展服务业；现在则变成了少数服务业中心城市主要发展高层次的生产者服务业（及部分高新技术产业或其他都市型制造业），并向周边中小城市的企业"出口"高层次的生产者服务；而其他城市主要发展制造业（部分生产者服务业以及现代农业），向服务业中心城市和其他制造业城市"出口"工业制成品。产业布局得到重新调整，各城市的专业化分工逐步形成，集聚效应和规模效应得以充分体现，这将充分发挥服务业中心城市和非服务业中心城市各自的优势，从而形成更为合理的产业分工体系。

（3）各城市的功能将更趋完善。产业的互补，特别是生产者服务业的发展，将不仅影响城市的经济结构和空间结构，而且可以优化城市功能，促进区域经济迅速发展。中心城市的功能主要是供给高层次生产者服务以及高端的生活服务，其国际化的倾向较为明显；而中小城市主要是供给工业品和农产品，地区性的倾向较为鲜明。少数城市，借助高层次服务业得以占据或继续巩固其中心城市的地位，从而树立了其在国内外的一流（首位）城市形象；其他城市由于分工的不同也将继续在某一方面形成有特色的城市形象。

（4）区域经济的发展将更为稳健。由于优势互补、产业互补和功能互补，服务业中心城市和非服务业中心城市通过产业的联结将形成一个有机的经济生态。在这样一个经济体中，当某一产业发展面临风险，很容易得到其他产业支持，即使转型也较为容易找到替代发展产业。另外，遇有经济风险时，一体化区域中的风险分担机制以及其他各种协调机制也将及时发挥作用，化解各种经济发展的不确定性以及可能发生的风险。这样，城市之间相互依赖、相互支撑，抗击外部经济风险和冲击的能力较之以往一盘散沙式的状态将显著提高。

此外，相比"一窝蜂式"地发展制造业，这一发展趋势还有着节约资源能源、保护生态环境、发展低碳经济、促进就业（扩大就业规模、优化就业结构、提升就业质量），甚至促进社会公平等方面的重要意义。

7.4.2　对于城市间经济利益格局的冲击

尽管"服务业中心—制造业外围"和"有限数量的服务业中心城市"这一趋势从诸多方面有利于区域经济发展，但是它也将不可避免地影响到各城市的实际经济利益格局。因为在"少数服务业中心城市—多数非服务业中心城市"这一新的产业分工体系中，各城市经济利益的分配将会出现新的不平衡，各城市的经济地位也会被重新定义，未来的发展潜力也各不相同。具体说有以下三个方面。

（1）从价值链的利益分配看，服务业中心城市和非服务业中心城市获取的利益是不平衡的。① 少数城市成为服务业中心城市，占据价值链的高端环节——研发设计、投融资安排以及营销服务、商务服务等。这些环节获得的附加值高，税收贡献和收入贡献大。其他非服务业中心城市，主要都是一些制造业城市，由于主要集中于制造环节，处于价值链的低端，在利益分配上处于不利地位，只能获得一般的加工利润，在发展上也将受到服务业中心城市的控制。随着产业的发展和技术的进步，价值链这一"微笑曲线"的两端有越来越向上弯曲的趋势，这意味着价值链两端的服务环节获得的利益越来越大，而中间制造环节获得的利益相对变得越来越小。价值链的这一变化反映到城市发展上来，体现为服务业中心城市将攫取越来越多的利润，而非服务业中心城市的利润空间将越来越受到挤压，由此导致服务业中心城市可能在很大程度上将长期控制甚至"剥削"处于价值链低端的制造业城市，从后者的发展中转移走大量的利润。

（2）从城市在区域经济发展中的地位看，服务业中心城市和非服务业中心城市的经济地位是有差异的。原来各个城市基本上都是制造业城市，虽然会有政治、历史方面的差异，但至少在经济上基本还是平等的。然而，随着服务业中心城市的崛起，这一经济平等性将逐步被削弱。区域经济发展中原先存在的"制造业中心—农业外围"这一格局也将逐步呈现新的形态，形成"服务业中心—制造业（及农业）外围"的新经济地理状态。城市之间的经济差异及不平等性将显著扩大，在空间和行业上形成显著的层级体系（藤田昌久等，2005）。服务业中心城市将长期占据城市层级体系的高端，树立自身在区域（乃至国际上）的首位城市形象，而其他城市难以撼动这一地位，只好屈居二级甚至更低层级的城市地位。

（3）从城市发展的未来看，服务业中心城市有着比非服务业中心城市更

---

① 在这里，本书主要讨论的是以城市为视角的产业互动中的利益分配关系。这里的城市实际上代表的是一般性的政府和各自的企业（服务业中心城市当然主要是指生产者服务企业，非服务业中心城市主要是指制造业企业）。事实上，也可以进一步研究企业中不同要素所有者的利益变迁。城市间形成了产业互动后，服务业中心城市的人力资本要素所有者受益更大，而一般劳动力短期受损，长期看则不确定；非服务业中心城市的人力资本要素短期受损，长期看则不确定，而一般劳动力则受益更大。所以，地区间经济一体化后，每个城市的稀缺要素（资源）的所有者利益受损，可能会反对一体化；而丰裕要素所有者利益增加，会支持一体化。这一点，与国际贸易中利益攸关方的态度一样。

加坚实的人力资本潜力。当原来所有城市都是制造业城市的时候，人力资本的分布相对而言还是比较均衡的，所不同的只是种类差异。各个城市都有中高端人力资本，规模较大的城市仅仅在数量上多一些而已。但是，一旦形成服务业中心—制造业外围格局后，人力资本结构将会有较大变化：服务业中心城市不仅人力资本数量多，而且基本上垄断了中高端人力资本的大部分。制造业城市集聚的基本上都是中低端人力资本，从事着一些简单的操作层面的工作或业务。而一个城市，无论是现实竞争力，还是未来竞争力，都是由其人力资本结构、数量与质量决定的。服务业中心城市由于集聚了大量的高层次人力资本，不仅在当前占据优势，而且从长远来看也将拥有强大的发展潜力。这对非服务业中心城市的长远发展非常不利。

7.4.3 各城市的产业发展偏好

在"服务业中心—制造业外围"以及有限数量服务业中心城市的发展背景下，每一个城市的产业发展偏好可能存在一定的差异。

有一些城市，服务业发展基础较好，决策者思维比较超前，为了抢占发展先机、增强城市的可持续发展能力，很自然地会偏向于发展现代服务业；有一些城市，尚不具备打造服务业中心城市的条件，但是垂涎于服务业中心的巨大利益，因此大力投入人、财、物，试图在发展服务业方面有所作为；也有一些城市，具备了发展服务业的环境，但是受制于目前利益格局调整的掣肘，以及思维的局限与发展的惯性，仍然无法进行产业结构的重大调整，还在大力发展一般的加工制造业；另外，也有一些城市，由于不具备发展高端生产者服务业的条件，索性置服务业发展于不顾，而一门心思地专注于发展制造业。可以从上述现象提炼出各个城市的产业发展偏好，大致可以归纳为以下五种情形（见表7-6）。

表7-6　　　　　　　　　新经济地理特征下各类城市的产业发展偏好

城市	是否具备打造服务业中心城市的条件	产业发展偏好
A类城市	具备条件	加速发展现代服务业，全力争取成为服务业中心城市
B类城市	具备条件	仍然迷恋发展制造业，现代服务业发展滞后
C类城市	不具备条件	适度发展现代服务业，同时对传统制造业进行升级改造
D类城市	不具备条件	全力发展服务业，与其他城市开展服务业招商引资竞赛
E类城市	不具备条件	忽视现代服务业的发展，只顾发展制造业

　　A 类城市具备了发展高层次生产者服务业的条件，在此基础上加速打造成为区域服务业中心城市，可谓顺势而为、理所当然，值得肯定。C 类城市虽然不具备发展高层次生产者服务业的条件，不太可能成为区域服务业中心城市，但是，并不是完全放弃发展生产者服务业，而是结合发展制造业的实际，发展一些本市制造业急需、可以大力提升本市制造业水平的生产者服务环节，从而形成良性互动或双轮驱动的发展态势，也可谓是一种务实的举措。

　　B 类城市虽然具备了发展服务业的条件，但是仍然迷恋制造业的发展，忽视服务业的发展；D 类城市不具备打造成为现代服务业中心的城市，但是为了攫取更多的利税，与其他城市开展了服务业的竞赛。还有 E 类城市，由于发展成为城市服务业中心城市无望，于是干脆就放弃服务业的发展，一门心思地只发展制造业。实质上这也是错误的。不管哪类城市，生产者服务业都需要发展，只不过是发展的方向、产业的层次不同。如果它们能与服务业中心城市及周边城市形成良好的分工协作关系，是有利于其自身发展的；如果它们与世隔绝，形成自身的独立王国，妄图凭借一己之力长期霸占制造业的霸主地位，则无异于"南柯一梦"。因为脱离了高级生产者服务的支撑，制造业不可能长久繁荣下去，只能处于价值链的低端环节，忍受高端环节的控制甚至"剥削"。

　　由于服务业中心城市能够显著地占据价值链的高端，攫取高额的利润，从长远看能够为地方政府带来巨额的利税，所以，在一些地区，特别是转型经济体中，有可能会出现（在一些区域实际上已经出现）以下情形：部分有可能成为服务业中心的城市之间将开展新一轮发展竞争，甚至一些基础条件不太好的城市也将觊觎服务业中心城市的地位，想方设法挤进这一"高级城市俱乐部"。因此，在一些地区，某些城市之间可能爆发以"服务业招商引资（引智）"为主的新一轮产业发展竞赛。[1] 在这里，也存在着类似"囚徒困境"式的政府间产业发展博弈（见表 7-7）。

表 7-7　　　　　　　　　　　城市间的产业竞争

		城市 A	
		主要发展生产者服务业	主要发展制造业
城市 B	主要发展生产者服务业	两败俱伤	双赢
	主要发展制造业	双赢	现状

　　注：假定该区域只有一个城市适合打造成为服务业中心城市。

　　本来，各个城市可以依据产业发展规律自发形成分工协作的产业关联，这

―――――――――――

[1]　事实上，在中国长三角等区域，这一竞争目前已经如火如荼地进行着。

样可以获得双赢①，但是，为了自身利益最大化，这一双赢的均衡难以实现。因为每个城市都期待其他城市发展一般制造业，而自己发展高层次生产者服务业以抢占价值链高端，从而控制其他城市并获取更多的收益。这种博弈的结果是，每个城市的高层次生产者服务业发展都不是很强，制造业发展也很一般，导致整个地区的城市定位模糊，竞争力不高——这是地区城市恶性竞争的结果，是制造业发展竞争的惯性延续到服务业发展竞争的后果。

为什么在转型经济体中，各城市政府的行为会在很大程度上影响着产业的发展？对此，可能的解释有以下几点：一是城市政府有权制定相关产业政策，可直接引导产业发展方向；二是城市政府掌控了大量的发展资源（土地、水电、公共设施等），控制着产业的供给要素；三是城市政府掌握着税费调节权力，可间接引导产业的发展；另外，在中国现阶段，还有一个特殊的机制——政府官员政绩考核体系。在这一考核机制的驱使下，各城市政府之间形成了政治晋升竞标赛。为了尽早胜出，城市政府的官员会最大程度地干预市场主体的行为，以符合自己的短期偏好。在这样的体制下，产业发展必然会受到地方政府，特别是城市政府的重要影响，因而每个城市都有自己的产业发展偏好。这实质上是目前行政体制改革进展较为缓慢在产业发展中的体现。

7.4.4　各城市产业竞争的影响

新经济地理趋势影响着各个城市的产业发展偏好，并导致各城市之间激烈的产业竞争；反过来，各个城市的产业发展偏好及竞争又会影响着这一经济地理发展趋势。

一些城市，或者基础条件不太好，或者基础条件很好，它们都竞相发展服务业，这在一定程度将形成城市间的服务业发展竞争。从短期来看，有助于推动服务业的发展，形成经济发展的"双轮驱动"，进一步推动制造业和服务业在城市内部以及城市之间的互动。但是，从长远来看，它们各自为政，容易形成恶性竞争，违背经济发展的内在规律，并且还可能引发以下问题：

一是区域内发展服务业的资源配置不够合理。无序的竞争造成资源消耗太大、发展成本太高。打造成服务业中心城市，需要极为发达的服务业基础设施，例如高效的交通通信设施，以及丰富优越的文化生活娱乐设施，这些都是吸引高层次生产者服务业人才、吸引高端生产者服务业企业落户或孕育本地人才及企业成长的必要条件。这些投入非常之大，往往都是随着经济发展水平的

① 当然，可能有一方得利更多一些，但是，无论如何，相比以前都是一种帕累托改进。

提升而逐步提高的。一个经济发展基础还较为落后的城市，在短期内往往难以实现在这些方面质与量的双提升，只能是循序渐进，逐步改善。如果想在短期内一下子全面提升，势必挤压这个城市其他方面的投入，而且项目本身的后续财力不一定能得到保证。而对于城市发展更为重要、更为基础的教育、医疗、社保以及生态环境等方面的投入就会显得捉襟见肘。另外，各个城市为了所谓的"脱颖而出"，往往会把自身资源的价格压得很低，形成扭曲的要素价格体系，造成城市发展正当收益的降低或流失。而本来自身的一些优势资源，例如，廉价的劳动力，却得不到充分的利用。[1] 这样的发展道路显然偏离了自身的比较优势，偏离了市场的自发规律，注定是不可持续的。

二是服从于政绩竞赛的服务业投资往往过于注重短期利益而忽视长期利益。如上所述，在城市竞争中，为了尽快胜出，一些城市的决策者往往缺乏长远眼光，急功近利，引入一些短期项目，要求所谓的"立竿见影"。这将导致城市决策者拼命地去抢项目、抢税源，而不着眼于长期，不注重涵养税源，不注重培育、提升本土的人力资本，以及相应的基础设施投入。这样，这些城市或城区的核心竞争力、长远竞争力得不到有效提升，最终会在长期竞争中落败。[2]

三是难以形成真正的有辐射力的服务业中心城市。由于各个城市激烈竞争，对于服务业中心城市的地位谁也不肯相让，所以，区域内的各个城市谁都难以迅速做大，服务业的发展资源不能有效流动、集聚，服务业中心城市难以较快地自然形成。因此，竞争的结果是各个城市都能提供一些高层次的生产者服务业，但都不够突出、不够领先，对于区域内其他城市的服务辐射功能都不够显著，这样就削弱了整个区域的城市竞争力。

7.5

本章小结

在工业化中后期，服务业、特别是生产者服务业在众多城市都将快速发

---

① 廉价的劳动力，一般可以发展劳动密集型制造业项目，或者生活服务业项目，而不太适合发展高端的生产者服务业项目。例如，就印度来看，固然可以发展一些软件信息产业，但是对于大多数印度人来说，发展劳动密集型制造业项目或者生活服务业项目，对提高他们的就业和生活水平可能更为合适。

② 例如，改革开放后，作为中心城区，江苏南京的A区和B区，都是以发展现代服务业为主。很长一段时期内，A区的经济实力领先于B区以及南京主城其他各城区。但是进入21世纪后，其经济地位下降，很快被B区反超。究其原因，一个重要的因素是，B区更注重一些长期项目的培育（特别是培育出了一个全国性的总部型企业集团），而A区急功近利的短期项目较多，到处抢税源，后续项目跟不上（另外，值得反思的是，同样的体制，同样的官员考核机制，为何出现不同的结果：有的地区能做到着眼长远，而有的地区急功近利。这一问题还有待深究）。

展，可能形成"服务业中心—制造业农业外围"的格局。为了论证这一点，本章在借鉴"制造业中心—农业外围"模型和"服务业中心－制造业农业外围"模型的基础上，构造了一个更为一般的"服务业中心—制造业外围"拓展模型。这一模型可以较好地解释劳动力在地区间可以自由流动下的产业布局，同时对城市层级体系又给予了新的诠释。

"服务业中心—制造业外围"模型并不意味着将形成多个服务业中心城市。主要原因在于，服务业往往是多行业集聚，这就降低了出现多个服务业中心城市的可能性；服务业、特别是高层次生产者服务业往往偏好集聚在区域内各方面发展条件都非常突出的城市，这些城市的数量为之甚少；而一旦服务业在某些城市集聚发展，就将稳定下来，不容易发生变迁。总之，成为服务业中心城市的苛刻条件，使得服务业发展要素只能向区域内少数几个城市集聚，从而形成了"有限数量的服务业中心城市"经济地理格局。

这种城市经济地理格局深刻影响着城市层级体系的演进，服务业中心逐渐占据城市层级体系的高端可能成为一种经济发展趋势。这种新的经济地理格局对于优化城市间的产业分工有着重要意义，但对于各个城市的经济利益影响不一，因此，各个城市可能会基于各自的产业偏好形成产业发展的竞争，在一定程度上影响着城市间产业互动的效果。

附录
转型背景下中心—外围特征的演变机制与发展趋势 *

众所周知，世界上大多数国家内部的发展都是不平衡的，在中国等转型国家的经济发展过程中也存在着较为明显的中心—外围特征。但是这种特征的形成以及它们的演变趋势是否符合空间经济学中心—外围这一经典模型所阐释的思想？

无论是克鲁格曼的经典模型，还是后来的修正模型，都是基于市场体制假定的分析，并没有回答计划体制下是否存在这种模式，也没有研究在转型体制下该模式的演进路径与市场体制下的差别。中国的发展与发达经济体的发展经历有较大区别，先是实行了三十年的计划经济，后又进行了三十多年的市场转型。这样的发展过程无疑在一定程度上制约了新经济地理学中心外围模型的解释力。

---

* 本附录主要引自笔者的《转型背景下"中心—外围"特征的演变机制与发展趋势——基于江苏区域产业结构变迁的实证分析》，载《经济地理》2010 年第 3 期。

本文将以江苏区域产业结构在改革开放后三十多年的变迁为例，研究转型背景下中心—外围特征演变的机制与趋势，并将得出的结论与经典的中心—外围模型进行对比。

转型背景下中心—外围特征的演变机制

（1）计划体制下中心—外围特征形成的机理。假定实行计划体制的经济体初始就存在发展水平的差异，无论是农业部门还是工业部门都不存在完全竞争或垄断竞争，劳动力也不能自由流动，其他条件与经典模型假定一样。那么区域经济发展是否也会形成中心—外围的特征？考察计划体制国家就会发现，计划体制下的政府往往会推行赶超战略，强调工业（特别是重工业）优先、城市发展优先。为了实现这一目的，最重要的手段就是实行工农业产品价格"剪刀差"。这一政策使得原来具有工业发展相对优势的区域不仅从自己紧邻的农村地区获得了廉价的农业资源，而且从广大的处于相对劣势的其他地区获得了各类农矿产品资源。这些廉价的资源支撑了优势区域工业的快速发展，使后者逐步发展成为中心区域，而原来的弱势区域则逐步沦为外围区域。归纳起来，这一特征形成的主要机理就是：赶超战略—重工业优先—工农产品价格"剪刀差"。重工业优先发展战略在中国的主要实施机制可以概括为"三套马车"：农产品统购统销制度、人民公社制度和户籍制度（蔡昉，2000）。这一发展战略及其相应的体制使资本过度集中于城市工业，劳动力过度集中于农业。这是中心—外围特征的最主要表现。

在重工业优先发展战略的指导下，只有具有一定的工业基础，符合中央政府战略考虑的一些大中城市才有机会发展制造业，进而成为国家或区域的制造业中心。所以，在计划体制下，不仅存在工业剥夺农业、城市剥夺农村的状况，而且还存在大城市剥夺中小城市的情形。因而制造业中心也并不是遍地开花，而是星星点点散落于全国各地。[①]

（2）转型体制下中心—外围特征的演进路径。进入转型体制后，随着运输成本的下降，计划体制下形成的中心—外围特征是进一步强化还是逐步弱化？研究表明，在一定的观察期内，由于产业向中心集聚的向心力作用大于离心力作用，原有的中心—外围特征的演进路径与克鲁格曼对于非对称地区的预言并不完全一致，而是呈现出继续维持甚至有所强化的表象，并且还将演变成"服务业、制造业中心—农业外围"的新模式。主要原因在于，在运输成本对

---

① 由于这一分布并不是通过市场自发形成的，往往会违背经济发展的客观规律，脱离当地发展的客观实际，产品市场和要素市场严重扭曲，因而会导致资源的无效率配置甚至巨大的浪费。

于中心—外围特征的影响之外，还存在着其他因素。

从内部因素看，第一，工农产品价格"剪刀差"以新的形式在相当长的时期内得以维持，导致农业继续落后于制造业，相应的，外围地区继续落后于中心区域。[①] 第二，中心地区的制造业有相当部分逐渐形成产业集群，锁定于某一区域很难集体外迁，形成了产业转移的黏性。第三，中心地区的制造业从其内部的农业区域获得廉价的土地，土地的无限供给和租金的轻微上涨没有形成刚性的发展瓶颈。第四，由于治理污染的外部性与治理的难度，以及中心区域的地方政府对地区生产总值（GDP）和财政收入的渴求使得当地忽视环境治理，这也使得大批早该转移的产业没有得到及时外迁。第五，在转型初期，中心区域的经济规模无论从总体上还是从个体上看都比较小，因此在相当长的一个时期内，该区域经济主体的生产经营过程往往都处在一个规模收益递增的阶段。递增的规模收益在很大程度上增强了中心区域的向心力，抵消了运输成本下降、土地租金上涨和劳动力价格上涨等因素引致的离心力作用，这也使得中心区域的制造业并不会在短期内向外转移。

从外部环境看，第一，由于劳动力基本实现了城乡自由流动，中心区域制造业较高的工资水平可以保证自身在很长时期内都能从外围区域获得源源不断的廉价劳动力，而不必因为用工成本的提高将产业转移到外围；第二，外围的投资环境（交通通信、行政服务等）在较长时期内没有得到根本改善，这削弱了外围区域的投资吸引力；第三，中心区域很早就发展了外向型经济，国际市场开拓较早，强劲的外需延缓了部分产业的转移压力；第四，在开放背景下，跨国公司外商直接投资的中心—外围方式在一定程度上也强化了国内投资的这种特征。[②]

传统的"制造业中心—农业外围"的特征不仅没有弱化，而且在转型体制下由于服务业的快速发展又被赋予新的内涵。这就是在制造业中心—农业外围的基础上，又增添了一个服务业中心的特征。这是因为服务业的发展与农业的关联效应较弱，而与制造业的关联效应很强。制造业企业内部生产服务功能的剥离以及生产者服务供应商的成长，使得生产者服务业得以快速发展。专业化

---

① 例如，直到 20 世纪 90 年代末，中国粮食购销还保留着貌似市场经营的协议收购制度（特别是所谓的"三项政策"，即按保护价敞开收购农民余粮，粮食收储企业实行顺价销售粮食，粮食收购资金实行封闭运行）。这种政策或制度经过长期累积使得以发展农业为主的外围继续落后于以发展制造业为主的中心。

② 李勃（2007）、沈毅俊（2007）的研究表明，跨国公司在东道国进行投资时往往会形成空间分布上的中心—外围结构，这种结构由于产业价值链的关联也带动了内资企业追随外资而在中心区域扩大投资，其结果进一步强化了中心—外围的产业特征。

的生产者服务有助于提高制造业的生产率，降低可变成本，促进规模化生产。因此，生产者服务业与制造业呈现出一种"互补互利、共存共荣"的关系。同时，发达制造业形成的高收入、高消费也会促进传统生活服务业的发展，所以，一个区域在形成多个制造业中心的同时往往也会同步形成少数几个服务业中心。

江苏地区中心—外围特征演变的实证分析

本部分以江苏为例，验证转型体制下中心—外围特征的形成机理与演变路径。

（1）计划体制下江苏中心—外围特征的形成。改革开放初期，苏南①的第二产业在1978年就占了全省的62.86%，苏中、苏北的第一产业合起来占全省的73%（参见附表1）。从数据来看，三十多年前，江苏基本上形成了"苏南——制造业②中心、苏中苏北——农业外围"的特征。

附表1 　　　　江苏三大区域产业增加值在全省的比重　　　　单位：%

项目		1978 年	2007 年	2013 年
苏南/全省	GDP	47.98	62.40	59.41
	第一产业	26.98	22.76	25.31
	第二产业	62.86	64.79	59.91
	第三产业	48.79	65.14	62.97
苏中/全省	GDP	22.96	18.12	18.45
	第一产业	29.21	24.64	23.52
	第二产业	17.88	18.35	19.28
	第三产业	24.59	16.74	16.91
苏北/全省	GDP	29.06	19.47	22.14
	第一产业	43.81	52.60	51.18
	第二产业	19.26	16.86	20.81
	第三产业	26.62	18.12	20.12

从各区域内部来看，苏南地区在1978年三次产业结构为19.62:63.32:17.05（见附表2），第二产业在本地区生产总值的比重接近2/3，说明在改革开放的初始，苏南地区就以发展制造业为主。而当时的苏中、苏北三次产业结构还是

---

① 此处所讲的苏南包括南京、镇江、苏州、无锡和常州；苏中包括扬州、泰州和南通；苏北包括徐州、淮安、盐城、连云港和宿迁。1978～1998年的数据主要来自于《江苏五十年》，其他数据主要来自于江苏及各省辖市的统计年鉴以及统计公报，并经笔者计算而得。部分数据结果已被有关文献引用。文中数据如果无特殊说明，一般都是指当年价格。

② 由于数据所限，本书将第二产业的增加值近似地看作制造业的增加值。

第一产业比重最高，从实际看这两个区域当时是以农业为主。

附表2　　　　　　　　江苏三大区域三次产业结构　　　　　　　单位:%

年份	苏　南			苏　中			苏　北		
	第一产业	第二产业	第三产业	第一产业	第二产业	第三产业	第一产业	第二产业	第三产业
1978	19.62	63.32	17.05	44.41	37.63	17.96	52.62	32.02	15.36
2007	2.18	58.65	39.17	8.14	57.2	34.66	16.17	48.92	34.91
2013	2.3	50.3	47.4	6.9	52.1	41.0	12.5	46.9	40.6

江苏经济的这种特征并不是在市场条件下自发形成的，而是在长达三十年的计划经济体制下逐步形成的。多年的计划经济，特别是计划体制下的工农业产品价格"剪刀差"，使得苏南不仅从自己的农村地区获得廉价的农业资源，而且从广大的苏中、苏北及其他周边地区获得了各类资源，支撑了苏南工业的快速发展。①

（2）转型时期中心—外围特征的维持与强化。随着改革开放的深入，江苏的运输成本有了大幅下降，② 市场交易环境也有了很大改善，那么原先的中心—外围特征又是如何变迁的？

数据显示，进入21世纪以来，这种苏南——制造中心、苏中苏北——农业外围的特征总体来说是在维持或强化（见附表1）。至2007年，苏南第二产业在全省的比重上升为64.79%。③ 2013年下降为59.91%，仍然占据近6成的分量。2007年、2013年苏中苏北第一产业合计在全省的比重分别为77.24%、74.70%，比改革开放初期有所上升。从经济总量来分析，2007年相比1978年，苏南地区生产总值在全省的比重增加了14.42个百分点，苏中地区生产总值比重下降了4.84个百分点，苏北地区生产总值在全省的比重也下降了9.6个百分点（到2013年，苏南比重稍有下降，苏中基本不变，苏北略有提升）。这与产业比重的演变趋势是一致的。

再从苏中、苏北与苏南增加值的对比来看（参见附表3）。1978年苏中第

---

① 除了计划经济因素，苏南制造业中心的形成还有其他一些原因。例如，苏南拥有苏中和苏北很难比拟的交通条件。苏南各市都濒临长江，拥有长江航运这一黄金水道的运输优势，还拥有苏南运河这一内河航运的独特优势。沪宁铁路将苏南五大都市串联起来，同时又有较为密集的公路网络，内部交通非常便利。此外，该区域毗邻上海，人口密度较高，辐射的市场比较广阔，市场的集聚效应非常明显。这些因素综合起来使得苏南地区在改革开放前得以更快地发展，进一步加速了制造业中心的形成。

② 江苏全省的交通自20世纪90年代以来有了极大的改善，高速公路网密度已经占据全国首位。随着交通基础设施的完善，2008年全省运输费用占GDP比重为8.48%，比2006年下降0.83个百分点，比1991年下降约4个百分点，比1978年下降约7个百分点（笔者根据江苏有关物流统计资料计算而得）。

③ 2005年，苏南的第二产业在全省的比重上升到66.36%，接近于2/3。

二产业仅相当于苏南第二产业的 28.44%，30 年后这一比值为 28.32%，基本上没有变化（2013 年上升为 32.18%）。1978 年苏北的第二产业也仅相当于苏南的 30.63%，2007 年这一比值下降为 26.03%（2013 年上升为 34.74%）。

附表3　　　　　　　　苏中与苏南、苏北与苏南的比值　　　　　　单位:%

年份	苏中/苏南				
	GDP	人均 GDP	第一产业	第二产业	第三产业
1978	47.85	56.34	108.25	28.44	50.39
2007	29.04	51.70	108.28	28.32	25.70
2013	31.05	62.60	92.93	32.18	26.86
年份	苏北/苏南				
	GDP	人均 GDP	第一产业	第二产业	第三产业
1978	60.57	46.19	162.37	30.63	54.55
2007	31.21	29.59	231.08	26.03	27.82
2013	37.26	41.29	202.24	34.74	31.95

从地区生产总值来看，苏中地区生产总值占苏南的比重从 1978 年的 47.85% 下降到 2007 年的 29.04%（2013 年又回升 2 个百分点），人均地区生产总值下降约 5 个百分点（到 2013 年回升 11 个百分点）。苏北地区生产总值占苏南的比重从 1978 年的 60.57% 下降到 2007 年的 31.21%（2013 年回升 6 个百分点），人均地区生产总值下降也达 17 个百分点（2013 年回升 12 个百分点）。

可见，在一定时期内，江苏原来的中心—外围特征并没有弱化，在一定程度上反而得以强化。[1] 中心—外围特征强化的一个重要表现就是在改革开放后相当长的时期内，并没有发生苏南向苏中苏北大规模的产业转移。[2]

（3）苏南地区正逐步发展成为服务业、制造业双中心。从第三产业来看，2007 年苏南第三产业占全省第三产业的比重已提高到 65.14%（见附表 1，这个比重已经超过了其第二产业在全省的比重。2013 年回落至 62.97%，但仍然超过第二产业占全省 59.91% 的比重），相比 1978 年提升了 16.35 个百分点。而苏中则下降了 7.85 个百分点，苏北也下降了 8.5 个百分点。

再从苏中、苏北第三产业相对于苏南的比重来看，苏中第三产业相对于苏

---

① 世界银行在全球范围内的研究也表明，持续下降的运输成本会导致国家内部的经济集中。

② 其主要原因，包括内部因素和外部环境已在第二部分得到了详细阐述。相比其他中心区域，苏南地区的产业集群历史悠久又比较成熟；地方政府深度介入经济发展保证了廉价的土地供应并降低了企业治污成本；外向型经济发展更为突出，FDI 投资更为集中。这些因素使得苏南这一中心区域在改革开放后相比自己的外围、相比其他一些中心区域发展更为迅速，中心的极化效应更强。这一情形在珠三角也较为明显。

南的比重，从 1978 年的 50.39% 下降到 2007 年的 25.70%，下降 24.69 个百分点（见附表 3，2013 年回升到 26.86%）。苏北第三产业相对于苏南的比重下降也较严重，从 54.55% 降为 27.82%，下降将近 26.73 个百分点（见附表 3，2013 年回升到 31.95%）。这个变化的根源在于，改革开放以来，江苏各地第二产业平均增速相差无几，但是第三产业增速相差较大——苏南第三产业的年平均增速高于苏中苏北 2.5 个百分点左右（见附表 4），三产的落后是苏中苏北落后于苏南的新因素。

附表 4　　　**1978～2013 年江苏三大区域三次产业年均增长率**　　　单位:%

地区	GDP	第一产业	第二产业	第三产业
苏南	17.55	9.10	17.20	20.86
苏中	15.96	9.19	17.55	18.38
苏北	15.41	10.37	17.21	18.28

这样的增长速度导致了三个地区产业结构的差异。从苏南内部产业结构看，2007 年其三次产业结构为 2.18:58.65:39.17；2013 年进一步调整为 2.3:50.3:47.4（见附表 2）。相比改革开放初期，第一产业比重大幅下降，而第三产业大幅提高了 30 个百分点，初步形成了制造业和服务业齐头并进的局面。所以，江苏不仅在"苏南——制造业中心、苏中苏北——农业外围"的特征方面继续得以维持甚至还有所强化，甚至正在向"苏南——服务业中心、制造业中心，苏中苏北——农业外围"格局发展（虽然苏南各市还没有完全发展成为服务业城市或者服务业中心城市，但是部分城市，如南京已经初具服务业中心城市的雏形）。

中心—外围特征的长期演化趋势

从更长时期来看，转型经济体的中心—外围特征又将如何演变？回答是仍然取决于一定的条件。克鲁格曼等人主要注意到了运输成本这一个变量，但是在现实中还存在其他非常重要的变量，例如，土地、劳动力与生态环境。从长期看，由于这些因素的变化，原先的制造业中心继续发展，普通制造业将遇到许多"瓶颈"，导致边际要素成本不断上升，达到一定的临界值后，使得普通制造业在中心区域集聚不经济；在经济全球化的背景下，大量外商直接投资的进入更加剧了中心区域发展要素的紧张局面。这一切使得中心区域产业集聚的离心力逐步大于向心力。而国际服务业资本的转移和国际服务外包的发展，使得中心区域利用智力优势发展现代服务业、推动产业结构升级又有了新的机遇。

这就使得转型经济体的发展在未来可能会出现这样一种趋势：制造业，尤其是普通制造业等生产部门越来越多地离开原来的中心而转向外围。留在中心的将是以金融、商务服务、科技信息服务等行业（部分先进制造业还会留在原来的中心），中心区域将逐步演变为商贸中心、金融中心、科教中心等。

还是以江苏为例，随着苏南地区发展环境的变化，特别是近几年发展要素成本的不断攀升，以及苏南服务业发展水平的提升，"苏南——制造、服务中心、苏中苏北——农业外围"的发展趋势正在动态调整。当前苏南地区采取双轮驱动战略，全力发展先进制造业和现代服务业，不仅承接国际高新技术产业的转移，还更多地承接国际服务业资本的转移，并开始向苏中、苏北进行产业扩张。苏中、苏北由于交通通信设施以及其他投资软环境的进一步改善，正成为国内外客商投资的热点区域之一。这样，原先的"中心—外围"特征可能会逐步向"苏南——区域先进制造业中心、现代服务中心，苏中苏北——基础制造业、农业外围"这个趋势演进。①

如果把视野放宽到长三角甚至更远一些的地区，在实现由"中国制造"向"中国服务"转型的过程中，上海以其历史、地理、人力资本等方面的综合优势，特别是自贸区成立后，具备成为"全国服务业中心"乃至"洲际服务业中心"甚至"全球服务业中心之一"的实力。而毗邻上海的江苏、浙江、安徽则拥有相对低廉的土地价格、劳动力成本等而形成制造业外围。

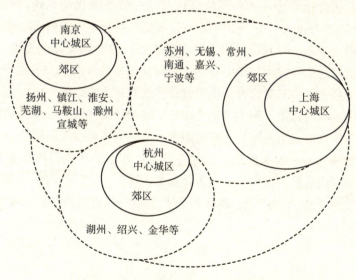

附图1　长三角地区的"中心—外围"格局

① 说明苏中、苏北主要发展普通的、一般的或基础的制造业，这只是从总体上而言，并不是说所有的县市区发展都是如此。事实上，苏中苏北也有部分城市已经抢占高端制造业发展的阵地。但就总体来说，其制造业水平可能在一定时期还落后于苏南地区。

随着长三角地区的经济发展，各项生产成本逐渐上升，劳动密集型产业出现了向成本更为低廉的区域转移的趋势，从而给泛长三角地区带来了承接中心区域扩散效应的机遇。这样，在中国长三角乃至泛长三角地区，将逐步形成以上海这一未来的国际金融商务服务中心为龙头，南京、杭州等为区域服务业中心，其他部分服务业城市以及大多数制造业城市，还有广大农村地区作为外围，这样一个新的多圈层的城市层级体系。

在这个体系中，服务业中心城市（包括副服务业中心城市）只是少数，大多数城市都是一般的服务业城市，或者制造业城市。上海作为整个区域的服务业中心，承担着向整个区域（乃至全国、全球）供给高层次生产者服务的重任；南京、杭州等副服务业中心城市对上海的服务进行必要的补充；其他城市相互供给生产者服务和一般的工业制成品。

总之，第7章前两节的观点——"服务业中心—制造业外围"的观点（包括有限数量的服务业中心假说）以及关于城市层级新体系的阐释，在中国长三角地区得到了初步验证。未来长三角各个城市向这个趋势的演进路径可能还不会一帆风顺，中间定会有许多曲折，但是这个总的发展趋势不会改变。

转型体的中心—外围特征与中心—外围经典模型的简要比较

在"是否会出现中心—外围特征以及这一特征演化的总体趋势"方面，我们对于转型体的分析与经典的中心—外围模型具有一定的相似之处：转型经济体也会形成中心—外围特征；这种特征从更长的时期看复杂多变（所以从表象上看也符合运输成本对于中心—外围特征的非线性影响这一结论）。两者的主要区别在于：一是对这种特征形成及演化的具体原因的分析，克鲁格曼等更强调运输成本的作用，而本书则更注重于转型经济体本身以及产业发展过程中一些较为特殊但又更为贴近实际的因素；二是克鲁格曼等所讲的中心—外围是指"制造业中心—农业外围"的均衡状态，而本书在他们的基础上增加了对服务业与制造业的关联分析，认为转型经济体在一定时期内由于多种因素的作用将演变为"先进制造业、现代服务业中心—普通制造业、农业外围"的新模式。

第 8 章

城市间生产者服务业与制造业的互动：经验证据

前几章侧重于从理论上分析城市间生产者服务业与制造业互动的一般原理。接下来的两章，本书将侧重于从实证上对于这一理论进行深入分析。

随着区域经济一体化，中心城市的生产者服务业与周边城市（甚至更广范围内的城市）制造业之间的互动不断深入；随着经济全球化进程的加快以及全球价值链的调整，全球性的城市间产业互动也逐步兴起。[①] 为了实现利益的最大化，经济要素迫切要求冲破一切羁绊、一切障碍，在无限广阔的空间自由地流动，城市间的产业互动不断走向深入。

由于地缘及历史的关系，城市间生产者服务业与制造业的互动往往在一个都市圈或经济区中表现得最为明显，所以本书遴选了国内外几个代表性的都市圈产业互动案例进行分析（具体内容详见本书附录[②]）。

本章以南京都市圈为例，重点分析南京在"退二进三"或"优二进三"过程中，中心城区与郊区及周边城市之间的产业互动过程，以进一步验证两大产业在城市间互动的一般规律，并探究其中存在的问题及发展趋势。

8.1

南京都市圈内的城市间产业互动

南京都市圈位于长江下游区域，以南京为核心，连接苏皖两省，包括淮

---

① 随着经济全球化的深入发展，从整个世界来看，在宏观上也逐步形成了少数发达经济体的生产者服务业与广大发展中经济体的制造业在全球范围内的产业互动这一总体态势。

② 由于有关都市圈产业互动这一部分篇幅较长，为了不影响正文，故将之作为全书附录以供参考。

安、扬州、镇江、芜湖、马鞍山、宣城、滁州7个地级市，总面积6.3万平方公里，2012年实现地区生产总值1.96万亿元，是国内为数不多的跨省都市圈之一。2010年6月，国务院批准发布的《长江三角洲地区区域规划》提出："加快南京都市圈建设，促进皖江城市带发展，成为长三角辐射带动中西部地区发展的重要门户"。

8.1.1 南京都市圈产业互动的发展环境变迁

1. 中心城区①的经济发展环境变迁

在最近二十多年中，南京中心城区的人口集中度显著提高，② 商业也更加发达并越来越集中；③ 随着中心城区经济集聚度的提高，中心城区的土地空间资源越来越稀缺（个别城区，如玄武、鼓楼、原白下地区，如果不再放宽规划限制，基本上无地可以再开发）；同时，地面交通拥堵的状况也未有大的改观（即使2005年轨道交通兴起后，中心城区早晚高峰与节假日仍然十分拥堵）；环境问题也日益凸显，人们对环境要求越来越高，强烈要求关停并转主城区的"三高两低"企业；另外，随着中心城区经济的发展，人力资源成本越来越高，城区最低工资也在不断上涨。④ 所以，总体上看，中心城区已经越来越不适合制造业的发展，而比较适合服务业的发展。因为发展制造业需要大量的土地空间，需要便利的交通、廉价的水电和劳动力以及一定的环境承载能力。中心城区无法满足这些需求，这就使得制造业在中心城区的发展遭遇了诸多"瓶颈"（土地空间、交通、人力资源和环境承载等）。相对来说，服务业需要较少的空间，对土地或空间的租金、人力资源成本、水电成本的敏感度较制造业要弱些，能够承担更高的租金、人力资源成本等。它们需要中心城区集聚的人流，便利的轨道交通。因此，服务业在主城区发展相比制造业有很大的优势。

---

① 南京中心城区目前主要包括玄武、鼓楼、秦淮与建邺四个城区。

② 据南京统计局2013年数据，南京现有常住人口818.78万人，主城常住人口占比高达41.97%，也就是说，约342万常住人口居住在主城，约474万人居住在郊区。

③ 南京中心城区集中了新街口、湖南路和夫子庙三大商圈。其中，新街口核心区面积不到0.3平方公里，集中了近700家商店，1万平方米以上的大中型商业企业有30家，1600余户大小商家星罗棋布，近百家世界五百强分支机构进驻，其商贸集中度超过北京王府井、上海徐家汇，是中国商贸密集度最高的地区，营业额长期居中国各商业街区之首，被誉为"中华第一商圈"。

④ 经江苏省人民政府同意，从2014年11月1日起调整全省最低工资标准。月最低工资标准，一类地区1630元，增加150元。南京市区属于一类地区。

2. 郊区的经济发展环境变迁

南京郊区的发展条件或环境在最近二十多年中也发生了很大变化。南京郊区在交通、通信、信息等基础设施方面有了很大改进，如江宁、栖霞、浦口，甚至更远些的溧水，六合、高淳。目前，有绕城公路和绕越公路，地铁1号线、2号线，还有机场线，10号线，宁天城际线一期，以及即将开通的3号线、4号线，未来的宁高线，等等。目前，南京的高速公路密度仅次于上海。郊区竞相发展各类开发区，有着巨大的土地开发空间；为了吸引内外资，它们竞相出台优惠的税费减免举措；同时，它们也加快发展配套的产业体系，出台各类吸引人才的举措；另外，南京郊区基本上都拥有较为良好的生态环境，有一定的环境承载能力。这些环境或条件的变化，使得南京郊区具备了加快发展制造业的较好基础。

3. 周边城市的经济发展环境变迁

与南京的郊区类似，南京都市圈中的其他周边城市，近二十多年来经济发展环境也有了很大改善。例如，扬州、镇江、马鞍山等，它们逐渐建立了与南京产业发展相关联的一些产业，如汽车零部件、船舶用品、石化工业产品等，与南京的制造业形成了较为紧密的产业联系；同时，这些周边城市大力加强基础设施建设，宁马、宁合、宁连、宁通、宁高、溧马等高速公路相继建成通车，沪宁高铁、京沪高铁、宁杭高铁等已陆续通车，港口、机场不断兴建扩建改建，通信基础设施水平也在不断提升。另外，它们还积极改善投资软环境，陆续出台了吸引投资、加速本地工业化进程的各类政策文件，并不断提高经济发展的服务水平；同时大力建设各类开发区，拥有了较大的土地发展空间和较大的环境承载能力。这些变化说明，南京的周边城市也具有了承接制造业转移、大力发展制造业的客观条件和重要基础。

8.1.2 南京都市圈产业互动的具体进程

1. 中心城区的"退二进三"

南京都市圈产业互动的形成过程中，中心城区的"退二进三"是起点，也是非常关键的一环。

（1）制造业企业的迁移。改革开放以来，南京制造业加快布局调整，经历了从中心城区向郊区、从郊区向周边城市拓展的演进过程。中心城区的制造业首先是向郊区迁移，初期是以污染企业为主，近十年来一般性的制造业企业也加入了外迁郊区的行列。① 2005 年，南京加快推进主城区工业布局调整，决定 3 年内主城区除保留部分工业用地发展能充分发挥中心城区人流、物流、信息流优势的都市型工业及总部经济外，其他工业企业一律向开发区、工业集中区转移。② 2014 年，南京出台了关于推进四大片区工业布局调整的决定，决定用 10 年时间解决"化工围城"的状况，力争到 2025 年前完成整体搬迁关停工作，原址发展总部经济、科技研发产业等。③

经过二十多年的调整，目前一般制造业正加快退出南京中心城区，新的产业布局正在形成。值得注意的是，目前在企业外迁中，中心城区制造业主要还是迁移到郊区，向周边城市迁移很少。可能的原因在于，南京的郊区还相对落后，可开发的空间很大，并且与南京空间距离短便于产业互动。④

（2）服务业在中心城区的集聚发展。改革开放后，特别是最近十多年来，南京中心城区的服务业（尤其是生产者服务业）获得了快速发展，中心城区玄武、鼓楼（含原下关区）、秦淮（含原白下区）、建邺等区通过打造各类服务业集聚区，推动了物流、商贸商务、信息服务、金融保险、科技服务等一系列高端生产者服务业的快速发展，形成了带状、片状集聚，有力地带动了整个南京都市圈的服务业发展。一批高校科技园区正在崛起，一些都市特色产业园区也在兴起，20 多个紫金科技创业特别社区正在建设发展中。经过多年的发展，截至 2013 年 5 月，南京共有省、市级现代服务业集聚区 40 多家，其中

---

① 在 20 世纪 80 年代中期，南京将秦淮河沿岸 448 家工业企业陆续搬迁，1993～2004 年，累计搬迁或关停污染企业 346 家。2005～2007 年，完成污染企业搬迁 10 家，2008～2010 年，累计搬迁 20 家污染企业。2011 年 7 月 3 日，南京又出重拳整治第一批 173 家"三高两低"企业。2012 年继续整治第二批 162 家"三高两低"企业。同时，为了完成全市工业布局优化调整，要求 33 家主城区域工业生产型企业搬迁（如金城集团、雨润食品等）。在 2012 年第二批"三高两低"整改企业中，关闭企业 68 家、淘汰落后设备 35 家、限期治理 55 家、搬迁 3 家、转产非化工类产品 1 家。2013 年，南京公布 2013 年度全市 141 家"三高两低"企业整治名单、60 家"两高一资"企业整治名单，以及 45 家主城区域工业生产性企业搬迁名单——笔者整理。

② 资料来源：《南京主城区工业布局大规模调整》，载《新华日报》2005 年 6 月 27 日。

③ 这一方案涉及金陵石化及周边地区、大厂地区、梅山地区和长江大桥四个地区面积为 112.6 平方公里，占全市总面积的 1.7%，其中工业用地 3 954 公顷，占四个地区现状面积的 35.1%。这一调整计划分为四个阶段，第一阶段：2014～2015 年，加快推进四个地区中小企业整治，推进区域内中小企业的关停和搬迁。第二阶段：2016～2018 年，全面启动重点骨干企业搬迁。四个地区中小企业基本全部关停。第三阶段：2019～2021 年，积极推进重点企业南化逐步压缩产能、华能电厂机组逐步实施关停，烷基苯厂、金陵船厂等重点企业完成整体搬迁，完成南化公司搬迁转型工作，全面启动南钢、梅钢、金陵石化等重点企业搬迁项目建设工作。长江大桥地区全面建成下关滨江商务区和滨江风光带，打造特色产业集聚区。第四阶段：2022～2025 年，四个地区工业全部实现退出，完成南钢、梅钢、金陵石化等重点企业搬迁关停工作，将这些地区打造成为转型升级示范区。

④ 另外，从政绩角度考虑，南京也不愿将这些制造业外迁到南京以外的地区。

70% 以上位于中心城区。目前，南京中心城区生产者服务业主要集中于金融服务、现代物流、科技服务、软件和信息服务、创意设计、商贸会展等重点领域。

2. 郊区及周边城市与中心城区的产业互动

在南京中心城区"退二进三"过程中，郊区与中心城区形成了良好的产业互动。例如，南京经济较为发达的郊区之一——江宁区，依托南京中心城区的发展，紧紧抓住国际制造业向长三角地区转移的契机，承接了主城区 50% 以上的制造业企业外迁。一大批制造业、如南钢、南汽、南高齿、南瑞等大型企业落户江宁。目前，该区以汽车制造、电子信息产业等高科技龙头项目和研发中心为重点，实现了二、三产业协调发展。

更远一些的郊区，如溧水、高淳，它们与中心城区及其他郊区（以及市国资集团、机电产业集团等两家市属国有企业），合作共建产业园区——江苏高淳经济开发区宁高高科技产业园、江苏溧水经济开发区宁溧高科技产业园，① 以进一步加大城乡统筹发展力度，在更大范围内优化资源配置，发展高新技术产业。

在南京主城区"退二进三"过程中，周边城市与南京也初步开展了产业互动。例如，以南京、镇江和扬州三个城市为例，十多年前就开始谋划打造"宁镇扬板块"，经过多年互动，在产业对接上取得很大进展。② 三市签订创新合作示范区建设，支持驻宁高校、科研院所采取多种形式与镇江、扬州开展合作，鼓励科技创新人才以兼职、顾问等多种形式为宁镇扬企业提供科技服务。宁镇扬地区在电信信息、航空航运、金融保险、商贸旅游等诸多领域，已建立或正在探索市场化一体化的机制。再如，安徽省马鞍山市主动承接南京都市圈地区产业梯度转移。据统计，近十多年，南京企业在马投资的项目就有 260 多个，投资总额超过 300 亿元。同时，马鞍山也积极支持本地企业向南京发展，为都市圈制造业企业提供良好的配套和延伸加工空间。又如，安徽省滁州市主动呼应南京工业布局调整，大力承接产业转移。该市紧盯石化、钢铁、电力和

---

① 两个高科技产业园的共建各方，将共同出资组建宁高、宁溧高科技产业园开发公司，主要负责融资、园区基础设施建设和园区开发经营等。两个开发公司的注册资金分别为 2 亿元，高淳、溧水两县以土地入股。

② 例如，金陵石化的输油管道连通扬州化学工业园，一举打通了扬州化工园区上游原料供应的"瓶颈"；扬州化工园至南京化工园 27 公里烯烃管线基本建成，宁扬通道建设加快推进；上汽合并南汽，荣威、名爵生产制造分工合作。但由于三市产业发展水平接近，落差不大，所以产业对接不够频繁。相比之下，南京与淮安、安徽的滁州、巢湖合作比较多。

船舶等南京市老牌支柱产业，重点对金陵石化及周边区、大厂地区、梅山钢铁及周边区、长江二桥到三桥沿岸区"四大片区"近80家涉及产业转移的企业情况进行全面收集摸底，并与南京市经信委签订《宁滁工业领域深化产业合作协议》，明确宁滁产业合作推进机制和合作重点，深入推进两市的产业合作。

8.1.3　南京都市圈产业互动中的智能电网及电子信息产业

在南京都市圈产业互动的演进中，一些产业的制造环节逐步从南京主城区向郊区及周边城市转移，而其生产者服务环节基本上还保留在主城区。这在智能电网、电子信息等产业较为典型。

1. 智能电网产业

南京是我国电力自动化和智能电网产业的重要基地，在电网安全、自动化控制、继电保护、系统集成等电力电网高新技术的研究与应用领域居国内领先水平。

这一产业最早基本上都集中在南京市鼓楼区新模范路区域。这里集中了南瑞集团和国电南自等大型电力设备企业，集研发、生产和销售于一体，辐射周边城市及整个长三角地区。随着南京都市圈经济和交通通信技术的发展，这一产业地理格局开始发生变化。大型企业纷纷对外扩展生产经营业务，把业务及地理触角延伸到了南京郊区及周边城市甚至全国、全球。

经过多年的发展和调整，目前在南京已经形成了以江宁开发区、浦口高新区和鼓楼新模范马路为中心的3个电力自动化和智能电网产业研发和生产基地（江宁区智能电网二次设备、浦口区一次设备、鼓楼区科技研发集聚区），以及"产业、科研、示范"三区的空间布局——其中，鼓楼区打造智能电网科技创新、研发总部街区，江宁开发区打造7.7平方公里的中国（南京）智能电网谷，建邺区打造城市智能电网应用示范区。另外，还重点规划建设了南瑞集团国家电力自动化工程技术研究中心、国电南自电力监控与节能工程技术研究中心、江苏金智电力自动化嵌入式软硬件工程技术研究中心等6个国家级、省级智能电网产业技术公共平台，重点推进智能变电站自动化系统等9项关键技术研发及产业化。[①]

智能电网产业不仅在南京本区域内进行了重新布局和调整，而且在南京

---

① 引自《南京市"十二五"工业和信息化发展规划》。

都市圈及更大范围内实现了重组与互动。例如，该行业的排头兵之一——南瑞集团已将碳纤维复合芯棒、碳纤维导线专用金具及电线电缆的生产延伸到了淮安（江苏南瑞斯特斯复合材料有限公司、江苏南瑞淮胜电缆有限公司），将低压成套设备、VTS 户内高压真空断路器、TXT 低压断路器等智能化电气设备的制造基地延伸到了泰州（江苏南瑞泰事达电气有限公司），将智能开关及其他高低压电器设备产品的制造延伸到了无锡（南瑞恒驰电气装备有限公司）。不仅生产基地在都市圈内外重新布局，而且其总部的生产者服务职能也在不断裂变，根据不同业务环节及市场实际情况，分别成立了各类专业化的公司：在电网自动化及工业控制方面，成立了国电南瑞科技股份有限公司、中电普瑞电网监控技术分公司、江苏南瑞通驰自动化系统有限公司（以及北京国网普瑞特高压输电技术有限公司）等；在信息通信及现代服务业方面，成立了南瑞信息通信技术分公司/南京南瑞信息通信科技有限公司、南瑞系统集成分公司、江苏瑞中数据股份有限公司（以及浙江电腾云光伏科技有限公司）等。

该行业的另一大型企业——国电南自集团，其产业发展的空间扩展路径也与南瑞集团十分类似。该公司总部位于市内新模范马路，近年来已把生产的触角延伸到了该市的江宁区、浦口区以及扬州市。目前，国电南自四大园区——中国（南京）电力自动化工业园、国电南自（浦口）科技园、国电南自（江宁）科技园、国电南自（扬州）科技园已形成相互呼应之势，实现了公司产业链上资源的优势互补，初步形成了研发、生产、管理、营销、服务等环节的协同效应。

在智能电网的城市间产业协同中，南京本地大型智能电网公司的总部为分散的各个基地或子公司提供基础性的研发及其他服务，聚焦发展电网自动化、电厂自动化、轨道交通、新能源、节能环保、信息技术、工程总包等业务，专注于自动化、清洁化、信息化的技术研发及产品服务，打造智能电网、电厂与工业自动化、信息与服务、新能源与节能环保等核心业务，致力于为客户提供整体解决方案，同时自身也直接管控着核心电力设备的生产与销售；各基地科技园或子公司主要从事各类电力产品的生产及销售，同时也开展与生产经营直接相关的一些专业性的研发业务，并提供有特色的专业服务解决方案。各子公司之间、子公司与南京总部之间初步形成了城市间的产业互动，有效地提升了企业、行业乃至整个城市的竞争力。

2. 电子信息产业

电子信息产业是国民经济的支柱产业。电子信息产品价值链不同的环节，对于人力资源、土地、技术、资本等要求不同，因而有着不同的区位偏好。总体来看，研发与销售环节偏向于人力资本密集、交通通信便利的城市，而制造环节则偏向于人力资源丰富、土地空间约束较小的城市。这些环节随着经济环境的变化必然会发生迁移。①

南京是中国电子信息产业的重要基地。近年来，该市电子信息产业发展较快，目前产业规模已超 2 000 亿元，占全省 8% 左右，全国 2% 左右。最早该产业基本上都集中于南京主城区内，如位于玄武区的南京熊猫电子厂、鼓楼区的南京长江机器集团、中电十四所以及原白下区的中电五十五所等。改革开放后，特别是进入 21 世纪以来，随着产业发展方向的不断拓展，其空间布局也发生了很大变化，逐步从主城向江宁、雨花台、栖霞、浦口等郊区扩张，"三区两园"成为南京电子信息产业的重要空间载体。"三区"：即在南京经济技术开发区组团，重点打造液晶谷，建设新型显示、信息家电类等产品制造基地；在江宁经济技术开发区组团，重点打造无线谷，建设现代通信、传感网、新型显示、电力自动化等产品制造基地；在南京高新技术产业开发区组团，建设计算机及外设类产品、集成电路、系统集成、汽车电子等产品制造基地。"两园"：即在江苏软件园重点发展软件测试服务、电子政务和信息安全软件；在南京软件园重点发展系统、游戏动漫、汽车电子软件。

在上述基础上，近年来南京继续整合优质要素资源，聚焦新型显示、未来网络、现代通信、物联网、北斗导航为龙头的新兴电子产业，优化空间布局，加快推进了"三谷两基地"建设，进一步促进电子信息产业的高端化发展。"三谷"：即在南京液晶谷工程，以数条高世代液晶面板项目为牵引，建设国际领先的新型显示产业基地；在南京未来网络谷，依托国家级网络创新基础设施（CENI）的建设，以未来网络产业创新中心为核心，积极推进产业发展，形成我国未来网络架构基础设施和技术支撑体系，建设国内第一、国际领先的未来网络技术研发与产业基地；在南京无线谷，依托"南京通信技术国家实验室"，形成集国家实验室、工程技术中心、企业研发中心和制造、销售、服务企业于一体的产学研联合创新与产业化生态圈，打造下一代通信技术及产业高地。"两基地"：即物联网产业基地，以南京麒麟生态科技城、南京模范马路创新街区等为核心区，以全市各物联网特色产业园区为产业支撑区，形成优势互补、特色明显、分工协作、共同推进的发展格局；卫星应用产业基地，以

---

① 另外，与其他行业相比，该行业所需的资源较少，产品体积小、重量轻、附加值高，运输方便，因此在区位选择上伸缩性较大，属于空间布局约束性较弱的产业，更加容易形成城市间的产业互动（魏心镇、王缉慈等，1993）。

南京高新技术产业开发区为主要载体，重点引入芯片研制、功能模块、元器件制造、终端机生产及其他有关产业链上下游企业，建设"国家卫星导航应用南京产业基地"。①

电子信息产业不仅在南京市区域内实现了空间布局的调整，而且也扩展到了周边城市，在都市圈范围内进行了初步整合——如合肥、扬州、镇江、芜湖、淮安等市。南京一些实力较强的电子信息公司先后在当地投资或兼并重组，把一些重要的生产基地放在上述城市，同时在南京（主城）保留了公司总部的服务功能，如软件信息服务、投融资服务等。如中电熊猫集团，目前在南京都市圈演化出二十多家专业公司，有液晶显示、电子装备、电子元器件和现代服务业四大核心产业。南京主城区的电子信息与软件服务环节与郊区及周边城市的生产制造环节初步形成了互动。

8.1.4 南京都市圈产业互动进程中的政策引导

在"退二进三"、形成都市圈内产业互动的过程中，南京地方政府以及周边城市地方政府顺应产业发展规律和发展趋势，主动制定或调整有关产业发展政策，推进制造业从中心城区转移，积极在中心城区发展各类服务业，特别是生产者服务业，有效地加快了城市间的产业分工。

1. 有关发展制造业的政策

改革开放特别是21世纪以来，南京发布了一系列有关工业或制造业发展的政策文件（见表8-1）。这些文件中相当一部分对于工业或制造业的布局调整提出了较为明确的要求，一方面加速传统制造业的外迁，另一方面利用现代信息技术积极发展新兴制造业。这些举措有力地推动了城市内部制造业和生产者服务业的分离，使得制造业和服务业逐步走向空间分离式互动，在更大范围内实现资源的优化配置和产业的合理分工。

表8-1　　　　　　　　近年来南京关于工业发展的部分政策

年份	政策文件名称	主要内容
2000	关于进一步支持工业改革发展的若干政策意见	以培育工业发展后劲和推进国有企业产权制度改革为突破口，加大政策扶持力度，进一步促进工业和全市国民经济的发展
2004	关于落实科学发展观、加快工业产业发展的指导意见	明确工业产业导向，调整和优化产业结构，加快走新型工业化道路的步伐

① 引自《南京市"十二五"工业和信息化发展规划》。

续表

年份	政策文件名称	主要内容
2004	南京工业产业布局规划	进一步明确了产业向园区集中、土地向园区集中、生产要素向园区集中的发展思路，加速了产业集聚和企业集群的步伐
2005	关于加快推进主城区工业布局调整工作的意见	决定3年内，南京主城区除保留部分工业用地发展能充分发挥中心城区人流、物流、信息流优势的都市型工业及总部经济外，其他工业企业一律向开发区、工业集中区转移
2011	关于促进我市新兴产业发展的政策措施的通知	大力发展软件和信息服务产业，新型显示产业，未来网络产业，风电光伏装备产业，智能电网产业，轨道交通产业，生物医药产业，节能环保产业，新材料产业，新能源汽车产业，航空航天产业等
2012	南京市"十二五"工业和信息化发展规划	充分发挥信息化在结构调整和发展方式转变中的牵引作用，着力提高信息化与工业化融合的层次和水平
2012	关于印发2012年南京市工业产业升级重点投资项目的通知	实施创新驱动战略，加速产业转型升级，推动制造业高端化发展，努力打造南京工业经济新优势
2014	关于推进四大片区工业布局调整的决定	决定10年内将南京四大片区的工业企业将全部搬迁关停，其中包括金陵石化、梅钢等"大户"

2. 有关发展服务业的政策

2005年以来，南京市出台多项政策支撑现代服务业发展，先后编制了《南京市"十一五"服务业发展规划》、《建设"全省现代服务业中心"规划方案》、《关于实施南京加快发展服务业行动纲要的若干意见》等重要文件（见表8-2），形成了鼓励现代服务业发展的基本政策框架。同时，根据形势发展需要不断创新服务业发展政策，先后出台了推进金融业、软件产业、国际服务外包、信息服务业、会展业、动漫产业、总部经济等重点服务业领域发展的多个相关配套政策文件，不断深化和明确南京服务业的发展方向与目标。[1]

---

[1] 引自陈英武等：《关于推进南京生产服务业发展的体制机制研究》，载《中共南京市委党校学报》2013年10月15日。

表 8 - 2　　　　　　　　近年来南京关于服务业发展的部分政策

年份	政策文件名称	主要内容
2005	加快发展服务业行动纲要	加快构筑与区域中心城市相适应的现代服务业体系，大力增强城市综合服务功能，把南京培育成为长三角区域性现代服务业中心
2005	关于落实省、市加快发展现代服务业政策任务分解的意见	把省、市政策真正落到实处，进一步优化现代服务业发展环境，促进现代服务业更快更好地发展
2007	建设"全省现代服务业中心"规划方案	重点培育研发功能、流通功能、休闲功能、文化功能凸显的发展格局，把南京建设成为带动全省、辐射长三角、影响全国的现代服务业中心
2007	南京市现代服务业集聚区发展意见	进一步提高现代服务业的产业集聚度，尽快形成集约型产业发展模式，有效降低企业交易成本和商务成本，充分发挥集聚区在全市现代服务业中的集聚和带动作用
2009	关于加快发展南京信息服务业的意见	加快信息产业从产品向服务领域的配套延伸，实现信息服务业与其他产业的融合和互动发展，将南京建设成为充满创新活力、具有示范效应的"智慧城市"
2011	南京市"十二五"服务业发展规划	全面提升服务业发展速度、发展层次和综合服务功能，进一步凸显服务业对周边区域发展的辐射带动功能，使服务业立足南京，带动都市圈，辐射泛长三角，部分功能服务全国，成为全国重要的区域性服务业中心和有影响力的国际服务网络节点
2012	南京市十项综合改革近期重点任务总体方案	对于"深化服务业综合改革"的体制机制设计包括改革服务业组织管理机制、改革服务业产业发展引导机制、改革服务业产业发展税收机制和改革服务业土地保障机制等四个方面 13 条

3. 郊区和周边城市的有关政策

在南京"退二进三"、形成都市圈内的城市间产业互动的过程中，南京郊区也积极响应全市的政策，它们把吸引中心城市的制造业企业落户作为重要方针，积极打造自身的特色产业，形成了一个个制造业基地甚至高地。例如，浦口颁布了《"十二五"工业经济发展规划》，溧水发布了《关于加快开发区工业经济发展的意见》，高淳公布了《"十二五"工业发展规划》，江宁发布了《关于促进智能电网产业发展若干政策意见》，六合区发布了《关于扶持工业经济跨越发展的若干政策（试行）》等。

从南京周边城市来看，各市地方政府也都在自身的"十一五"、"十二五"规划中，把对接南京产业发展、融入南京都市圈作为重要的发展战略，并且和南京一起编制"南京都市圈发展规划"等。例如，马鞍山市政府已经签署了《南京都市圈综合交通发展规划》备忘录和《南京市与马鞍山市交通对接项目合作实施协议》，与都市圈城市合作迈出实质性步伐。2014年7月马鞍山市制定《关于推进宁马一体化合作工作方案》，从交通、产业、公共服务等多个方面加快对接，促进宁马一体化合作。① 再如，2005年以来，扬州与南京、镇江分别签订了《工业产业合作框架协议》；2007年，扬州与南京签署了《南京市—扬州市经济和社会发展全面合作框架协议》，双方确定在八个方面加强合作，标志着两地在实施江苏"打造宁镇扬经济板块"的战略部署中取得了重大进展。2014年8月江苏省政府印发了《宁镇扬同城化发展规划》，明确提出了科学推进南京、镇江、扬州三市同城化发展的格局。

总体来看，这些政策，有总体的，也有专项的；又短期的，也有长期的；有双边的，也有多边的。它们在推进都市圈经济合作、尤其是产业合作，形成城市间产业互动方面起到了一定的作用。

8.2
南京都市圈产业互动的经济分析

8.2.1 产业互动假说的验证

南京的"退二进三"，进而形成都市圈内的产业互动，为考察城市间产业互动提供了一个近距离的样本。那么，该进程及产业互动是否符合本书在前几章提出的几个假说——如空间交易成本假说、城市比较优势假说、企业选址模型、城市声誉假说以及有限数量服务业中心假说？

1. 从空间交易成本假说看

空间交易成本假说认为，随着市场一体化、交通通信信息技术的进步不断

---

① 在加快产业转型发展方面，马鞍山市提出，要利用南京市现代服务业、高端装备制造、信息技术、新材料，生物技术和新医药等产业优势及科教优势，带动马鞍山市高新技术和战略性新兴产业加速发展，促进产业转型升级和产业结构优化调整；加强马鞍山软件园与南京市雨花软件谷对接，研究共建产业园区；抓住青奥会契机，整合马鞍山旅游资源，在"宁镇扬马"旅游联品牌基础上，推广"青奥之旅"精品旅游线路，打造都市圈旅游品牌，推动南京都市圈旅游发展繁荣；重点推进毗邻地区产业发展、城镇建设和基础设施建设，打造全方位融合发展的同城化先行先试区。参见：《"宁镇扬马"通信资费两年内有望统一——马鞍山出台相关方案加快宁马一体化合作》，载《马鞍山日报》第三版，2014年7月12日。

深化，企业的空间交易成本不断下降。加之企业组织形式、生产者服务业内部分工的演进，产业互动会从城市内演进到城市间。

就市场一体化来说，经过三十多年的改革开放，特别是最近十多年的发展，南京市域内的各类市场比较统一，投融资、产业兼并重组开展较为顺利，没有政策制度障碍。放眼南京都市圈，市场一体化的程度则有一个演进的过程。在改革开放前以及改革开放初期，由于行政隶属关系，南京与周边城市，特别是省外城市在产业联系上不够紧密，市场分割现象有时较为严重。随着全国、特别是长三角地区的市场一体化进程，南京都市圈内部的市场统一性得到逐步改善，各种阻碍企业跨城市跨区域经营的政策制度藩篱被逐步拆除，市场一体化进程加快。都市圈先后出台了《南京都市圈规划（2002～2020）》、《南京都市圈 2006～2010 五年建设规划纲要》，提出要突破行政区域限制，建立统一的区域市场准入制度，鼓励跨地区、跨行业、跨所有制的企业联合、兼并和重组，建筑业、房地产业、勘察设计业、市政公用事业等共享"同城待遇"，以大力推进区域建设市场一体化。这些政策举措为南京都市圈内的城市间产业互动创造了必要的市场前提。

就交通通信信息技术来看，近十多年来，南京都市圈的内外交通得到了长足发展，以南京为核心的都市圈一小时通勤圈基本建成，通信信息基础设施也得到了很大改进，物流成本、人员通勤成本以及信息交换成本等大幅下降。目前，南京都市圈已初步形成航空、铁路、公路和水运等多种运输方式相互配合的综合立体交通体系；以南站为中心形成了辐射都市圈全部城市的"1 小时快速城际交通圈"（个别城市甚至半小时通勤），以南京禄口国际机场为核心的都市圈航空客运枢纽体系也已建成。这些技术进步同样为形成南京都市圈内的城市间产业互动创造了必要条件。

另外，就企业组织形式来看，南京都市圈，尤其是南京本地的大企业，借助资本运作、资产重组、上市整合等多种手段，其总部分支式的职能分工、分公司及子公司等多种企业组织形式得到了快速发展，虚拟的网络式分工、企业集团也得到了长足发展，有效降低了内部运作协调成本，为企业内部在不同城市进行协作创造了组织前提。

就生产者服务业内部分工来看，近年来南京都市圈范围内的服务业分工，特别是生产者服务业分工迅速发展，例如，以南京金融业为例，有银行、投行、信托、证券、基金、保险、再保险、典当行等水平式的金融分工，也有金融咨询、金融理财、金融信贷、金融服务等垂直化的分工。另外，在软件信息产业以及互联网行业，总体设计、程序开发、软件测试、售后服务等分工也日益细化。更大范围内，科技服务、物流、金融、信息、商务服务等各个行业发展都非常迅速，初步形成了各行业内外的分工协作体系，增强了服务业发展的自生能力以及相对于制造业的独立选址能力。

2. 从城市比较优势假说看

城市比较优势假说认为，不同的城市因为各自的资源禀赋不一样，所以有着发展不同产业的比较优势。

南京中心城区、郊区以及周边城市在发展环境、人力资源等方面的差异，形成了各自的发展优势。南京中心城区的优势在于——科教资源丰富，历史文化传统深厚，创新潜力巨大，基础设施优良，适宜发展服务业，特别是高端生产者服务业；但是，中心城区也有很大的劣势：空间狭小，租金昂贵，交通拥挤，环境一般，因此不适合发展一般的加工业。

南京郊区的优势在于紧邻中心城区，交通优势明显，土地空间较为广阔。周边城市的优势在于与南京紧邻，交通便利，发展空间广阔，土地、水电等要素成本低廉。因此，它们适宜发展制造业。当然，南京郊区和周边城市也有一些发展劣势，如相关配套设施不够完善，制度政策执行落实不力，难以吸引高层次生产者服务。因此，总体来看，它们适宜发展制造业，以及以生产为中心的配套型生产者服务业。

3. 从企业选址模型看

企业选址模型认为，为了谋取更大利益，企业会利用不同地域空间的商务成本差异进行价值链环节的地理重组。不同行业的企业——制造业企业和服务业企业由于对不同成本敏感程度不一，因此，在空间布局上会呈现不同特征。

南京中心城区的制造业企业，面对飞涨的地价、劳动力工资的上升以及不断提高的环境治理成本，被迫实施了搬迁，如南汽、南钢、南瑞、依维柯等逐步外迁到郊区；一些大的化工企业，如扬子石化、金陵石化等也在实施或正准备外迁重建。在外迁过程中，这些企业基本上都还是把总部、研究院或其他研发机构、营销部门放在中心城区，而把生产环节放在郊区。这正是利用不同区位优势资源的结果。

从服务业看，外来的服务业资本，如外资银行（如渣打恒生、东亚、首都银行、汇丰等）、保险公司、软件公司、四大会计师事务所等也在不断涌向南京中心城区；而南京本地的服务业企业（如一德、慧德、擎天科技、新模式科技等），则不断向各类服务业园区或街区集聚。在南京发展壮大之后，它们以南京作为支点，开始向都市圈内外的一些城市延伸自身的服务半径，实现了跨区域发展，从而推动了城市间产业互动的形成。

4. 从城市声誉假说看

城市声誉假说认为，高层级生产者服务集聚在大城市可以借助城市声誉发出一个有差异的价格信号，能较好地克服交易双方的信息不对称。因此，一般来说，高层次生产者服务基本都集聚在大城市（中心城区）。

南京是都市圈内的中心城市，有着良好的城市声誉。特别是南京的中心城区，更是有着较高的城市美誉度——科教资源丰富，历史文化名城。但是，这样的城市声誉对于发展服务业和制造业有着不同的影响。中心城区的声誉度，主要还是有利于高层次生产者服务业（而不是制造业）利用区位优势发出较高的价格信号，以区别于一般城市的高层次生产者服务。如果在中心城区加工产品，则成本高，产品价格也高，一般的消费者不会关心这个产品究竟是中心城区生产还是郊区生产（在质量相差无几的前提下，他们只关心商品价格）。因而，中心城区集聚了金融、科技、商贸商务等大量的高层次生产者服务。从实践来看，最近十多年来，由于高端服务业对于南京大都市的追求，南京集聚了长三角北翼相当一部分高端生产者服务业，从而带动了南京服务业乃至整体经济的发展。

从郊区和周边城市来看，它们也有各自的声誉特色，但是，综合实力相比南京中心城区则差距明显，因此其城市声誉也不能与南京中心城区相比，吸引高层次生产者服务资本较为困难。但是这种有特色的声誉，对于吸引制造业资本、发展制造业来说还是有一定的作用。所以，这些郊区及周边城市往往利用自身的特色声誉吸引更多的制造业资本。因此，不同的城市声誉对于发展服务业和制造业有着不同的影响，从而有利于形成城市间的产业互动。

5. 从有限数量服务业中心城市假说来看

"服务业中心—制造业外围"模型意味着一个地区只能形成极少量的服务业中心城市。主要原因在于，成为服务业中心城市的苛刻条件使得服务业发展要素只能向区域内少数几个城市集聚，从而形成了"有限数量的服务业中心城市"经济地理格局。

从南京都市圈的发展过程来看，基本上也在向"南京——服务业中心、周边城市——制造业外围"的这一经济地理格局演进。区域内除了南京，没有其他城市能够担当服务业中心城市这一重要角色。主要原因在于，南京的经济总体上相对于周边城市较为发达，各种优势比较明显，综合实力较强。周边城市经济相对较弱，偏向于一些有特色的制造业发展。这种有层次的发展落差逐步造就了南京都市圈"中心—外围"的经济格局以及只有南京这一个服务业中心城市的状态。

8.2.2 产业互动存在的问题及发展趋势

1. 互动的有效性分析

从南京都市圈产业互动现状看，城市间的产业互动得到了初步体现，但互动有效性还显得不足，主要是南京的经济能量不像京沪那样强大，制造业发展规模有限，服务环节内置于制造业企业现象较普遍。

就南京全域来看，南京的制造业发展还不是非常充分，在中心城区发展受限后，制造业主要还是转移到郊区，很少转移到周边中小城市；而周边城市的服务业资源由于产业内分工的不成熟，其研发、营销环节向南京集聚也不够明显；反过来，南京中心城区的服务业虽然已经开始向郊区以及周边中小城市渗透，但也只是刚刚起步，规模不大。南京高端生产者服务业的辐射力主要还是局限于南京内部。目前长三角地区大部分城市的高端生产者服务业还是接受上海的辐射，南京提供的主要还是一些基础性的、中低端层次的生产者服务。受到企业原有发展模式、市场信用体系建设落后以及财税政策等诸多因素的影响，南京制造业分离生产者服务的进程比较缓慢，生产者服务外包的程度明显偏低。大量生产者服务内化在原有企业的内部，严重影响了生产者服务业的市场培育与发展规模，并且降低了将生产者服务作为中间投入的制造业以及其他行业的经营效率。[①] 另外，从总体来看，南京生产者服务业的发展总体层次不如北京、上海、广州等地，特别是以投融资、科技信息服务等为代表的高级生产者服务并没有形成与先进制造业和战略性新兴产业的有效协同。上述因素严重制约了南京都市圈内城市间产业互动的发展。

2. 制造业、服务业发展的空间走向与互动形式

从未来趋势看，随着南京各项发展要素的升级以及体制机制的创新，南京生产者服务业的发展会进入一个快车道。中心城区的高端服务业辐射郊区及周边中小城市的能量可能会进一步增强，同时辐射范围可能会更广，扩展至整个南京都市圈甚至更远。与生产者服务业互动的制造业，逐渐由传统的制造业为主，扩展至传统制造业、新兴制造业；与制造业互动的生产者服务业，也将逐渐由生产制造环节的一般服务，扩展至高端的商务、金融、信息服务等。

---

① 引自陈英武等：《关于推进南京生产服务业发展的体制机制研究》，载《中共南京市委党校学报》，2013 年 10 月 15 日。

8.2.3 产业互动的比较研究

1. 都市圈产业互动的比较

与南京都市圈毗邻的，有上海都市圈和杭州都市圈。比较这三个都市圈有助于进一步深化城市间产业互动的认识。[①]

上海都市圈是国内经济地位非常重要的都市圈之一，也是跨省市都市圈之一；作为龙头，上海的实力远高于其他城市，但周边城市经济也较为发达。上海的产业体系比较完备，层次较高。在产业转移方面，重化工业进展较为缓慢，但是一些轻工产业较为顺利；由于承接了国际先进制造业资本和服务业资本，上海更有积极性转移一些相对落后的产业。但是，与南京有类似情况，上海的产业转移也是首先转向郊区，其次才是向周边城市转移。总体来看，上海都市圈的市场一体化程度较高。随着 2013 年 9 月上海自贸区的设立，其高端服务业将会获得更为迅猛的发展，对周边城市的虹吸效应和溢出效应并存，从而极大地影响着都市圈内的城市间产业互动走向和水平。

杭州都市圈是浙江省内经济实力较强、发展水平较高的都市圈之一。其核心城市——杭州有较强的整合能力，产业以轻工为主，近年来产业转移较为顺利；通过市区"退二进三"、"优二进三"的产业结构调整，杭州推进了市区一些较低层次的制造产业向周边城市转移，而市区也已成为周边大企业、大集团，尤其是民营企业总部、研发机构的集聚之地，中心城市的集聚、辐射、带动作用正在逐步显现。三个都市圈比较具体结果见表 8－3。综合来看，上海都市圈城市间产业互动水平较高，南京和杭州各有特色。

表 8－3　　　　　　　　长三角三大都市圈产业互动发展比较

项目	上海都市圈	杭州都市圈	南京都市圈
经济发展水平	很高	较高	较高
跨省市	跨省市，国家级	省内，国家认可	跨省市，国家认可
政府主导/市场主导	政府主导型	市场主导型	政府主导型
起步时间	较早，改革开放后	90 年代以后	90 年代以后
市场一体化程度	很高	较高	较高
交通通信信息发展水平	很高	较高	较高
生产者服务业内部分工的发展水平	很高	较高	较高

---

① 具体参见本书附录。

续表

项目	上海都市圈	杭州都市圈	南京都市圈
企业组织形态发展水平	很高	较高	较高
城市美誉度	很高	较高	较高
中心城市制造业向郊区的转移	很多	很多	很多
中心城市制造业向周边城市转移	较多	较多	一般
周边城市高层次生产者服务业向中心城市的集聚	很多	较多	一般
中心城市高层次生产者服务业向周边城市的辐射	很强	较强	较强
总体互动水平	较高	一般	一般
主要问题	上海偶尔会出现政策反复，与周边城市争夺制造业国际资本	杭州等市交通基础设施建设不够完善	南京制造业和生产者服务业实力都不是很强，辐射力不强，带动作用还不够明显
发展趋势	一体化融合	一体化融合	一体化融合

2. 有关结论

通过实例分析，基本上再次验证了本书提出的假说或模型——空间交易成本假说、城市比较优势假说、城市声誉假说和企业选址模型等。某一地区，如果市场一体化水平高，交通通信技术发达、基础设施先进，企业组织形式灵活，产业内部分工细化，那么这个地区城市间产业互动水平相对较高。如果这个地区有一个城市经济实力雄厚，声誉突出，交通便捷、人才济济，那么这个城市很有可能成为本地区的服务业中心城市，带动整个区域共同发展。

8.3
现实的城市间产业互动有关分析

通过一些案例的审慎分析，本书发现，现实中城市间生产者服务业与制造业的互动基本符合本书前面所提出的假说。

城市间产业互动形成之前基本上是这样一种情形——（高层次）生产服

务与制造环节混合在一个城市内部：或者在一个企业内部，或者在企业之间。

发展到一定阶段，出现了导致城市间产业互动的条件——例如，全球化进程加快、市场一体化进程加深；交通通信信息技术迅猛发展，拉近了人们之间的联系，降低了联系的成本；企业组织结构也出现了新的变化（总部企业、企业网络和企业联盟等新型组织形式不断涌现，为企业跨区、跨国经营提供了组织保障）；另外，生产者服务业内部分工日益细化，造就了一个新兴的庞大的服务市场。

城市间产业互动形成后的总体情形——高层次生产者服务与加工制造环节形成了空间分离式互动。一些高层次生产者服务转移或保留在大都市核心区，而加工制造环节向大都市的郊区、周边城市甚至国外转移。大都市——服务业中心城市向周边以及全球范围内的城市提供高层次生产者服务，逐步形成城市间的产业互动。

上述梳理基本符合本书在前几章中提出的城市间产业互动的形成机制。与此同时，在梳理案例过程中，本书也发现了一些不完全等同于理论分析的现象与特点，值得进一步研究。

8.3.1　现实的城市间产业互动

多个案例研究表明：服务业中心城市在形成之前，一般在历史上都经历了一轮制造业转移（甚至衰退）的过程，但其制造业并非全部转移或衰退，服务业中心城市都会发展一些自身拥有优势的高新技术产业，或者对本市的传统制造业进行技术改造以获得新生。同样，制造业城市也并非转移出所有的生产者服务环节，而是保留一些本市发展必需的服务环节。这样就形成了较为复杂的产业互动。

1. 复杂的城市间产业互动及其形成原因

如上所述，现实世界中不太可能形成城市间的完全产业分工与互动，即一些城市只是发展生产者服务业，另一些城市仅仅发展制造业。现实的情况是：一些服务业中心城市不仅发展生产者服务业，同时也发展一些高新技术产业或都市型制造业（如印刷出版业、食品工业、服装制造等）；另外，一些制造业城市不仅发展制造业，同时也发展一些生产者服务业（如物流、信息服务等），这就形成了比较复杂的城市间产业分工。[①]

---

① 本书第 4 章的双城两产业模型对不完全的城市间产业分工曾进行过类似分析。

究其原因，就前者来说，现实中的服务业中心城市，发展程度并非达到了这样一种高度，使得其所有的土地成本高昂得让所有的制造业都难以承受。这些服务业城市，仍然在某些区域、尤其是其郊区有一定的土地承载空间，容纳一些能承受一定土地价位的制造业。当然这些制造业一般来说也是土地节约型的；另外，有些服务业城市，其居民可能在工业消费品上有一些特殊的偏好，尤其偏好当地生产的一些传统工业品。一旦这些工业品前往外地生产，可能就会失去本地的市场，这样形成了这些城市某些制造业选址的黏性。再有，一些制造业由于工艺技术的原因，也难以将一些制造环节完全剥离。

就后者来说，一些制造业城市可能也会积极引进高级人力资本提高本市的生产者服务水平，以满足本市制造加工环节的多种服务需求；一些城市也着眼长远，有计划地发展一些中高端的生产者服务，为将来的产业转型升级打下基础；另外，一些服务业城市广泛实行高层次生产者服务的本土化战略，在制造业城市广泛设立分公司或子公司。这样，也会带动一些制造业城市生产者服务业的发展。

因此，现实的情形是，一些服务业中心城市既发展生产者服务业，也发展一些制造业；一些制造业城市不仅发展制造业，同时也发展一些生产者服务业。这就是现实世界中城市间产业的不完全分工。但这并不否定生产者服务业与制造业在城市间的互动规律，而是使得这种互动更加复杂、更加多维。

总之，在理想状态下，城市间产业分工与互动只有一种情形，即服务业中心城市的生产者服务业与制造业城市的制造环节进行互动（见图 8 - 1）。

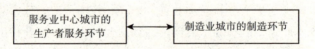

图 8 - 1　理想状态的城市间产业互动

而现实世界中，城市间的产业分工与互动存在多重情形（见图 8 - 2）：服务业中心城市的生产者服务业与制造业城市的制造环节进行的互动（这是本书研究的主要对象）；服务业中心城市的生产者服务业与制造业城市的生产者服务环节进行的互动；少数情况下，也有制造业城市的生产者服务业与服务业中心的制造环节进行的互动；另外，可能还有服务业中心城市的制造业与制造业城市的制造环节进行的互动；如果加上农业，还会有城市间的农业与服务业、农业与制造业、农业与农业进行的互动。

2. 城市间产业互动的行业分析

前文阐释的城市间产业互动，无论是理想状态的，还是现实情形的，基本

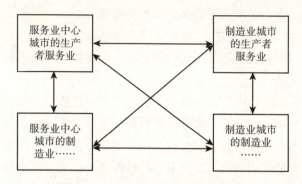

图8－2 现实世界的城市间产业互动

上都是把生产者服务业和制造业作为一个整体来看待，虽然把握住了整体演进趋势，但是容易忽略行业的差异。事实上，生产者服务业内部的各个行业在知识技术密集程度、与制造环节的关联程度、可标准化和可交易性程度等方面存在一定差异，因而在城市间产业互动中的表现不一样；同样，制造业内部的各个行业，在要素密集程度、可迁移性等方面也存在较大区别，因而在城市间产业互动中的表现也不一样。因此，要全面掌握城市间产业互动的演进趋势，还需要进行较深入的行业分析。

（1）生产者服务业各行业视角下的城市间产业互动。根据本书的界定，生产者服务业主要包括六大行业：交通运输、仓储和邮政业，批发和零售业，金融业，租赁和商务服务业，信息传输、计算机服务和软件业，科学研究、技术服务和地质勘查业。在多重因素的作用下这六大行业在城市间的布局上有一定差异。

不同的生产者服务行业，知识密集度越高，越倾向于服务业中心城市集聚。例如，相对于商贸服务来说，由于对于人才和信息的高度依赖，科技信息服务往往更显示出在服务业中心城市集聚的倾向。与制造环节相关性越强，越是倾向于在制造业城市集聚。例如，相对于金融业，物流业、商贸业更倾向于在制造业城市集聚。

进一步，就同一行业不同层次的服务来看，越是难以编码、难以标准化的往往越是倾向于在服务业中心城市集聚。例如，金融投资咨询、衍生品设计等，更多的是在服务业中心城市集聚。而后台金融数据备份整理等，往往倾向于在中小城市集聚。①

服务经济博士论丛

---

① 本书已在第6章，从交易信息不对称的理论视角，用"城市声誉"原则对此作了较为详细的解释。

（2）制造业各行业视角下的城市间产业互动。根据《国民经济行业分类》国家标准（GB/T4754 - 2002），制造业门类包括第 13 ~ 43 大类，共计 31 个行业。这些行业在要素密集度方面有较大差异，因而在城市间产业互动的空间布局上也有较大区别。

根据资源密集度，可以把制造业大致分为劳动密集型、资本密集型和技术密集型等。一般来说，劳动密集型的制造业，更倾向于在中小城市集聚，以便于更好地利用当地的廉价劳动力。技术密集型的制造业，更倾向于在大城市郊区集聚，以便于更好地利用大城市丰富的科教资源；资本密集型制造业，由于投资巨大，项目配套复杂，存在很强的区位黏性，因此往往会出现以下情形：如果一开始就是在中小城市，那么制造环节一般都会留在当地，而将总部迁移到大城市（服务业城市）；如果初始落户在大城市，那么，有可能逐步将制造环节转移（总部留在大城市），也有可能逐步将制造环节关停（其存留的服务环节逐步市场化，为区域内外的相关制造业服务）。

当然，有一些制造行业，如少数食品加工、服装制造和医药行业等，在大城市以及各类城市都有普遍分布，很少会出现产业迁移的现象。这些都市型的制造业主要是适应了当地的消费习惯，同样存在很强的地域性或区位黏性。这样也增加了城市间产业互动形成的复杂性，进一步说明城市间产业互动不是单一、线性地演进，而是复杂、多维、曲折地发展。

3. 复杂的城市间产业互动的影响

主要有以下几点：

（1）有助于缓解城市间的利益对立，推进城市间的产业分工。制造业城市除了发展制造业，再适度发展一些生产者服务业，将会获得更多的分工利益，这样可以缓解制造业城市受"压榨"的情结，从而不再强烈抵制城市间产业的重新分工，而会主动对接或"拥抱"这种产业发展大趋势。[①]

（2）有助于减少服务业中心城市产业空洞化的风险以及受到经济危机重挫的风险。服务业中心城市除了发展服务业，如果还能适度发展一些适合自身的制造业，那么不仅有助于解决自身的就业、财税等紧迫的生存问题，还能以制造业为基础，推动自身生产者服务业的更好更快发展，防止产业空洞化等经济风险，亦能抵御各类经济金融危机的冲击。

（3）有助于形成更为有效的城市间产业生态系统。区别于一般生态环境意义上的产业系统，这里所讲的产业生态系统，是指一个融各类相互关联产业

---

① 本书第 7 章第 7.3 节对此已有专门分析。

于一体的有机产业体系。这些产业有着内在的投入产出关系，可以相互补充、相互支撑。服务业中心城市适当发展一些制造业，制造业城市适当发展一些生产者服务业，这样城市间的产业互动与城市内的产业互动可以相互补充，多维交叉，使得这些互动可以更为有效，更好地服务于各种产业的发展。①

8.3.2　影响城市间产业互动有效性的一些因素

在梳理案例时，我们发现各都市圈或经济区以及全球范围内的城市间产业互动，其互动水平存在较大差异，有的较好，有的一般，有的才刚刚起步。究其原因，主要是因为除了制度、技术因素以外，产业互动的有效性还受制于多重因素。

1.　区域经济发展总体水平

经济发展总体水平较高的地区，城市间产业互动效果较好；反之，则一般。事实上，一个地区经济发展水平较高，说明该地区的市场完善程度、基础设施、企业竞争力以及内部分工水平都处于一个较好的水平，这意味着该地区已经具备了形成城市间产业互动的基本条件，因此相比其他经济发展水平较低的地区，该区域更容易形成城市间的产业互动，因而也就更容易获得更好的效果。

2.　中心城市和周边城市产业层次的落差

假定其他条件一样，经济发展总体水平较高的地区，如果服务业中心城市与周边制造业城市在产业层次上存在较大落差，则产业互动较为顺利；如果落差较小，则产业互动较为困难。假定其他条件一样，经济发展总体水平相对较低的地区，如果服务业中心城市与周边的制造业城市在产业层次上存在较大落差，则产业互动也较为困难；如果落差较小，则更为困难。

产业层次就是不同产业的生产效率和附加值的高低分布。一般来说，一些高层次的生产者服务业，其人均劳动生产率较高，附加值也高；而普通制造业，其人均劳动生产率低，附加值也低。因此，高级生产者服务业，相对于一般的中低级生产者服务，生产者服务业相对于制造业（在制造业内部，先进的加工制造业相对于一般的制造业），有一个产业层次分布的递减趋势。就上述两个判断来看，可以重新表述为如下分析：

---

①　关于这一点，本书已在第 1 章进行了简要说明。

（1）服务业中心城市与周边的制造业城市在产业层次上存在着较大的落差，那么，如果是经济发展总体水平较高的地区，则产业互动将比较顺利；而如果是经济发展总体水平较低的地区，则产业互动会比较困难。这主要是由服务业中心城市与周边城市的产业匹配性决定的。

由于产业层次存在较大的落差，无论是发达地区，还是欠发达地区，中心城市都可以向周边城市转移各类制造业。区别在于：如果是经济发展水平总体比较发达的地区，转移了制造业的中心城市，会更多地发展高层次生产者服务，这些服务依然可以为转移到周边城市的制造业服务。但是，如果是经济欠发达的地区，一方面，中心城市由于自身的经济实力以及发展环境等因素不一定及时转移自身的制造业；另一方面，这些中心城市发展的高层次生产者服务，往往会与周边的制造业脱节——周边中小城市的制造业很落后，而中心城市发展起来的一些高层次生产者服务不一定适合它们的需要，因此，中心城市的服务业很难与周边城市的普通制造业形成良性互动。①

（2）如果服务业中心城市与周边制造业城市在产业层次上落差较小，那么，无论经济发展总体水平较高的地区，还是水平较低的地区，产业互动都较为困难。这是因为，如果服务业中心城市与周边城市的产业层次落差较小，意味着城市发展水平相近，竞争性强，互补性弱，产业转移、产业承接比较困难，服务需求与供给的匹配性不佳，因此城市间产业互动的效果差强人意。

进一步，虽然在这种情形下，产业互动都较为困难，但经济发展水平较高的地区，其产业互动困难的程度总体上看要比经济发展水平较低的地区稍弱一些。也就是说，在产业层次落差不大的情形下，经济发展水平较低的地区，其城市间的产业互动更加困难。主要原因在于，由于经济落后，各城市在争夺资源、市场、人才方面的竞争将更趋激烈，有效的互动更加难以形成。另外，从案例分析还可知，经济发展总体水平较低的地区，服务业中心城市的地位不是非常牢固。由于服务业中心城市自身的经济利益，导致它与周边的中小城市存在着发展制造业的一些竞争，这种情形在中国这样的发展中经济体尤为明显。②

3. 服务业中心城市的辐射能量

一般来说，一个服务业中心城市，如果能提供门类更为齐全、服务水平更高、服务针对性更强的生产者服务，也就是说，它的服务辐射功能更强大，那

---

① 例如，北京和河北的产业互动就是一个明显的例证。北京的高层次生产者服务往往更偏向于到长三角和珠三角地区，而不是到河北、东三省、内蒙古、山西等地寻求合作机会。

② 在欠发达地区有一个明显的经济现象——"产业双转移"：一方面，部分中心城市向外转移自身一些落后的产业；另一方面，这些城市也在积极承接外部较为先进的产业转移。

么，这样的服务业中心城市与周边制造业城市产业互动的效果就比较好；反之，则效果一般。

事实上，服务业中心城市与周边城市的产业互动效果，还受到服务业中心城市本身辐射能量——服务辐射范围和深度①的影响。有一些服务业城市，等级高、能量大，它们的服务辐射力强。越是区域性、全球性的大都市，其生产者服务业（甚至生活服务业）越是辐射洲际甚至全球。当然，现在也有一些在某些服务行业尤为突出的服务业城市，虽然在综合实力上比拼不过那些中心大都市，但是，由于它们有着明晰的定位，鲜明的行业特色声誉，所以，在某些服务行业方面，与周边的制造业城市也能形成较好的产业互动——这是一个很好的发展趋势。

另外，值得注意的是，服务业中心城市生产者服务业的发展，最初都是依赖于本市制造业的发展。但是，随着区域经济一体化的深入，在服务业中心城市辐射周边城市的过程中，服务业中心城市生产者服务业的发展越来越不依赖于本市的制造业，而开始依赖于周边城市的制造业发展，甚至更大范围（乃至全球）的制造业和服务业发展。②

4. 市场与政府的关系

一般来说，市场力量推动而形成的城市间产业互动的效果要好于行政力量推动的效果。这是因为，服务业中心城市与周边城市产业互动的形成，从根本上来说就是市场一体化的结果。在市场一体化的条件下，企业为了获取最大利益，必然追求规模经济，这样会使得社会分工、产业分工逐步走向深入，进一步把这种分工从城市内部推向城市之间。而政府管制的经济，市场无法发挥作用、或者很难发挥作用，社会分工无法深入，大而全、小而全的封闭的自然经济非常普遍，因此就难以形成符合经济发展规律的区域产业分工。即使是政府主导的市场经济，也难以形成真正的城市间产业分工。因为在政府主导或政府干预的情形下，政府的目标和市场、企业的目标不是完全一致的。政府往往有着利税、速度和规模的发展偏好，更加注重当前利益，而企业则偏好于质量、

---

①　一个趋势是：服务业中心城市开始通过设立分支机构，包括研发分中心、营销分中心等向中小城市渗透。

②　生产者服务业的增长，有的并非基于自身强大的制造业基础。东京曾是日本最大的工业中心，而从 20 世纪 70 年代起，其工业地位逐渐降到第四位，同时大阪替代东京成为最重要的工业中心。但是 20 世纪 80 年代中期后，越来越多的大型公司总部、交易所、外资银行及金融市场在东京不断集聚，而大阪却逐渐丢失自己在金融市场的份额。这说明，工业中心与金融中心有着不同的生产者服务体系。东京作为国际金融中心更有利于生产者服务业的增长，同时可以避免工业撤离可能带来的城市经济萧条。纽约、伦敦的情况也是如此，其生产者服务业的迅速增长也主要依赖于金融中心发展。

效益和利润，更加注重长远利益。体现到产业发展层面，有些城市政府不愿开放当地市场，不愿本地的企业外流，不愿外地的企业抢占本地市场，这样企业难以进行跨地区重组，也就难以形成城市间的产业分工与互动；而有些城市政府在条件不够成熟时，可能又存在快速推动城市间产业互动的冲动，好大喜功，违反经济规律，强行勒令或政策误导企业过早迁移，致使企业做出错误决策，当然也就无法形成真正有效的城市间产业互动。

因此，必须遵循市场经济的一般规则，才有可能形成真正意义的互动。但是，任何市场经济都有政府在背后发挥一定的作用。在一些特殊情况下，行政力量的推动又是必不可少的（特别是在初始阶段，在打破地区壁垒、破除行政垄断、加强基础设施建设等方面，政府往往还起着关键的作用）。但即使这样，从根本上讲，还是必须坚持市场经济的基本原则不动摇，政府的作用仅仅限于保障市场作用的发挥。一旦过于强调政府的作用，甚至把政府凌驾于市场之上，则很容易又退回到以前的管制经济状态，进而导致生产效率下降，城市间的产业分工和互动更是无从谈起。从世界范围看，总体上讲，发达经济体的城市间产业互动往往都是市场的自发行为；而在发展中经济体，特别是中国这样一些还带有明显行政经济色彩的国家，城市间的产业互动更多地还是依靠行政推动，因此其效果还有待进一步观察。从中国发动的新一轮深化改革决策来看，其最主要的特点就在于让市场在资源配置中起决定性作用，同时更好地发挥政府的作用，从而为城市间产业互动的形成创造更好的外部环境。

8.3.3 全球性的城市间产业互动特点

全球性的城市间产业互动实际上是全球价值链的分工体系在各个国家各个城市之间的重要显现。[1]

---

① 例如，宝马汽车的生产。宝马汽车在日本设计、检测发动机零部件、电子线路等技术及产品，在德国小镇慈湖特（Landshut）研究轻型制造技术，并试验新材料和制造加工，在美国加州帕罗阿尔托（Palo Alto）设计汽车软件，在宝马总部——德国慕尼黑对技术创新进行总的决策，最后交由曼格纳国际公司（Magna Intennational——世界第三大汽车零部件供应商）组装。

再如，笔记本电脑的生产。原来由美国宾州大学一体化设计生产电脑；后来，芯片设计在美国加州圣克拉拉；芯片制造在俄勒冈州的波特兰；软件由位于华盛顿州雷蒙德的微软公司以及纽约州阿蒙克的 IBM 总部提供。再后来，随着世界经济开放程度以及亚洲地区生产加工水平的提高，电脑的生产有了新变化，设计环节没有变化，制造环节则由日本、韩国以及中国台湾新竹市的一些原始设备制造商（OEM）代工；一些简单的、中低层次的设计，以及部分高端的设计，日本与韩国的公司也开始涉及。在中国实行改革开放，特别是加入世界贸易组织（WTO）后，加工环节的大部分生产基地转移到了珠三角地区的东莞、长三角地区的苏州昆山以及重庆、四川成都（台资企业居多）。

1. 发达经济体和发展中经济体的产业互动

发达经济体和发展中经济体的产业互动实际上是一种放大了的城市间产业互动。从全球经济发展历史来看，"二战"之前由于发展中经济体经济环境不佳，交易成本较高，全球制造业的投资绝大多数发生在发达经济体城市之间。这样，发达经济体之间的制造业与服务业，你中有我，我中有你，制造业中心、服务业中心的区分不是非常明显。

"二战"后，特别是 20 世纪 80 年代以来，随着发展中经济体投资环境的改善，特别是法制和贸易政策的完善，交易成本不断降低，发达经济体开始不断向发展中经济体转移制造业，自身则大力发展生产者服务业，这就使得其自身的服务业增加值比重越来越高，不仅总体完成了从制造业国家向服务业国家的转变，而且其内部大多数城市的产业结构也完成了这一转变，成为服务业发展的高地。部分发展中经济体的城市也抓住了全球制造业资本的转移浪潮，相当一部分城市完成了从农业经济向制造业经济的转型。

最近二十多年来，伴随着制造业资本的全球转移，服务业资本的全球扩张也开始加速。发达经济体一些城市的大企业在世界各地沿着全球价值链进行服务业投资，甚至在发展中经济体设立区域中心（负责该区域的研发、采购及营销等事务）；同时，欠发达地区的企业借助"逆向服务外包"，利用发达经济体的高层次生产者服务提升制造业水平。这些都是发达经济体城市的服务业辐射全球的一个特征。

这样，在发达经济体的城市和发展中经济体的城市之间形成了较为明显的互动：发展中经济体的城市向发达经济体的城市提供工业制成品，而发达经济体的城市向发展中经济体的城市提供较为高层次的生产者服务业。

2. 全球性城市间产业互动的新动态

近年来，在全球城市间的产业互动中，一种"逆向城市间产业关系"处于萌芽状态：一些新兴市场经济体的企业向发达经济体投资先进制造业（比如，中国的联想公司投资美日等国，徐工集团投资德国，等等）；一些发达经济体开始将一些低端的生产者服务外包给发展中经济体，有时甚至也将一些核心业务外包给发展中经济体（特别是印度、菲律宾和中国等新兴市场国家）。这实际上是发展中经济体的城市开始向发达经济体的城市提供部分高层次的生产者服务（这并不等同于发达经济体对发展中经济体的服务业辐射）。

原来的全球城市间产业互动关系是：发达经济体的城市向发展中经济体的城市提供高层次生产者服务，发展中经济体的城市向发达经济体的城市提供制造品。现在的情形较为复杂：发展中经济体的城市也可以为发达经济体的城市提供部分高层次生产者服务，发达经济体的城市也为发展中经济体的城市提供部分高新技术产品。这实际上是新兴市场经济体以及发达经济体的大企业实施全球战略的一个表现。当然发达经济体实施"再工业化战略"，以及新兴市场经济体大力实施"服务业发展战略"在一定程度上也助推了这一趋势。这一趋势还在演变之中，需要进一步深入观察。

总之，在经济全球化的带动下，城市间产业互动因为全球价值链分工体系在各个国家、各个城市之间的重新组合而增添了新的内容。越是外向型经济的地区，产业在城市间的互动越带有全球性——这种互动往往加入了全球价值链，使得这一互动呈现出多维交互的情形。在发展中经济体，外向程度较高的地区，服务业中心城市与周边城市的产业互动显著地受到国际经济的影响，其内在的、正常的互动规律将受到一定的干扰，一个明显的表现是，服务业中心城市的服务业发展不突出，而周边城市的生产者服务业发展也不弱。

8.4

本章小结

本章以南京都市圈为例，重点分析了南京在"退二进三"进程中，中心城区与郊区以及周边城市之间的生产者服务业与制造业互动过程。通过分析，基本上验证了本书提出的假说或模型——空间交易成本假说、城市比较优势假说、企业选址模型、城市声誉假说和有限数量服务业中心城市假说。

在梳理案例过程中也发现了一些不完全等同于理论分析的现象：一是现实世界中不太可能形成完全专业化的城市间产业分工，现实中的城市间产业分工非常复杂；二是城市间产业互动水平存在较大差异，主要是因为受制于多重因素的影响——如区域经济发展总体水平、中心城市和周边城市的产业层次落差、服务业中心城市的辐射能量以及市场与政府的关系等；三是全球性的城市间产业互动实际上是全球价值链的分工体系在各个国家、各个城市之间的重要显现。

从全球范围内看，城市间的产业互动在很大范围内还没有广泛形成，只是在发达经济体内部、发达经济体与部分发展中经济体之间（总体上）出现，而大多数发展中经济体还没有形成这样的良性互动。究其原因，主要还是因为一些前提条件，例如，统一的大市场，良好的交通通信信息技术设施，以及企业组织形态的发育及演进，等等，这些条件，大多数发展中经济体尚不具备，城市间产业互动的空间交易成本仍然偏高。发展中经济体要推进并形成良好的城市间产业互动，可谓任重道远。

　　值得注意的是，现实中一些城市没有和周边城市进行产业互动，最终陷入产业转型陷阱而不能自拔，如美国的底特律①。研究这些案例的教训，对于进一步认识、重视城市间产业互动，同样有着重要的意义。这些城市，或者是资源型城市，或者基于某种便利条件而发展起来的城市，它们长期依赖于某一种或几种产业（早期都是制造业），获得了快速的发展，一度甚至称雄该经济体。然而，令人遗憾的是，现在许多这样的城市都陷入了危机。究其原因，固然有很多，但从产业发展来看，主要还是因为这些城市没有及时将不顺应经济发展趋势的产业及时转移到周边城市或其他地区，没有顺着价值链的两端发展高层次生产者服务业，从而没有与周边城市形成产业上的互补、互动，长期固守原来赖以生存的某种支柱产业，在土地、人力资源、贸易政策、汇率等多重因素发生巨大变化的情形下终于败下阵来。所以，必须将城市的产业转型升级与城市间的产业互动紧密联系起来，进行总体谋划才能走出一条新路。

---

　　①　最新信息显示：底特律显示出一些复苏迹象。参见《从工业荒原中重生》，载《南京日报》2014 年 4 月 10 日。

第 9 章

城市间生产者服务业与
制造业的互动：计量检验

本书前面几章都在阐释这样一个思想：当经济发展到一定阶段，就会逐步出现城市间的生产者服务业与制造业的互动。这样，一个城市制造业的发展，从理论上讲，不仅会受到这个城市自身生产者服务业发展的影响，而且会受到同一个区域内中心城市生产者服务业发展的影响。也就是说，中心城市的生产者服务业对于周边城市的制造业会产生较强的辐射效应；由此可以推测，中心城市的生产者服务业与周边城市的制造业，这两者之间应存在较好的互动关系，并且这种关系无论是对于中心城市还是周边城市，都能不同程度地推动它们的经济增长。

要验证城市间是否存在产业互动关系，最好的办法就是直接找到两类城市之间的"进出口"数据：中心城市向周边城市"出口"了多少生产者服务，"进口"了多少工业制成品，然后再进行相关性分析。但是，在一国之内，这样的数据几乎是不可能统计的。所以，需要间接地寻找其他研究路径。

随着经济发展，中心城市的生产者服务业和周边城市的制造业互动越来越频繁，分工协作水平越来越高，所以，可以考察两类城市在一定时期内，中心城市生产者服务业和周边城市制造业增加值或增速之间的交叉弹性、协同集聚度、产业引力以及它们之间的协整关系等，从而评价一段时期内城市间的产业分工协作水平。同时，通过构造合适的变量及模型，进一步考察城市间产业互动水平与空间交易成本、城市经济增长水平的相关性。本书沿着这样的思路，利用中国部分城市 1978～2013 年的数据进行了初步研究，得出了一些有价值的结论。

9.1
城市间产业互动水平的统计性描述

9.1.1　城市间产业互动水平指标的设定

第一个指标，产业增长交叉弹性系数，即某周边城市制造业增长率与中心城市生产者服务业增长率之比；该指标主要测量中心城市的生产者服务业每增长 1%，可以带动周边城市制造业增长百分之几。这是城市间产业互动水平的表现之一。构造的公式是 $E = \dot{M} / \dot{S}^*$，其中，E 表示城市间产业增长的交叉弹性系数，$\dot{M}$ 表示某周边城市制造业增长率，$\dot{S}^*$ 表示中心城市生产者服务业增长率。

模仿这个公式，还可以计算城市内部的产业增长弹性系数以进行比较分析。$E' = \dot{M} / \dot{S}$，其中，E' 表示某周边城市内部的产业增长弹性系数，$\dot{S}$ 表示某周边城市生产者服务业增长率。

第二个指标，产业协同集聚度，即中心城市服务业与周边城市制造业的协同集聚程度。首先计算出中心城市的服务业集聚度和周边城市的制造业集聚度[①]，再运用公式计算出两者的协同集聚度。该指标主要测量两个城市之间（服务业中心城市和周边制造业城市）产业的协同集聚水平，这也是城市间产业互动水平的表现之一。构造的公式是 $\gamma = 1 - |\eta_M - \eta_S^*| / \eta_S^*$。[②] 其中，$\gamma$ 为城市间产业协同集聚度，η_M 为周边城市制造业集聚度，η_S^* 为中心城市服务业集聚度。该数值越大，说明中心城市的服务业集聚水平 η_S^* 和周边城市制造业的集聚水平 η_M 越接近，城市间的产业协同集聚水平越高。

利用这个公式还可以计算城市内部制造业与服务业的协同集聚水平，以便与城市间产业协同集聚水平进行对比。$\gamma' = 1 - |\eta_M - \eta_S| / \eta_S$，其中，$\gamma'$ 为周边城市内部的产业协同集聚度，η_S 为周边城市服务业集聚度。同理，该数值越大，说明周边城市内部的服务业集聚水平 η_S 和制造业的集聚水平 η_M 越接近，周边城市内部的产业协同集聚水平越高。

第三个指标，产业引力。借鉴空间引力模型，利用两个城市的生产者服务

[①]　某市服务业集聚度或制造业集聚度，可以用某市服务业（或制造业）增加值比重与某区域服务业（或制造业）增加值比重的比值表示。

[②]　公式可参见高峰、刘志彪（2008）。

业和制造业数据以及地理距离，计算出两个城市之间的产业引力。为了避免数值过大给处理带来困难，把公式调整为 $F = \dfrac{\ln\,(Y_M)\,\ln\,(Y_S)}{D}$。其中，$F$ 是两个城市之间的产业引力；Y_M 为周边城市的制造业增加值；Y_S 为中心城市的生产者服务业增加值；D 为两个城市之间的通勤时间。[①]

9.1.2　有关城市选取的说明

一般来说，只有服务业中心城市[②]才能够对周边城市的制造业产生辐射效应，所以，本书选取了中国以下几个区域的部分城市作为计量对象进行分析。

（1）长三角区域。上海都市圈，这是中国目前经济发展水平最高的都市圈之一，都市圈的服务业中心城市是上海，周边城市有苏州、无锡、南通和嘉兴、宁波等。南京都市圈，这是长三角北翼最大的都市圈，都市圈的服务业中心城市是南京，周边城市有扬州、镇江、淮安和马鞍山、芜湖、滁州等。杭州都市圈，这是长三角南翼最大的都市圈，服务业中心城市是杭州，周边城市有湖州、绍兴等。

（2）珠三角区域。广州都市圈，这是珠三角最大、也是中国沿海经济发展水平最高的都市圈之一，其服务业中心城市是广州，周边城市有佛山、东莞等。港深都市圈，这是珠三角最发达也是中国沿海经济发展水平最高的都市圈之一，其服务业中心城市是香港，周边城市有深圳、惠州等。

（3）环渤海区域。京津都市圈，这是环渤海地区经济发展水平最高的都市圈，其服务业中心城市是北京，周边城市有天津、廊坊、保定等。

由于统计数据不全，本书只能分析服务业中心城市与部分周边城市关于制造业和生产者服务业的协同水平。

9.1.3　数据说明

本书选取了部分城市 1979～2013 年的数据。所有统计数据均来自各个城市的统计年鉴或统计公报。根据"中间需求率大小决定一个行业是否是生产

---

①　可用某一时期两地间最先进的交通工具单程通行时间计算。

②　目前国际上对于一个服务业经济体的认定标准一般是"两个70%"，即服务业增加值占地区生产总值比重为70%，生产者服务业增加值占服务业比重为70%。结合中国转型发展的实际，本书认定的服务业中心城市标准是"两个50%"，即服务业增加值比重稳定在50%以上，生产者服务业增加值在整个服务业中的比重超过50%。

者服务业"的规则，本书的生产者服务业统计范围一般包括六个行业：交通运输、仓储和邮政业，信息传输、计算机服务和软件业，批发和零售业，金融业，租赁和商务服务业，科学研究、技术服务和地质勘查业。①

　　需要特别说明的是，如果有些城市缺乏制造业的数据，则用工业或第二产业（近似地）替代；由于一些中心城市生产者服务业统计资料不全，本书遇有这种情形时，就用服务业（近似地）替代。这必然会影响结论的准确性，但是大致上可以反映各城市间产业互动的基本走势。②

9.1.4　城市间产业互动水平的统计结果与分析

1. 部分城市的产业增长交叉弹性系数

　　本书摘取了部分城市的制造业及服务业增长率进行计算，结果如表9－1所示。

表9－1　　　部分城市产业增长交叉弹性系数均值（1978～2013年）

城市组	1978～1991年	1992～2001年	2002～2013年
天津/天津	0.8355	0.9756	1.3309
天津/北京	0.7076	1.3135	1.7172
佛山/佛山	1.1453	1.0051	1.3298
佛山/广州	1.6857	1.2665	1.2611
深圳/深圳	1.2307	1.0206	1.0061
深圳/香港	1.6295	- 0.4659	1.1360
湖州/湖州	1.6295	- 0.4659	1.1360
湖州/杭州	1.0147	1.0661	0.9638
绍兴/绍兴	1.1105	1.0339	0.9931
绍兴/杭州	1.4620	1.3317	0.9234
扬州/扬州	1.3559	0.8557	1.2058

---

　　①　与大多数研究不一样，本书没有把房地产业纳入统计范围，因为这个行业在大多数省份、城市的投入产业表中，中间需求率明显低于50%。香港的房地产业中间需求率高于50%，故统计在内。

　　②　由于中心城市的生产者服务业占服务业比重一般都超过50%（有的甚至更高），所以，可以推测生产者服务业的发展与整体服务业的发展高度相关。因此，在某些中心城市生产者服务业数据不全的情况，本书暂用服务业数据替代生产者服务业数据。当然，这肯定会影响计量的准确性，但基本趋势还是能够反映的。

城市组	1978~1991 年	1992~2001 年	2002~2013 年
扬州/南京	0.8895	0.8125	1.1502
镇江/镇江	0.7234	0.7696	0.9382
镇江/南京	0.8648	1.3498	1.1915
马鞍山/马鞍山	0.9375	0.9677	1.1595
马鞍山/南京	0.5031	0.8454	1.3105
苏州/苏州	1.2055	0.8311	0.9477
苏州/上海	1.4946	1.2959	1.2991
嘉兴/嘉兴	1.3823	0.8967	1.0317
嘉兴/上海	1.4018	1.2850	1.2941
宁波/宁波	0.9330	1.2995	0.9239
宁波/上海	1.9130	1.4336	1.1377

注：（1）"天津/天津"表示弹性"天津制造业增长率/天津服务业增长率"；"天津/北京"表示交叉弹性"天津制造业增长率/北京服务业增长率"；其他城市组类似。（2）由于数据组十分庞大，故没有全部列出，只列出了三个阶段的均值，下同。具体数据可向笔者索取。

资料来源：笔者经各省市统计年鉴、统计公报计算而得，下同。

从各城市组的系数看，一般都是前期弹性系数波动较大，后期相对较小；大部分城市两个弹性系数的波动趋势比较一致，各城市组之间有一定的差异，但不是非常明显。另外，一般情况下都是交叉弹性系数大于本地弹性系数，原因有两种解释，一是中心城市的服务业更好地带动了周边城市的制造业发展，二是中心城市服务业发展速度落后于周边城市的服务业，因而体现在计算结果上，交叉弹性系数大于本市弹性系数。当然这两种说法还需要进一步检验。

2. 部分城市的产业协同集聚度

本书摘取了部分城市的制造业及服务业的集聚度进行计算，结果如表9-2所示。

表9-2　　　部分城市产业协同集聚度均值（1978~2013 年）

城市组	1978~1991 年	1992~2001 年	2002~2013 年
天津/天津	0.7305	0.7857	0.6112
天津/北京	0.9338	0.8765	0.8487
佛山/佛山	0.1450	0.5482	0.3305

续表

城市组	1978~1991年	1992~2001年	2002~2013年
佛山/广州	0.7367	0.9393	0.9816
湖州/湖州	0.7539	0.7391	0.7268
湖州/杭州	0.6972	0.9120	0.9670
绍兴/绍兴	0.7102	0.5252	0.6653
绍兴/杭州	0.7889	0.9212	0.9552
扬州/扬州	0.7447	0.7095	0.7433
扬州/南京	0.7272	0.8607	0.9010
镇江/镇江	0.5767	0.6066	0.5443
镇江/南京	0.9314	0.9717	0.9176
马鞍山/马鞍山	0.7270	0.5632	0.2804
马鞍山/南京	0.9033	0.9035	0.8868
苏州/苏州	0.6966	0.7498	0.6046
苏州/上海	0.9254	0.8994	0.9511
嘉兴/嘉兴	0.7605	0.6391	0.6201
嘉兴/上海	0.7225	0.8544	0.8852
宁波/宁波	0.7822	0.7663	0.8515
宁波/上海	0.8759	0.8687	0.8355

注：（1）"天津/天津"表示天津制造业与天津服务业的协同集聚度；"天津/北京"表示天津制造业与北京服务业的协同集聚度；其他城市组类似。（2）香港、深圳数据缺失较多未统计，马鞍山有部分年份资料缺失。

资料来源：笔者经各省市统计年鉴、统计公报计算而得，下同。

总体来看，一个明显的特点是，城市间的产业协同集聚度，一般都高于对应的城市内产业协同集聚度；城市间的产业协同集聚度相对稳定一些，并且总体呈波动微升态势；而城市内的产业协同集聚度则呈现出不规则变化趋势；各城市组的城市间协同集聚度存在收敛的趋势（并趋近于1），这可能表明在区域经济一体化的推动下，中国部分发达地区的中心城市开始重视与周边城市的产业互动。

3. 部分城市的产业引力

本书摘取了部分城市的制造业及服务业数据，以及城市间的通勤时间并进行计算，结果如表9-3所示。

表 9 – 3　　　　　　　　城市间产业引力均值（1978～2013 年）

城市组	1978～1991 年	1992～2001 年	2002～2013 年
北京/天津	13.9307	43.1504	110.4136
广州/佛山	6.4240	38.5650	129.3196
杭州/湖州	3.4809	13.5096	51.0754
杭州/绍兴	4.2780	31.5681	58.0002
南京/扬州	4.3998	23.9597	59.1096
南京/镇江	8.9071	45.6082	119.3204
南京/马鞍山	5.9044	34.6115	85.2464
上海/苏州	7.5855	33.0911	147.2115
上海/嘉兴	5.4224	23.8665	78.6085
上海/宁波	3.4063	10.7598	40.8085

资料来源：参考各城市统计年鉴并经笔者计算而得。

　　从表 9 – 3 各个城市组来看，由于每个城市的产业增加值都在不断增长，交通基础设施的快速建设使得通勤条件不断改善，因此城市间的产业引力迅速增长；值得注意的是，由于交通、信息基础设施在某个时点会有突变性的发展（特别是最近十多年来），因此，引力也会在某个时间点有跳跃性变化。另外，各组水平有较大差异，主要是由于它们的产业发展规模以及交通状况（更宏观一些讲，是两个城市间的一体化水平）有明显的差别。一般来说，经济体量大、交通便利、信息化及一体化水平高的地区，其城市间产业引力相对较高，这也符合经验常理。当然，表 9 – 3 中的产业引力仅是理论值，与实际中两市经济联系的紧密程度还有较大区别，需要更为科学的统计方法进行测量。

9.2
城市间产业互动关系的协整分析

9.2.1　检验方程

　　协整检验的目的是决定一组非平稳序列的线性组合是否具有稳定的均衡关系。本书主要考察中心城市生产者服务业与周边城市制造业之间的关系，为了更加客观地反映实际情况，本书在模型中还增加了周边城市的生产者服务业和中心城市的制造业这两个控制变量。因为周边城市制造业的发展，理论上不仅会受到中心城市生产者服务业的辐射，还会受到本市生产者服务业和中心城市制造业的影响，因此必须将这两个变量加入模型。这样，模型共有四个变量：被解释变量为周边城市的制造业增加值；解释变量为中心城市的生产者服务业增加值；控制变量为周边城市的生产者服务业增加值、中心城市的制造业增加值。

由于数据的自然对数变换不改变原来的协整关系，并能使其趋势线性化，消除时间序列中存在的异方差现象，所以对各列数据都进行了自然对数变换。①

本书计量检验步骤如下：首先对各变量的时间序列先做单位根检验，看变量的时间序列是否平稳；若平稳，可构造回归模型等经典计量经济学模型；若非平稳，进行差分检验，若进行到第 i 次差分时序列平稳，则服从 i 阶单整。若所有检验序列均服从同阶单整，可构造 VEC 模型，做协整检验，判断模型内部变量间是否存在协整关系，即是否存在长期均衡关系。另外，构造 VAR 模型，并进行 Granger 因果检验，检验变量之间的因果关系。本书选用的统计软件是 Stata10.0（因数据处理结果庞大，书中只列出最重要的检验结果，其他如单位根检验、协整秩、滞后阶数，以及 VEC 模型的残差自相关、正态性与稳定性检验等省略）。

9.2.2　计量检验结果及分析

本书借助统计软件，在对数据进行处理和计量检验后，最终结果如表 9 - 4 所示。

表 9 - 4　　　　　　　　　城市间产业互动的协整方程

被解释变量	解释变量	控制变量 1	控制变量 2	常数项	样本数
天津制造业	北京服务业	天津服务业	北京制造业	31. 7095	35
	1. 3807 （ - 0. 50）	8. 1348 *** （ - 2. 72）	- 13. 7600 *** （2. 95）		
佛山制造业	广州服务业	佛山服务业	广州制造业	0. 0823	32
	0. 3984 *** （ - 18. 43）	0. 4084 *** （ - 16. 88）	0. 2019 *** （ - 7. 70）		
深圳制造业	香港服务业	深圳服务业	香港制造业		18
	0. 6950 *** （0. 0000）			2. 6435	

① 本书没有用 CPI 或 GDP 指数对原始数据进行平减，因为部分城市这项数据不全。

续表

被解释变量	解释变量	控制变量1	控制变量2	常数项	样本数
湖州制造业	杭州服务业	湖州服务业	杭州制造业		
	1.1583 *** (−8.26)	0.0660 (−0.21)	−0.4741 * (1.63)	0.6527	34
绍兴制造业	杭州服务业	绍兴服务业	杭州制造业		
	0.8428 *** (−36.07)			0.6021	34
扬州制造业	南京服务业	扬州服务业	南京制造业		
	0.8685 *** (−93.24)			−0.3512	33
镇江制造业	南京服务业	镇江服务业	南京制造业		
	−0.1347 ** (1.96)	0.6670 * (−10.37)	0.3963 * (−6.56)	0.7064	35
马鞍山制造业	南京服务业	马鞍山服务业	南京制造业		
	6.7958 (−0.01)		1.0571 (−0.00)	−2.0198	17
苏州制造业	上海服务业	苏州服务业	上海制造业		
	1.8594 *** (−3.76)	−0.1600 (0.48)	−0.9289 *** (2.95)	1.0221	32
嘉兴制造业	上海服务业	嘉兴服务业	上海制造业		
	−0.8356 *** (3.84)	1.4016 *** (8.96)	0.4350 *** (2.94)	1.0385	35
宁波制造业	上海服务业	宁波服务业	上海制造业		
	−11.7712 *** (6.15)		18.0893 *** (−6.62)	−39.4570	32

注: * 、** 、*** 分别表示在10% 、5%和1%水平上显著, 括号内数值为 z 统计量。部分解释变量的系数值因为太小没有标注。有部分城市组还存在其他协整方程, 但不是反映中心城市服务业与周边城市制造业的协整关系, 故没有列入。

上述结果可分为四类: 一是中心城市服务业的系数不能通过检验 (有北京/天津, 南京/马鞍山); 二是中心城市服务业提升, 周边城市制造业降低 (有南京/镇江, 上海/嘉兴, 上海/宁波); 三是中心城市服务业提升, 周边城市制造业提升不到一个单位 (有广州/佛山, 香港/深圳, 杭州/绍兴, 南京/扬州); 四是中心城市服务业提升, 周边城市制造业提升超过一个单位 (有杭州/湖州, 上海/苏州)。

　　进一步分析，后两种情形正是本书预期的结果——中心城市服务业发展了，可以带动周边城市制造业的发展（且多数不到一个单位，比较符合实际情况）；而前两种情形比较特殊，可能是数据问题或方法问题，也可能是这些城市之间产业的互动并非如想象的那样比较紧密，还需要进一步深入研究。①

　　利用 VAR 模型，对各城市间产业互动进行格兰杰因果关系检验（见表9-5）。

表9-5　　　　　　　城市间产业互动的因果关系检验结果

城市组	因果关系检验结果
北京/天津	在滞后1期（最优）时，在1%水平上显著，北京服务业不是天津制造业的原因；天津制造业是北京服务业发展的原因
广州/佛山	在滞后4期（最优）时，在1%水平上显著，佛山制造业和广州服务业的发展互为因果
香港/深圳（1988 ~ 2009年）	在滞后4期（最优）时，在1%水平上显著，香港服务业和深圳制造业的发展互为因果
杭州/湖州	滞后2期（最优）时，在1%水平上显著，杭州服务业是湖州制造业发展的原因；湖州制造业不是杭州服务业发展的原因
杭州/绍兴	在滞后2期（最优）时，在1%水平上显著，杭州服务业是绍兴制造业发展的原因；在5%水平上显著，绍兴制造业是杭州服务业发展的原因
南京/扬州	在滞后3期（最优）时，南京服务业不是扬州制造业发展的原因；在1%水平上显著，扬州制造业是南京服务业发展的原因
南京/镇江	在滞后1期（最优）时，镇江制造业和南京服务业的因果关系无法通过检验
南京/马鞍山（1993 ~ 2013年）	在滞后4期（最优）时，南京服务业不是马鞍山制造业增长的原因；在5%水平上显著，马鞍山制造业却是南京服务业发展的原因
上海/苏州	在滞后4期（最优）时，在1%水平上显著，苏州制造业和上海服务业互为因果
上海/嘉兴	在滞后1期（最优）时，在1%水平上显著，嘉兴制造业和上海服务业互为因果
上海/宁波	在滞后4期（最优）时，上海服务业不是宁波制造业发展的原因；在1%水平上显著，宁波制造业是上海服务业发展的原因

　　在 11 个城市组中，有 5 个城市组（北京/天津，南京/扬州，南京/镇江，南京/马鞍山，上海/宁波），中心城市的服务业不是周边城市制造业发展的格

---

　　① 为进一步分析城市间产业互动水平状况，可把所有城市样本合起来形成面板数据进行检验，结果发现，周边城市的制造业与本市的服务业互动关系在1%水平上显著，相关性达到0.86；与中心城市的制造业互动关系也在1%水平上显著，达到0.18；与中心城市的服务业互动关系在10%水平上显著，但是负相关，为 -0.10。这也从一个侧面说明现阶段中国部分区域的城市间制造业与服务业互动水平尚待提升。

兰杰原因；有2个城市组（杭州/湖州，南京/镇江），周边城市的制造业不是中心城市服务业发展的格兰杰原因。不难看出，总体上讲，在中国部分区域，有相当部分的中心城市服务业已经带动了周边城市制造业的发展，但是在更多情况下，周边城市制造业也带动了中心城市服务业的发展。

9.3

城市间产业互动的空间交易成本假说检验

由本书第3章"空间交易成本假说"可知，城市间的产业互动与市场一体化、交通、通信技术以及组织、分工水平等因素紧密相关。接下来，我们将检验市场一体化水平、交通与通信技术进步等相关因素对于城市间产业互动水平的影响，以进一步验证空间交易成本假说。

9.3.1 城市间产业互动的空间交易成本计量检验模型

本书利用部分城市 1979～2013 年的面板数据检验城市间产业互动的形成机制。模型设定为：

方程一：

$$coe_{it} = \beta_1 int_{it} + \beta_2 tra_{it} + \beta_3 com_{it} + \beta_4 gdp_{it} + \beta_5 div_{it} + \beta_6 cons_i + \varepsilon_{it}$$

方程二：

$$cox_{it} = \beta_1 int_{it} + \beta_2 tra_{it} + \beta_3 com_{it} + \beta_4 gdp_{it} + \beta_5 div_{it} + \beta_6 cons_i + \varepsilon_{it}$$

（$i = 1, \cdots, n$；$t = 1, \cdots, T$。i 表示城市，t 表示时间）。

方程中，被解释变量都为各城市间的产业互动水平。两个方程的区别在于被解释变量的代表性指标有一定的区别。方程一拟用前文的产业增长交叉弹性 Coe 表示，方程二用产业协同度 Cox 表示。在下面的检验中，这两个变量又分为制造业城市、服务业中心城市、全部城市三类，以便进行对比。

Int 表示城市间的市场一体化水平。两个城市的市场一体化水平越高，则城市间的产业互动水平越高。参考卜茂亮等（2010）的有关研究，这一变量拟用两个城市相对价格水平的一阶差分 ΔQ 表示。因为两个城市的市场一体化程度越高，则它们的相对价格水平将趋于收敛，自然相对价格水平的一阶差分也将趋于收敛。公式为：$|\Delta Q| = |\ln(p_{it}/P_{jt}) - \ln(p_{it-1}/P_{jt-1})| = |\ln(p_{it}/P_{it-1}) - \ln(p_{jt}/P_{jt-1})|$（$i$、$j$ 表示不同的城市，i 表示不同年份）。公

式中的价格拟用各市各年度居民消费价格表示。

Tra 表示城市的交通水平。城市及城市间的交通越发达，则越有利于企业的空间扩展，从而有利于城市间产业互动的形成。本模型中这一变量拟用各市的年度货运量增长率表示。

Com 表示城市的通信水平。城市及城市间的通信水平越高，同样越有利于企业的空间扩展，从而有利于城市间产业互动的形成。本模型中这一变量拟用各市的年度电信业务总量增长率表示。

另外设置两个控制变量。Gdp 为城市的经济增长率。城市经济增长越快，则表明经济发展水平越高，市场化水平也越高，越有利于企业的跨城市扩展，从而有利于城市间产业的互动。本模型中这一变量拟用各市的 Gdp 年度增长率表示。

Div 为城市内的产业分工水平。一个城市内的产业分工越发达，服务业，尤其是生产者服务业不断从制造业中分离出来，从而也越有利于它们从一个城市发展到其他城市，进而有利于发展成为城市间的产业互动。本模型中这一变量拟用服务业占 GDP 比重表示。

所有原始数据均来自各市的统计年鉴或统计公报。交叉弹性 Coe、产业协同度 Cox 和市场一体化水平 Int 的数据来自笔者的计算。因为统计资料收集困难，有部分年份的数据缺失。统计软件为 Stata 10.0。

9.3.2　城市间产业互动的空间交易成本计量检验结果及解释

1. 被解释变量为交叉弹性

交叉弹性是衡量城市间产业互动水平的一个重要指标，以它为被解释变量进行计量检验，结果如表 9-6 所示。

表 9-6　城市间产业互动的空间交易成本检验结果（基于交叉弹性）

被解释变量 Coe	制造业城市方程	服务业中心城市方程	全部城市方程
Int	-0.1945 * (-1.79)	-0.2042 *** (-3.72)	-0.1944 *** (-3.70)
Tra	0.1879 (0.46)	0.1170 (0.65)	-0.0545 (-0.32)
Com	0.3524 (1.53)	0.1669 (0.69)	0.0975 (0.56)
Gdp	3.5974 *** (2.93)	2.6182 *** (2.72)	2.4236 *** (3.09)

被解释变量 Coe	制造业城市方程	服务业中心城市方程	全部城市方程
Div	-0.0029 (-0.58)	2.2021^{***} (5.33)	-0.0026 (-0.62)
cons	0.6644^{***} (4.03)	-0.2671 (-1.01)	0.8846^{***} (8.73)
Prob > chi2	0.0049	0.0000	0.0002
observations	78	98	176
Hausman Test	chi2(5) = 1.64 Prob > chi2 = 0.8011	chi2(4) = 6.72 Prob > chi2 = 0.1516	chi2(5) = 3.78 Prob > chi2 = 0.5814

注：***、**、*分别表示在1%、5%和10%的水平上显著。括号内数值为 t 统计量。

三个模型的豪斯曼检验结果都一致表明，应该选择随机效应模型。

市场一体化变量 Int 与城市间产业互动水平 Coe 的相关性，在三类城市方程中都较为显著。其中，在服务业城市和全部城市的总方程中，相关性都在1%水平上高度显著，两者的系数非常接近，分别为 −0.20 和 −0.19（系数为负，实际上是表示正相关。因为如果 Int 越小，表明两个城市一体化程度越高；而交叉弹性越大，表明城市间产业互动水平越高。因此相关系数若为负数则表明市场一体化水平越高，越能促进城市间产业互动的形成）。这一点的政策含义是，一定要采取有力举措，消除各地区、各城市间的政策、制度等各种市场壁垒，建立统一的国家大市场，让一切生产要素能在国内自由畅通地流动，这样才能有助于形成城市间的产业互动，从而提升城市间的分工水平，提升资源配置的效率。

交通 Tra 和通信 Com 这两个变量的系数都不显著，这一结果不能令人信服，可能是选取的具体指标或数据存在一定的缺陷，还需要进一步论证（值得注意的是，在服务业城市和制造业城市中，该变量的系数为正，说明交通通信技术进步本质上可以促进城市间产业互动的形成。因此，要大力发展交通通信技术，降低城市间的通勤及通信成本，提升城市间人员及企业互动的频率）。

经济增长率 Gdp 的系数在三个方程中都在1%水平上显著，且都在2个单位以上。这一点的政策含义非常清晰，加快发展本地经济，以促进城市间产业互动的形成①（事实上，经济发展水平高，往往也表明这个地区经济开放度较高，各类交易成本较低，当然有助于该城市与周边城市形成合理的产业分工）。

---

① 反过来，城市间产业互动水平的提升，事实上也有助于提升城市的经济增长。见第9.4节的分析。

分工水平 Div 只是在服务业城市的方程中非常显著，系数为 2.20。这一点的政策含义是，大力发展服务业（尤其是发展生产者服务业），提升服务业与制造业的分工水平，有助于城市间产业互动的形成。

2. 被解释变量为城市间产业协同度

城市间产业协同度也是衡量城市间产业互动水平的一个重要指标，以它为被解释变量进行计量检验，结果如表 9 - 7 所示。

表 9 - 7　　　城市间产业互动的空间交易成本检验结果（基于协同度）

被解释变量 Cox	制造业城市方程	服务业中心城市方程	全部城市方程
Int	- 1. 1178 ** (- 2. 00)	- 1. 0272 * (- 1. 83)	- 0. 9330 ** (- 2. 38)
Tra	- 0. 1219 ** (- 2. 49)	- 0. 0136 (- 0. 58)	- 0. 0361 * (- 1. 80)
Com	0. 0005 (0. 02)	- 0. 0993 *** (- 3. 02)	- 0. 0348 * (- 1. 70)
Gdp	- 0. 1983 (- 1. 31)	0. 0879 (0. 63)	- 0. 0908 (- 0. 92)
Div	- 0. 1526 (- 1. 43)	- 0. 1148 ** (- 2. 08)	- 0. 1087 ** (- 2. 30)
cons	1. 026293 *** (22. 20)	1. 0055 *** (27. 67)	1. 0052 *** (33. 11)
Prob > chi2			0. 0057
Prob > F	0. 0580	0. 0079	
observations	75	87	163
Hausman Test	chi2(4) = 22. 69 Prob > chi2 = 0. 0001	chi2(4) = 21. 28 Prob > chi2 = 0. 0003	chi2(5) = 1. 32 Prob > chi2 = 0. 9706

注：***、**、* 分别表示在 1%、5% 和 10% 的水平上显著。括号内数值为 t 统计量。

豪斯曼检验结果表明，制造业城市方程和服务业城市方程应选用固定效应模型，而全部城市方程则选择随机效应模型。

市场一体化变量 Int 与城市间产业互动水平 Cox 的相关性，在制造业城市、服务业城市和全部城市的三类方程中，相关性分别在 5%、10% 和 5% 水平上显著，系数分别为 - 1. 12、- 1. 03 和 - 0. 93（系数为负，实际上也是表示正相关。如前所述，若 Int 越小，表明两个城市的市场一体化程度越高；而协同度越大，表明城市间产业互动水平越高）。

交通水平 Tra 在制造业城市方程和全部城市方程中，系数分别在 5% 和 10% 水平上显著。通信水平 Com 在服务业城市方程和全部城市方程中，系数分别在 1% 和 10% 水平上显著。但这两个变量的系数均为负，并不令人信服，尚需改进变量具体指标的选择以及数据的获取。

经济增长率 Gdp 的影响在三个方程中都不显著，这一结果尚需研究。分工水平 Div 在服务业城市方程和全部城市总方程中均在 5% 水平上显著，但系数为负，这一结果同样并不令人信服，尚需改进指标和数据的获取。

从上述分析可知，总体上讲，要推进城市间产业互动的形成，必须提升城市间的市场一体化水平，同时也要加快发展本地经济，提高本地的分工水平。另外还要大力发展交通与通信产业，进一步降低城市间的交易成本。

9.4
城市间产业互动的经济增长效应分析

9.4.1　城市间产业互动的经济增长效应

从理论上讲，城市间的产业互动要比城市内部的产业互动，更能产生经济增长效应。因为：（1）一体化后的各个城市，产业发展更加专业化，这样可以带来集聚化、规模化，因而能产生更大程度的内在规模经济效应和外部规模经济效应；（2）城市间的产业互动，突出了每个城市鲜明的产业定位，有利于吸引更大量的外部资本进行更加精准的投资从而带动经济增长；（3）生产者服务业在中心城市的集聚，更加有利于技术创新，以及技术创新成果的扩散，从而提高自身以及周边城市的制造业效率，带动整体经济的增长；（4）生产者服务业在中心城市的集聚，有利于高级人力资本在中心城市的集聚式成长；而快速的交通和通信网络，也有利于这些优质资源向周边城市的高效辐射，从而带动周边城市的成长。①

9.4.2　城市间产业互动的经济增长效应计量检验

本书利用部分城市 1979～2012 年的面板数据检验城市间产业互动的经济

---

① 详见本书第 7 章第 7.3 节的分析。

增长效应。考虑到各变量有三十多年的时间跨度，本书采用"双向固定效应模型"。模型设定为：

$$gdp_{it} = \beta_1 cox_{it} + \beta_2 gra_{it} + \beta_3 str_{it} + \beta_4 mar_{it} + \beta_5 inv_{it} + \beta_6 cons_i + \gamma t + \varepsilon_{it}$$

（$i = 1, \cdots, n$；$t = 1, \cdots, T$。i 表示城市，t 表示时间）。

其中，被解释变量 gdp 为各城市地区生产总值的年增长率。在下面的检验中，这一变量又分为制造业城市、服务业中心城市、全部城市的 gdp 增长率三类，以便进行对比。

解释变量之一 cox 为中心城市的生产者服务业与周边城市制造业的协同集聚度。理论上讲，两者协同集聚度越高，则经济增长率也越高。

解释变量之二 gra 为中心城市服务业与周边城市制造业之间的产业引力增长率。同样，理论上讲，两者的产业引力越大，越能推动城市的经济增长。

由于影响经济增长的因素还有很多，所以模型中还考虑了三个控制变量。

控制变量之一是 str，为各个城市的产业结构优化程度，用各市前后两年服务业增加值比重与工业增加值比重的比值之差表示。通常情况下，伴随着经济增长，产业结构也会不断优化，服务业增加值比重逐步提升。反过来，这样不断趋优的产业结构也会在一定程度上带动经济增长。

控制变量之二是 mar，为各个城市的制度变量，这里考虑的是市场化水平，用各市前后两年非公有制经济从业人员比重之差表示。理论上，随着改革的深入，非公有制经济获得较快发展，比重不断提升，市场化程度不断提高，城市经济活力也会不断增强，有利于经济的长期增长。

控制变量之三是 inv，为各个城市的投资增长率，用各市的年度固定资产投资完成额增长率表示。理论上讲，投资增长率越高，经济增长率也越高。

cons 为常数项。ε 为随机扰动项，表示模型没有考虑到的影响被解释变量的一些因素。

数据说明。除了协同集聚度和产业引力源自笔者计算以外（见本章第 9.1 节），其他均来自各市统计年鉴（有部分城市的个别数据缺失）。所有数据经单位根检验后显示同阶单整，即意味着序列平稳。本书采用面板数据处理方法进行检验，先汇总制造业城市的数据，后汇总服务业中心城市的数据，再汇总所有城市的数据，以便把各类结果进行对比分析。结果如表 9 - 8 所示。

表9-8 城市间产业互动的经济增长效应检验结果

被解释变量 gdp	制造业城市方程	服务业中心城市方程	全部城市方程
cox	4.1573 (0.88)	-11.7422** (-2.21)	-1.0355 (-0.30)
gra	0.4443* (1.84)	0.3488 (1.39)	0.4077** (2.36)
str	-8.7241 (-0.95)	-8.9500 (-1.53)	-7.3575* (-1.69)
mar	19.3840 (1.37)	4.6538 (0.40)	11.7013 (1.43)
inv	1.4759 (0.75)	12.2450*** (2.71)	3.8179** (2.34)
cons	6.4917* (1.71)	18.9469*** (3.60)	1.8333 (0.57)
Prob > F	0.0000	0.0000	0.0000
observations	158	116	274
Hausman Test	chi2(5) = 40.69 Prob > chi2 = 0.0000	chi2(4) = 16.64 Prob > chi2 = 0.0023	chi2(5) = 53.52 Prob > chi2 = 0.0000

注：***、**、*分别表示在1%、5%和10%的水平上显著。括号内数值为 t 统计量。

在三类方程中，豪斯曼检验结果都认为应该使用固定效应模型。

在制造业城市方程中，除了常数项，仅有城市间的产业引力系数 gra 在10%的水平上显著，表明城市间的产业引力增加一个单位，制造业城市的经济增长率提高 0.44 个百分点（这一点蕴含的政策含义是，大力发展本地的服务业和制造业，加快发展两地间的交通网络，有助于拉动城市的经济增长）。值得注意的是，产业协同集聚度 cox、产业结构优化 str、市场化水平 div 以及投资增长率 inv 的检验结果都不显著。

在服务业城市方程中，协同集聚度的系数在5%的水平上显著，但是系数为负数，这一结果与常理相反。投资增长率在1%的水平上显著，系数达12.25，显示了投资对于服务业中心城市的强势拉动作用（这一点蕴含的政策含义是，改善投资环境可以促进城市经济增长）。其他除常数项外都不显著。

在全部城市的总方程中，城市间的产业引力在5%的水平上显著，系数为0.41，与制造业城市方程较为接近（政策含义同制造业方程的分析）；产业结构优化这一控制变量在10%的水平显著，但系数为负数，也与常理相反。投资的系数为 3.82，且在5%的水平上显著，显示了投资对于所有城市的经济增长都有较好的推动作用。

三个方程中，市场化改革的系数虽然都为正数，但不显著，这一作用并未在检验中得到很好的体现，与一般的理论分析大相径庭。从上述检验结果可知，本书所关注的城市间产业互动，对于城市的经济增长产生了一定的正向效应（主要是产业引力的作用，协同集聚度的作用体现还不够显著，需要进一步研究）。其政策含义主要是，要大力发展本地的服务业与制造业，加大投资力度，不断改进各个城市的互通互联水平，从而可以不断带动各城市的经济增长。

9.5
本章小结

从本章的分析可以看出，中国部分城市间的产业协同集聚度自改革开放后在波动中逐渐提高，城市间的产业引力总体上也呈现出上升态势，表明部分城市之间存在一定的产业协同关系；协整关系检验的四类结果显示，只有部分城市初步形成了城市间的产业互动关系；因果关系检验表明，有相当一部分城市的互动关系方程不能通过检验；另外，计量检验结果还表明，从总体上讲，市场一体化对于城市间产业互动的形成有一定影响，交通及通信技术进步的影响尚未完全显现；城市间的产业互动对于城市的经济增长效应不是非常显著。造成目前中国部分区域城市间较弱的产业互动关系可能有多重原因。

一是长期以来，计划体制以及目前的"财政联邦体制"造成的市场分割，严重破坏了市场一体化进程，使得国内各个区域、各个城市之间的显性、隐性壁垒有的甚至还高于国家之间的壁垒。这种"诸侯经济"给各个城市、各个区域开展跨城市、跨区域的产业分工设置了严重障碍，从而导致各自为政，中心城市的生产者服务业难以与周边城市的制造业形成有效互动。

二是中国多数大城市成为服务业中心的时间还较短（实际上也就是最近十多年甚至近几年的事情），它们对周边城市制造业的辐射效应尚未充分体现，这在一定程度上影响了互动关系的形成与发展。

三是由于中国加入经济全球化进程较快，程度也较深，所以，国外的生产者服务业也开始参与中国部分城市的经济活动，使得中国部分中心城市的服务业辐射效应受到一定影响，这一点在一些外向型经济发展较快的地区体现较为明显。

四是由于一些生产者服务还内化在制造业内部，使得服务业中心城市的高端生产者服务难以充分辐射到周边城市的制造业，这也在一定程度上影响了城市间产业互动的水平。

　　总之，从目前看，处于转型期的中国区域经济要真正形成有效的城市间产业互动还有相当长的路要走。从本书多个模型的计量检验结果来看，要促进城市间产业互动的形成，必须勇于深化改革，破除各个城市间各种有形无形的市场壁垒，深入推进地区、国家市场一体化进程，建立统一的全国大市场，让市场机制发挥真正的决定性作用，从而让资源畅通流动，让各个城市形成合理分工，从而提升资源配置效率。同时，也要大力加速各个城市间互联互通，进一步降低交通通信成本，不断提升产业互动的水平。

第 10 章

结论与政策建议

本书的核心思想是：在一定条件下，产业分工与互动会不断地突破地域（及产业）的界限走向深入，从而提高生产效率和经济效益，推进社会经济不断发展。每个城市、每个产业、每个企业都应树立分工协作的理念，发挥自己的优势，发展适宜自身的特色产业，形成和谐的城市间企业及产业互动关系。经过前文各章的分析，本书得出了如下一些重要的结论：

（1）城市间的产业互动实际上是企业空间交易成本变化而引发企业空间边界重新选择的重要结果。空间交易成本是决定企业空间边界的重要变量。空间交易成本下降，企业空间边界会不断拓展，从城市内延伸到城市间。在空间交易成本与市场、技术等因素的交互影响以及组织、分工等因素的综合作用下，生产者服务业和制造业不仅可以在城市内部互动，而且可以在城市之间实现互动，形成城市间、区域间甚至国际间的产业分工新格局，从而更好地发挥两大产业的空间协同效应，增强区域经济竞争力。

（2）"城市声誉"有助于高层次生产者服务发出有差异的价格信号从而克服交易中的信息不对称。生产者服务业的选址有其特殊的演进规律，初始它会邻近制造业而分散于各类城市。随着经济发展条件和环境的改变，生产者服务业开始逐步偏好并集聚于大城市。这不仅是因为大城市有着生产者服务业发展所需的特质要素——高级人力资本等，而且是因为生产者服务业可以借助"城市声誉"的差异，发出有差异的服务价格信号，从而克服生产者服务（尤其是高层次生产者服务）交易的信息不对称。这是对"邻近原则"及"集聚原则"的重要补充。

（3）不同区域的城市间产业互动水平存在较大差异。这其中的相关因素包括区域经济发展水平、城市间的产业层次落差、服务业中心城市的辐射能量以及各地对于市场与政府关系的处理。总体来看，区域经济越发达，城市间产业层次越是分明（既有一定落差又能紧密关联），服务业中心经济能量越强，市场作用发挥越充分的地区，城市间产业互动的水平越高。在经济全球化的背景下，一个地区的城市间产业互动水平还会受到国际资本及全球价值链的影响。

（4）城市间的产业互动对于中心外围和城市层级体系将产生重大影响。从发展趋势看，它将使原来的"制造业中心—农业外围"格局逐步演进为"服务业中心—制造业外围"的新均衡，并呈现出"有限数量的服务业中心城市"的特征。进一步，使得制造业中心城市的地位逐步下降，而服务业中心城市的地位逐步上升并占据城市层级体系的高端。在后工业化时代，一个城市必须与周边城市形成有效的产业互动，并且在这种互动中占据服务业的高端环节，才能取得区域竞争中的优势地位。

（5）城市间的产业互动也影响着不同城市的实际利益以及各城市的产业发展偏好。总体来看，占据高端服务环节的城市收益较多，而处于低端环节的城市收益较低。这样的收益分配格局在某些体制机制的作用下，尤其是在转型经济体中，可能会造成城市政府间的竞争，进而会造成城市间生产者服务业发展的同构性，并带来其他诸多的问题，从整体上讲不利于城市间产业的有效互动。因此，必须加快推进区域经济一体化进程，用市场机制引导各城市的产业发展，进而形成良好的城市间产业发展态势。

以上是本书分析的主要结论。本书认为，在一定条件下，生产者服务业和制造业不仅可以在城市内部互动，而且可以在城市之间实现互动。值得注意的是，从城市内部发展到城市之间，产业互动演化的这两个阶段既有区别又有联系。两者是同一事物的不同演化阶段，承上启下，由低到高。虽然城市间的产业互动是高级形式，但并不能完全取代城市内部的产业互动。后者仍然是产业互动的基础，是城市间产业互动的有益补充。即使在经济全球化的深入发展进程中，高层次生产者服务业为了更为有效地实现城市间的产业互动，往往还需要借助城市内部的触觉或分支，进一步实现服务的本土化。因此，这就出现了城市间产业互动和城市内产业互动多维交叉、融合共生的格局。

现实中，还存在一些制约城市间产业分工互动的因素。例如，区域一体化的条件可能还不够成熟，还没有建成完善的交通、通信等基础设施；企业领导人的经营视野可能还不够开阔，过于局限于本地发展；企业的组织形式没有与时俱进，大一统的一元化组织控制体系难以改变；由于产业本身的性质，其研发设计与生产加工制造环节难以有效地在城市间分离（例如，从短期来看，一些钢铁、化工等产业的制造环节很难外迁，难以完全实现在城市间的产业分工）；地方政府出于税收、就业、知识技术保护等因素的考虑尽力挽留本地企业的制造环节而不使之外迁；从全球范围看，一些发达经济体的再工业化对于各国、各地区的产业分工和互动也提出了新的挑战，使得全球城市间的产业互动更为复杂，单线演进变成了多线交叉、迂回曲折的进程。

当然，无论如何，城市间产业互动的规律是不会改变的（因为这是市场规律基于各个城市自身资源禀赋的差异而形成的），改变的只是规律发生作用的表现形式。在区域经济一体化和经济全球化这两大趋势日益加深且交汇融合的背景下，可以预见，生产者服务业与制造业在不同城市之间，无论在一个地区内部，还是在一个国家内部，还是在全球，必将形成更为充分的互动，给人类社会发展带来更为丰硕的经济成果。

目前，从各国、各地区的发展实际来看，有的城市特别重视制造业的发展，有的特别重视服务业的发展。各个城市基于自身实际形成的偏向于服务业或制造业的发展，都可以赢得合理的利益。虽然服务业中心城市是区域内的"明星"城市，但非服务业中心城市并非就是落后的，如果服务业中心城市和非服务业中心城市之间能够形成有效的协同，则非服务业中心城市也能在中心的辐射下有效提升自身制造业的竞争力，也能获取合理的利益，并且也有可能逐步发展成为服务业城市。这种区域内各城市相互协作、相互支持、相互补充又各得其所的区域经济新格局，是在市场机制基础上自发形成的分工，符合产业发展规律是可持续的。

当然，并非每个城市都能有这样的认识，激烈的产业竞争在所难免，特别是在中国这样的脱胎于计划体制还处于转轨时期的新兴市场国家。虽然中国经济正步入新常态，但是一些地区城市政府间发展制造业或者现代服务业的竞争仍然此起彼伏，一定程度上干扰了市场机制对于产业发展的引导作用。因此，迫切需要建立城市间的产业协调机制。这一机制需要政府遵守法制，尊重市场，加快自身的改革，摒弃一切违背市场规律的做法。只有这样，才有可能形成良性的城市间产业协调机制。为了形成充分的城市间产业互动，必须要形成一个统一的区域市场，使得生产要素能够无障碍地流动；此外，还必须从区域层面进行必要的协调，引导各个城市树立科学的产业协作发展观念。为此，需要从以下几个方面着手。

1. 形成统一的区域市场

要实现各城市的功能分工和产业协作，从而形成合理的区域产业结构，必须深刻认识市场与政府的关系，重视发挥市场在资源配置中的决定性作用，同时正确发挥政府作用，最大程度地减少各城市政府对经济发展，尤其是微观经济运行的行政干预，以形成一个有效的统一的市场体系。为此，必须做到以下几点：

一是破除各种形式的地方行政垄断。这是形成统一市场进而产业互动的首要前提。必须清理各种显性或隐性的地方间贸易壁垒，建立起真正统一的区域大市场。只有这样，才能有利于各类要素、各类企业进而各类产业在全国范围内的快速流动与合理布局。要改革政绩考核机制，弱化城市政府间的产业发展竞争，鼓励城市之间就合理分工、紧密协作达成各种合作协议或发展规划，大力推进区域一体化，用区域一体化带动国家内部市场的一体化。

二是超前发展交通、通信、信息等新技术。这是形成城市间产业充分互动的必要技术前提。只有具备了较为发达的交通通信信息新技术，才可能让企业走出本地，实现在异地提供服务；才可能使得中心城市的生产者服务业更远地辐射到周边城市。为此，需要各个城市，特别是区域、国家层面统筹安排并加大对重点区域的交通通信等基础设施建设。

三是鼓励企业跨地域生产、经营或服务。宏观决策层应当出台相应政策，鼓励企业进行跨地域生产、经营或服务，为企业异地服务提供各种便利。企业如果有了跨地域拓展的激励，那么，它必然会重新布局自身的制造、服务等环节，实现这些环节与各个地区、各个城市资源要素的最佳配置；就必然开展收购兼并，进一步释放自身的发展能量和潜力。这样，产业分工、资源配置就必然会走出一个城市内部，实现跨城市、跨区域的重组优化，而这正是城市间产业互动的要义。

四是鼓励制造业企业将生产者服务适度剥离。这也是非常重要的一点。虽然城市间的产业互动也可以在一个企业内部（借助总部基地组织形式）开展，但是，生产者服务从制造环节独立或相对独立是大势所趋。如果生产者服务不能从制造环节剥离，企业就难以走出本地，难以利用城市间的资源要素差异实现各个环节的最优配置。当前，许多因素，包括财税、融资、知识产权保护等体制机制因素阻碍了这一重要分工的开展与推进，必须从多个方面着手解决这个问题，将生产者服务从制造环节、甚至制造企业剥离，实现独立或相对独立，从而实现生产者服务业的大发展和大繁荣，为形成城市间产业互动创造更为坚实的基础。

2. 坚持正确的产业发展导向

城市间生产者服务业与制造业的互动，极大地影响着一个城市的未来。一个城市如何正确应对这一互动趋势，如何把握城市间产业互动的发展规律，是不容回避、必须做出回答的重大课题。立足于城市这一视角，需要把握这样几点：

一是立足于自身资源禀赋充分发挥自己的优势。各城市不要攀比其他城市，也不要和其他城市进行低成本、耗资源式的竞争，而要走差异化发展道路，打造自己的特色产业。加快培育及引进合适的产业人才，加快各类产业发展所需的基础设施建设，创造良好的政策法制环境，切勿随意干预企业或产业发展的内生机制以及决策行为。

二是深度关注并及时转型升级本市产业发展的水平和结构。紧密结合本市的现实与潜在优势，在把握未来发展趋势的前提下，及时进行产业转型与升级，实现从制造业城市到服务业城市，从服务业城市再到服务业中心城市的转型。目前适合发展制造业的城市仍需要大力发展制造业，注意内部结构调整，加快技术创新，提升产业层次和竞争力，同时适当发展一些原先就有基础、同时又是本市制造业发展急需的生产者服务业。而适合大力发展高层次生产者服务业的城市，特别是少数条件较好的大城市，尤其要充分发挥优势，加快集聚高端要素，大力调整产业结构，全力发展现代高端服务业，进而打造成为服务业中心城市，增强对本市制造业的提升能力，以及对周边城市制造业以及服务业的辐射能力，在形成区域产业合理分工的进程中发挥龙头作用。① 历史和现实都已一再证明，那些生产者服务业发展较好的城市，都是在制造业即将衰退或已衰退的形势下，及时发展生产者服务业，实现产业结构的转型提升。而那些目前限于发展困境、甚至逐步衰落的城市，都是一些长期过于依赖于某些制造业而又未能及时转型升级的城市——这样的城市有些地区比较普遍，教训深刻。②

三是主动与周边城市甚至全国、全球范围内的城市开展合作交流。各城市要抱有合作共赢的发展理念，在区域内部找准自己的定位，主动与周边城市实现产业分工合作；积极引进外地城市甚至国外城市的重要资源，开展全方位的交流合作，在合作中重新定位，重新发现自己的特色和优势，实现合作共赢。

值得注意的是，在转型经济体中，受到各个城市自身利益的影响，优化区域产业结构形成合理的产业分工体系，完全依靠各个城市自身进行调整是难以做到的。这就需要适度发挥区域政府甚至中央政府宏观调控、资源整合的权威，从区域层面或国家高度推进这一进程。区域内的各个城市可以在上级统一

---

① 另外，从现实来看，城市间的产业分工与互动不是完全泾渭分明的，而是混合式的。服务业城市可以发展一些适合本市的制造业，一方面，这是传统制造业发展的路径依赖；另一方面，也是更重要的，传统的制造业经过现代高科技的改造嫁接可以获得新生。这一点，对于中国的诸多城市有着很好的启发。

② 形成城市间生产者服务业与制造业的良性互动过程中，朝着服务业（中心）城市演化的制造业城市往往都会经历一段比较痛苦的转型过程。只有那些敢于率先调整产业结构、下决心开拓新的产业领域、用高新技术改造传统产业的城市才能抢占先机、完成转型，实现"凤凰涅槃"。如果不痛下决心，壮士断腕，结果只能是在困境中徘徊。

领导下形成某种政策协调平台，规范各市的产业竞争行为。另外，还要注意发挥各类行业协会、商会在统筹产业发展、联系企业与政府等方面的桥梁纽带作用。比较而言，这些协会或商会既能超越单个企业的局限，又能避免政府对产业发展行政干预过多的弊端，从行业层面对各个城市的产业发展进行内部协调。这也是市场机制和行政机制的有益补充。

以上都是从产业、城市、区域甚至国家层面进行的分析，当然，也可以从企业视角观察。任何一个服务企业或者制造企业，或者横跨多个产业的企业集团，都需要紧紧把握这样的发展大势，都需要充分利用各个城市不同的资源禀赋，在空间上重组本企业的价值链，从而在未来的市场竞争中立于不败。每一个企业、每一类产业、每一个城市如果都能如此，则这个企业、这个产业、这个城市的发展就有了坚实的微观基础，形成良性的（既有竞争又有合作）的产业互动机制就有了成功的可能。

事实上，作为经济发展的重要趋势之一，城市间生产者服务业与制造业的互动不仅将在现实经济发展中得以真实显现，而且也将显示巨大的潜在效益。但是，这一潜能在理论上尚未得到完全的认识，在现实中的作用也并未得到最充分的发挥。这就需要进一步研究，利用更为翔实的数据，更有说服力的案例，去解释这个鲜活的经济事实。

本书下一步的研究方向是：建立更为精致的模型，进一步夯实城市间两大产业互动的微观理论基础；广泛收集数据和案例，进行更大规模的实证分析，以检验典型地区城市间产业互动的水平；另外，还可以考虑更深入地研究不同行业的城市间产业互动，并考察服务外包、FDI等对于城市间产业互动的不同影响。

国内外都市圈的城市间产业互动实例*

当前，在一些发达经济体，城市间生产者服务业和制造业的互动开始显现且形式多样。了解它们之间的互动状况，梳理其互动的脉络，探寻其中隐藏的规律，有着重要的理论意义和实践价值。

由于地缘及历史的关系，城市间生产者服务业与制造业的互动往往在一个都市圈或经济区中表现得最为明显，所以，本附录遴选了国内外几个有代表性的都市圈进行简要的比较分析，以供各类研究者发现城市间产业互动的一般规律和基本脉络，进一步探究城市间产业互动形成的机理和背后的机制。

一、中国长三角地区三大都市圈的城市间产业互动

（一）上海都市圈

1. 上海都市圈概况

上海都市圈大致包括上海市以及紧邻的苏州、嘉兴两市，范围扩展一些还可以包括宁波、南通以及无锡、常州。制造业门类齐全，先进制造业水平全国领先，现代服务业非常发达，都市圈内经济社会发展总体水平较高，在亚洲乃至世界经济地理中占有重要地位。

在上海都市圈中，核心城市——上海的服务业比较发达。就生产者服务业来说，其金融、物流、科技服务、文化产业占据全国领先地位。2013 年上海第三产业增加值 12 199.15 亿元，占全市生产总值的比重为 60.44%，在长三角地区居于首位。六大生产者服务业合计占服务业比重达 75%，占 GDP 比重达 45%。其服务业中心城市的地位在《长江三角洲地区区域规划》得到了进一步明确：以上海为发展核心。优化提升上海核心城市的功能，充分发挥国际经济、金融、贸易、航运中心作用，大力发展现代服务业和先进制造业，加快形成以服务业为主的产业结构，进一步增强创新能力，促进区域整体优势的发挥和国际竞争力的提升。

---

* 本附录的内容主要摘自各类报刊网络等媒体，并经过笔者初步梳理加工。

2. 产业互动概况

历史上，上海与周边城市由于地缘、人缘等关系，经济联系非常紧密；从20世纪70年代末起到80年代中期，上海的"星期天工程师"在长三角地区相当活跃，相当数量的上海企业也开始到周边地区投资；90年代初浦东开放以来，周边城市开始积极对接上海的开放。21世纪以来，上海也不断调整产业结构，与周边城市的产业互动更为频繁。总体来看，上海与周边城市的产业互动基本上是上海向周边城市转移一般制造业，近年来也开始转移一些生产者服务业，同时利用自身强大的具有国际性的生产者服务业为本市及周边企业提供高层次的生产者服务；而周边城市的一些制造业总部开始陆续迁往上海，人才也大量流向上海。另外，上海都市圈内的政府之间、高校与政府之间、高校与企业之间的互动也较多。

（1）上海与嘉兴。嘉兴紧邻上海，两市关系非常紧密。最近20年来，嘉兴积极承接上海的产业转移，两地互动不断加深。据不完全统计，目前嘉兴10%以上的产品供给上海市场，20%左右的工业品为上海配套，30%左右的产品出口通过上海口岸，40%左右的游客来自上海方向，50%左右的外资项目源自上海。1992年，嘉兴率先提出"接轨上海"的总体战略。近年来，"与沪杭同城，融入长三角"已经成为嘉兴经济社会发展的"龙头战略"。[①]

2009年上海漕河泾经济开发区与嘉兴海宁经济开发区共同出资组建了漕河泾开发区海宁分区，成为浙江首家由长三角园区共建合作的开发区。运行以来，已成功引进数十个项目，涉及新能源、新材料、精密机械以及生产者服务业等新兴产业；嘉兴的平湖与上海张江高新区管委会合作共建了20平方公里的上海张江平湖科技园，目前也入驻多个项目；海盐县沈荡镇与上海市桃浦镇合作，设立了"上海示范产业园"，开拓了沪嘉两地镇与镇之间的园区合作共建新模式。[②]

2011年上海软件外包国际峰会上，嘉兴市政府和上海市商务委共同签署了"建立紧密合作关系，共同推进服务外包产业发展合作备忘录"。核心是借助沪嘉两地资源上的互补，发挥嘉兴紧邻上海的区位优势和市场体系完善、产业集群众多、要素成本低廉、科技教育发达、人居环境优越等综合优势，加快发展服务外包产业，增创对外开放新优势，增强参与国际产业分工和长三角地区合作与交流的能力，促进嘉兴经济转型升级和实现又好又快发展。嘉兴将重点在强化基础性平台建设和人才配套方面做出承诺，并明确将重点扶持金融后

---

① 引自《嘉兴打造上海产业"二次创业"重要基地》，载《21世纪经济报道》2012年3月28日。
② 引自《转同城效应为产业互动》，载《嘉兴日报》2011年12月5日。

台服务、数据处理、数据挖掘、生物医药研发、动漫及网游设计等；大力推动服务外包人才培训，打造长三角服务外包人才培训基地，成为上海服务外包发展的人才库。而上海则有意进一步加强与嘉兴之间的信息交流和资源共享，把嘉兴打造成上海服务长三角地区的重点基地城市之一。①

（2）上海与苏州。苏州也紧邻上海，历史上与上海的联系也非常紧密。近年来，上海调整产业结构，苏州各县级市则抓住这一历史机遇，全方位地加强了两市在产业层面的互动。例如，2005 年 5 月，上海市闵行区首批 15 家企业入驻苏州常熟为上海动迁企业准备的"新家"——辛庄光华工业区。而靠近常熟的太仓则后来居上，目前已引进上海各类项目近 1 000 个，项目总投资超 400 亿元，沪企项目已成为推动太仓经济又好又快发展的重要力量。太仓还与上海交大、中科院上海分院等沪上科研机构共建"3 + 1"国家技术转移联盟太仓工作站，建成了多个院士工作站，引进科技成果及项目近百项。2012 年成立的江苏省太仓物流产业园也吸引了大批上海的外资企业前来考察并成立分公司开展业务。

苏州的昆山在上海明确提出要把嘉定区建设成为"国际汽车城"后，紧邻嘉定的昆山就立刻在其一侧建立了许多汽车零部件配套企业和汽车零部件交易市场及平台。这是通过边界上的节点性城市建设加快长三角产业整合和一体化进程的一个很好范例。这不仅有利于昆山寻找新的经济增长点，而且也有利于上海扩张嘉定地区汽车产业和业务的总量、规模和基础。另外，在校企合作、校政合作方面也有很多进展，例如，苏州大学与中国铁路通信信号上海工程有限公司签署了合作协议；而上海交大也与苏州市政府签订了全面战略合作协议。

（3）上海与南通。南通位于上海北侧，与上海一江之隔。随着苏通大桥等基础设施的加快建设，两市之间的产业互动，特别是产业园区之间的互动更为频繁。如 2009 年 6 月，复旦大学海门远达科技创业园成立，拟建立复旦大学遗传工程国家重点实验室（海门中心）、遗传科学博士后流动站、网络教育学院海门教学点、环保与节能新能源研究院，着力打造复旦大学科研、培训、中试和成果转化推广基地。南通市的启东滨海工业园和上海外高桥（集团）共同开发建设了上海外高桥集团（启东）产业园，总规划面积 8 000 亩。目前，已有上海药明康德新药开发有限公司启东研发生产基地等多个项目入园。2009 年 9 月上海外高桥启东产业园二期工程项目又成功签约。2009 年 10 月成立了上海杨浦（海安）工业园，首批奠基的 6 个项目计划总投资 4.5 亿元。

南通崇川开发区也与上海国际医学园区签订了战略合作协议，双方合力将

---

① 《沪嘉"紧密型合作"推进服务外包》，载《嘉兴日报》2011 年 10 月 31 日。

崇川经济开发区打造成上海国际医学园区的后方腹地，园区包括国际医院区、医疗器械及生物医药产业区、医学研发区、国际康复等六大功能区。港闸科技产业园与上海市北高新（集团）有限公司已签订了意向协议，拟合作共建上海市北（南通）生态科技城。生态科技城将重点发展计算机、网络与通信、集成电路等电子信息产业。南通通州开发区和上海漕河泾开发区、金沙镇工业集中区和上海高行镇工业区、兴仁工业集中区和上海嘉定工业区签订了友好合作协议，结为友好园区，双方将在园区对接方面积极开展合作。另外，如皋开发区与上海嘉定工业园、张江高科技园、莘庄工业区签订了合作备忘录。①

3. 产业竞争

在上海与周边城市的产业互动中，也存在着比较激烈的产业竞争。由于上海本市、特别是郊区尚未全面完成工业化的重任，因此，上海当地政府出于政绩增长的需求，部分城区依然存在引进制造业特别是先进制造业（如汽车、设备制造等）项目的强烈动机，这就与周边城市形成了较为激烈的招商竞争。例如，以郊区作为招商引资主战场的上海"173 计划"，苏浙两省反应就非常强烈。在各方压力下，这个"173"计划改为主要吸引高新产业投资，主动让出了很大一部分外资制造业。另外，不仅在制造业方面，近年来在发展现代服务业方面也开始出现了竞争。例如，苏州、无锡等市也都在大力发展现代服务业，与上海形成了一定的竞争，给上海的发展造成了不小压力。为了协调上海及周边城市的经济发展，上海及周边省市的政府形成了两个层面的协商机制——一个是长三角两省一市峰会；另一个是长三角"16 + 1"峰会。另外还有各个层面的对口交流机制。

4. 问题与趋势

上海都市圈内的产业互动，主要问题是，在很长时间内，上海向周边城市的产业转移较少，并且在招商引资方面多方竞争激烈，而产业合作则起步晚，效果有待显现。2000 年以来，长三角大部分地区接受国际辐射的力度在增强，但接受上海辐射的力度在逐步削弱。因此，上海与周边城市之间的梯度效应有所递减，从而使产业转移在短时期内较难显现。目前，长三角各城市发展较快，各个城市之间发展水平的落差已明显缩小，各城市在经济发展中往往更多考虑本地的实际利益而不是分工协作。

主要原因在于：一是上海自身的工业化还没有全面完成，特别是郊区，承接老城区和境外产业转移的空间和需求很大，这就造成周边城市产业"吃不饱"，必然要与上海郊区在发展上形成激烈的竞争——抢项目，争资源；二是

① 引自《南通与上海合作共建产业园区成效显著》，江苏沿海经济论坛，http://www.xici.net。

由于上述因素，当然，更可能是改革开放的环境变迁，都市圈内的城市现在都把吸引外资作为重头戏；三是上海的产业定位始终没有找准，一直在发展制造业和服务业之间游移彷徨。一段时间内，上海仍旧把大力发展一般性的加工制造业当作做大 GDP 的重要手段，由此必然与周边城市产生矛盾；四是由于中国特殊的财政体制和政治晋升机制，使得各城市地方政府之间进行产业合作的动力不足，地方保护主义色彩浓厚，严重阻碍了同一市场的发育，阻碍了区域经济一体化的进程。

就都市圈内的产业互动趋势来看，近年来，上海向周边城市的产业转移有加速趋势；不仅是一般的制造业，有些中低层次的生产者服务业也逐步转移。另外，技术智力转移也在加速。国际金融危机后，部分科技含量较高、龙头作用比较突出的企业逐渐转移到苏州、嘉兴等地周边城市。目前周边城市与上海已突破以往项目合作的局限，实现了与上海的"平台合作"的多重模式。这主要是因为上海逐步明确了自身的定位，放弃了发展一般的制造业，明确将现代服务业和高新技术产业作为发展重点。另外，国家层面的战略推进也加速了这一进程。这对于强化都市圈内的产业合作，形成中心城市的服务业与周边城市的制造业良性互动有着深远意义。

（二）南京都市圈

1. 南京都市圈概况

南京都市圈是江苏三大都市圈之一，也是长三角北翼重要的都市圈之一（详见第 8 章的介绍）。在南京都市圈中，核心城市——南京的服务业发展较快，2013 年南京的第三产业增加值为 3 845.73 亿元，占 GDP 比重为 53.4%，在长三角地区仅次于上海，与杭州相当。国务院 2010 年 5 月批准的《长江三角洲地区区域规划》（以下简称规划）中对南京的定位是：发挥沿江港口、历史文化和科教人才资源优势，建设先进制造业基地、现代服务业基地和长江航运物流中心、科技创新中心。加快南京都市圈建设，促进皖江城市带发展，成为长三角辐射带动中西部地区发展的重要门户。[①]

2. 产业互动概况

（1）南京与马鞍山。马鞍山紧邻南京，历史上两市经济联系比较紧密。马鞍山甚至流传着"地理上是安徽，经济是江苏"的说法，这主要就是因为宁马两市的特殊经济联系。宁马在传统优势产业，如钢铁、汽车上已有一定的合作基础，也建立了农产品销售共享平台，特别是新划入马鞍山的和县与南京

---

① 引自国务院《长江三角洲地区区域规划》。

搭建了无公害农产品直销网点。环保产业、文化产业也正在积极探索合作道路。在服务业方面，双方也有一定的产业互动。来自南京驻扎于马鞍山的经纶文化传媒集团，2005年进驻马鞍山，从事出版行业，现在公司的事务在马鞍山运行，而研发则在南京，每天均有班车接送员工往返于宁马之间。由于马鞍山发展环境不断改善，近年来，有越来越多的南京知名企业来马鞍山投资。苏宁2004年落户马鞍山，发展势头良好，在马鞍山开设多家分店。五星、金鹰、苏果等企业在马投资项目多达近百个。同时，马鞍山的企业也积极向南京发展，投资项目达一百多个。2008年，两市签订了《南京市与马鞍山市交通对接项目合作实施协议》，2010年签订《关于进一步加强合作的框架协议》，2011年又签订了《宁马一体化合作协议》。

（2）宁镇扬板块①。该板块包括南京和镇江、扬州。区域内已经形成石化、汽车、电子信息、船舶制造等优势产业集聚。例如，三市均有良好的石化产业基础，在沿江布局有南京化工园区、扬州化工园区及镇江的部分化工优势企业，正在致力于打造"宁镇扬石油化工产业带"和"沿江化工走廊"。南京化工园区正在规划建设化工品交易所，扬州化工工业园也依托园区优良的岸线资源、港口条件和储罐设施大力发展石化物流产业。双方在贸易撮合、联合采购、物流配套、信息交流等方面有较大合作空间，可大幅降低投资成本，在沿江地区建成一体化的石化产品物流中心、交易中心和信息中心。

在产业结构方面，三市也有广阔的配套空间。例如，在汽车行业，扬州的零部件企业长期以来为南京的南汽、长安、依维柯等整车生产厂家配套；扬州与镇江同时发展汽车零配件产业，在产业类别分工上却各有侧重，镇江汽车灯具产业与扬州的油箱、活塞环、水箱、整车等产业，可以形成互补优势。另外，镇江拥有"华东汽车灯具城"和"中国汽配城"两大专业性市场，也为扬州汽车零配件产业疏通了渠道；船舶制造行业方面，南京、扬州发展船舶制造产业群与镇江特种船舶及船用设备产业交流融合，可以产生技术溢出效应，催动产业整体升级，位于镇江的江苏科技大学（原华东船舶学院）还可以为宁扬两地输送人才。

此外，南京将光伏产业链作为发展的十大产业链之一，但在产业链上游的单晶硅、多晶硅产品领域还是空白，而扬州顺大半导体公司以及相关单晶硅、多晶硅生产企业，可以接补产业链的空白环节。由此可见，宁镇扬优势产业集群的发展为

---

① 2006年江苏省第十一次党代会报告中提出："纵深推进沿江开发，重点发展先进装备制造业、基础原材料产业和港口物流业，积极促进扬州与南京、镇江的两岸联动开发，构建宁镇扬等经济板块，同步实现建设产业集聚带、滨江城市带、生态风光带三大目标。"

实现区域产业配套与融合，做大做强区域产业品牌奠定了良好基础。①

（3）南京与淮安。淮安位于南京北面。两市历史上经济联系较多，经贸合作也较为频繁。2003 年两市签订了"挂钩合作协议"。主要包括以下内容：一是建立产业集团对口联系制度，推动淮安市有关企业集团和资本经营公司定期与南京市机电、化工、纺织、轻工、医药等五大产业集团的交流活动，增进相关产业间的了解，努力促进同行业相关企业加强多方位合作。二是围绕产品配套、项目合作、资产重组、市场支持等具有一定规模的工业、农业产业化项目，推动劳动密集型和资源密集型产业从南京向淮安的有序转移。三是加强两市乡镇工业园区的交流合作，支持淮安市乡镇工业园区建设。两市还有具体明确的合作目标：如组织在宁高校院所参加淮安市科技洽谈会，与淮安市企业共建研发机构，开发 20 项以上的高新产品；组织在宁高新企业、软件公司赴淮实施淮安企业信息化示范工程、组织培训，开发 4 项以上的项目；组织两地高校院所和企业筹办盐化工、金湖石油机械省级工程技术研究中心；组织在宁高校院所专家为淮安企业筛选、设计、包装高新技术及项目，申报国家、省级科技 50 个以上的项目。2012 年两市还签订了《宁淮现代服务业集聚区项目》。②

3. 产业竞争

由于多种因素，南京都市圈内在加强产业合作的同时，在石油化工、造船、汽车零部件、光伏等产业还存在着比较普遍的产业竞争。例如，以汽车产业为例，在当前国内汽车产业大发展的背景下，南京及其邻近城市纷纷上马整车及零部件企业。目前除了南京的南汽和新落户的长安福特之外，围绕奇瑞汽车芜湖市形成了汽车产业发展的思路；拥有亚星大客车的扬州要打造客车基地；滁州和马鞍山在皮卡、特种车等车型方面发展劲头十足；而淮安、镇江、巢湖等城市提出大力发展零部件企业。在江苏沿江开发和安徽皖江开发的战略中都把汽车和装备制造业作为南京都市圈成员城市的主导产业，2004 年江苏生产各类汽车 36 万辆，占到全国汽车总量的 7%，其中南京产出的接近一半。同在都市圈内，企业之间的竞争尤其是整车企业之间的竞争也是非常直接和激烈。例如，就在南汽紧锣密鼓上马重型卡车项目的时候，后起之秀马鞍山特种车厂早已跟日本三菱合作，推出重卡华菱，计划要实现年产 1 万台的销售业绩；南京菲亚特和芜湖奇瑞差不多同时起步，在轿车领域短兵相接了四五年，同时扬州也提出要借力上汽上马轿车项目。③

---

① 引自《构建宁镇扬经济板块的战略研究》，中国社会科学网，http：//www.cssn.cn/n。
② 引自《南北挂钩 合作协议》，http：//www.sbfz.gov。
③ 引自《南京都市圈六城市纷纷上马汽车业》，载《南京日报》2005 年 6 月 19 日。

4. 问题与趋势

南京都市圈内的产业互动，主要问题是：南京转移的工业项目不多，大多是商业、科教文化、物流等方面，即使是转移的项目，也往往优先满足本市内的郊区、郊县；南京对于周边城市的高端服务业辐射力较弱，而周边城市向南京转移的研发类等高端服务业也不多。

主要原因在于：南京自身的经济实力有限，还处于工业化中后期，工业化的任务还没有全面完成，南京的郊县还迫切需要大量的工业项目，这就与周边的中小城市形成了事实上的制造业竞争。南京的生产者服务业也不是非常发达，不仅与上海有很大差距，就是与周边城市，如苏州、无锡、杭州等地相比，也不占明显优势。南京的服务业中心城市地位还处于形成过程之中，所以对周边城市的辐射也比较有限。这就极大地影响了都市圈内各个城市间的产业互动水平。就周边城市特别是一些经济不发达的城市来说，其制造业水平一般，一些生产者服务业还内化在制造业企业内部，这就限制了研发、营销环节向南京这样的中心城市进行转移。

另外，各个城市也有自身经济利益和政治利益的考虑。对南京都市圈而言，产业分工协作的一个很大的障碍就是行政区划的壁垒。跨省区域规划直接面临着行政区划的障碍。因为它不是由两省的上一级部门来完成的，而是由江苏省某一部门牵头主持，因而规划出台后进行了很大的调整，并且如何让安徽省接受规划方案，甚至如何措辞都煞费苦心。规划出台后，安徽省3个城市积极响应的态度是事前没有预料到的。都市圈的形成在空间组织、基础设施、生态建设和环境保护上提出了要求，最为重要的则是要求区域内产业的一体化与错位发展。在目前地方利益驱动下，各地政府如何来促使产业与南京相配套，共谋协调发展，防止圈内成员为招商引资恶性竞争，也是都市圈产业分工协作面临的主要问题之一。①

就都市圈内的产业互动趋势来看，目前，以南京为核心，以宁镇扬作为一个整体，进行"特大都会区"的规划和建设，正在成为都市圈内各市的共识。南京在继续发展制造业的同时，正在努力瞄准现代服务业，争取在这一产业领域占领制高点，加大对都市圈内其他城市的辐射。而其他城市也把加快与南京的产业合作，特别是引进南京的科教资源作为今后工作重点。《南京都市圈规划（2002~2020）》早已拟就，2012年都市圈签署了《共同编制南京都市圈区域规划合作协议》和峰会备忘录，南京与都市圈其他各市分别签署了重点领域合作协议和一体化合作协议。2014年11月，又共同制定了《南京都市圈

---

① 引自《把脉南京都市圈》，http://news.sina.com。

产业发展规划》。这些合作有助于该都市圈内中心城市的服务业与周边城市的制造业形成更好的互动。

（三）杭州都市圈

1. 杭州都市圈概况

杭州都市经济圈即以杭州市区为中心，湖州、嘉兴、绍兴三市市区为副中心，德清、安吉、海宁、桐乡、绍兴、诸暨等邻杭六县市为紧密层，长兴、嘉善、平湖、海盐、上虞、嵊州、新昌等为联动层的一个经济发展区域。作为都市圈内的中心城市，杭州经济较为发达，2013年第三产业增加值3 974.27亿元，占GDP比重达50.9%。

2. 产业互动概况

（1）杭州与湖州。近年来，杭州企业到德清投资达87.8亿元，占德清引进内资的75%以上。2004年，德清引资总量的70%来自杭州。许多杭资企业之所以选择德清，主要是因为同等的地价，德清要比杭州便宜很多。对于企业发展来说，土地至关重要，但土地资源是稀缺要素，把目光转向交通及配套设施都很完善的德清是很明智的选择。杭州的凯喜雅、建工集团、万向集团、半山电力、中大集团等都有重大项目落户德清。浙江东方基因生物制品有限公司主要研发抗癌药物。医药产业对环境和水质的要求非常高，公司此前曾在上海郊区寻找生产基地，但找不到合适的环境，现已在德清落户投产，同样看重生态环境的"百草中药饮片"公司，则干脆把生产基地从杭州搬来。杭州的企业进入德清，德清的企业在杭州设立窗口和办事处。例如，浙江华盛达实业集团股份有限公司是德清土生土长的企业，该公司在收购了福建厦门一家上市公司后，华盛达精明地把生产基地和研发基地放在了德清，而许多经营业务则由杭州的子公司来承担，从而把杭州的信息流、资金流、技术流、商品流与德清的低成本优势很好地结合了起来。①

（2）杭州与嘉兴。近年来，嘉兴市节点县（市）承接杭州产业转移的成效逐步呈现。根据杭州"退二进三"步伐加快现状，海宁、桐乡等地积极承接杭州工业企业外迁。海宁市提出以"打包整体搬迁"方式进行招商，即把一个社区的几家或者十几家企业一起整体打包搬迁到海宁，并多次组织相关人员赴杭考察、交流，激发了不少杭州企业来海宁落户的意愿。与此同时，桐乡市对接杭州的工作也进展顺利。2007年，嘉兴桐乡市共引进杭资企业52家，注册资本6.5亿元。这些项目不仅产业新颖，而且规模较大，单体平均投资规

---

① 引自《德清，全力打造大杭州经济圈的"腹地"》，载《杭州日报》2006年3月1日。

模达 2 860 万元，主要包括生物医药、消防器材、装备制造、电子信息等行业。2010 年上半年，桐乡市共引进杭资项目 42 个，计划总投资 28.11 亿元，注册资金 3.76 亿元，实际到位资金 5.32 亿元，占桐乡市内资实到资金总额的 28.2%，同比增长 46.12%。

目前桐乡市正在临杭区规划设立几个大型物流基地，在空间结构上，将以中部的崇福工业功能区、西部的洲泉工业功能区两大区块为中心，整合河山、石门、大麻工业功能区，突出产业特色，努力与杭州的相关产业建立上下游产业链和配套联系。① 桐乡还出台了《关于加快融入杭州都市经济圈的实施意见》，适时地提出利用西部运河的岸线资源，积极推进"临河型"产业，逐步形成西部运河产业带。桐乡通过有效接受杭州产业"退二进三"所带来的有竞争力的资本密集型、技术密集型大型制造企业，有利于提升桐乡的产业结构。

（3）杭州与绍兴。杭州对绍兴的极化和辐射作用也越来越显著。近年来，杭州金融机构对绍兴企业授信总额占异地授信贷款的七成左右。绍兴不少优秀企业被杭州的区位优势、科技优势、人才优势吸引而迁往杭州，如浙江交大龙山软件公司、诸暨中义集团、盾安集团、金大地集团、太子龙集团、丰球集团、上虞五洋集团、华升建设集团等。绍兴县"北工"区域内的企业在杭州建立研发中心已经成时尚。浙江赐富集团就将医药产业的研发中心设在了人才济济的杭州滨江区。在杭州产业结构"退二进三"的背景下，杭州的不少企业也纷纷在"北工"安家。

3. 特点、问题与趋势

（1）特点。杭州都市圈与国内其他都市圈合作推进模式不同，武汉、长株潭都市圈列入国家改革试点，因此，更多是依靠政府层面自上而下的推动。而杭州都市圈则以区域内四个城市平等协商、达成共识、互利共赢的形式推进。其中专业委员会是推动杭州都市经济圈发展的重要抓手，杭州都市经济圈目标分解、任务落实、合力发挥都通过专业委员会来实现。专业委员会是由各城市政府职能部门、专家、企业家及其他相关人员组成的专业性组织，具有相对独立建议、协调、实施、监督的功能性机构。专业委员会由于人员构成具有广泛性的特点，能够比较充分地表达各方面的意见和要求，协调各城市之间的利益，有利于重大工程和项目的务实推进。②

（2）问题与趋势。都市圈内的产业转移和分工合作起步相对较晚；杭州

---

① 引自《抢抓杭州产业梯度转移机遇》，载《嘉兴日报》2008 年 5 月 29 日；《桐乡抢抓杭州产业梯度转移机遇 发展皮革业》，中国皮毛信息网，http：//market.fur.com。

② 引自《为"杭州都市经济圈"插上腾飞的翅膀——访杭州市经济合作办公室主任周开疆》，载《杭州（下旬刊）》2010 年 11 月 30 日。

的经济能量，特别是生产者服务业的辐射力没有充分发挥，中心地位还需进一步巩固；各个城市间还存在高新技术发展方面的竞争。杭州下一阶段的产业发展重点放在了大旅游产业、大文化产业、商贸与物流业、金融服务业、中介服务业、信息服务与软件业等六大产业。同时，传统的第二产业向周边地区转移也是出于企业自身生存、发展的需要。杭州是一个土地资源十分紧缺的城市。土地的稀缺造成高昂的地价，这使得同等地块发展何种产业的收益差距悬殊。一般工业企业在城市内很难拓展发展空间。不仅一些中小传统工业企业到周边地区谋发展，大型企业也跃跃欲试。杭州制氧集团在临安建设新厂区，杭州朝日啤酒有限公司签约德清建设新厂，杭州卷烟厂将搬到城市西郊的转塘，杭州锅炉集团等大企业也有搬迁的意向。这种由经济发展的客观规律所催生的要素自由流动、资源共享优势互补的要求，是地域间加强融合、促进发展的原始愿景。对杭州周边地区来说，借助大都市经济圈发展的模式使它们能更好地发展；而对杭州，有助于弥补它在资源、幅员等方面的不足，加快都市经济圈的形成，巩固和提高杭州中心城市的地位和作用。①

二、中国其他都市圈的城市间产业互动

（一）珠三角城市圈

这里主要分析珠三角都市圈内，作为服务业中心城市之一的香港与周边城市在服务业与制造业之间的产业互动。

1. 珠三角都市圈概况

珠三角都市圈是指位于珠江三角洲区域的 9 个地级市组成的经济圈，包括广州、深圳、珠海、佛山、惠州、肇庆、江门、中山和东莞，目前 GDP 约占中国经济总量的 10% 左右，与长三角都市圈、京津冀都市圈并称中国三大都市圈。

长期以来，香港是珠三角地区的主要投资来源。2013 年香港服务业增加值约 1.6 万亿港元，占 GDP 比重约 90%。作为该都市圈内的另外两个中心城市，广州市 2013 年第三产业增加值 9 963.89 亿元，占 GDP 比重为 64.61%；深圳 2013 年第三产业增加值 8 198.14 亿元，占 GDP 比重为 56.54%（表明深圳正在由制造业城市向服务业城市转型）。

2. 产业互动概况

改革开放以来，香港的工业北移，把制造工序延长到内地；在香港制造业

---

① 引自《城市化催生都市"溢出效应"》，载《浙江日报》2005 年 11 月 24 日。

越来越少的同时，服务业越来越蓬勃。目前香港已经完成从制造业为主的产业结构转型到服务业为主的产业结构。随着香港经济的转型，大量港资企业投资珠三角制造业领域。利用香港的资金和管理优势在粤生产，并销往广东、内地以及世界各地。而广东内资企业的产品也利用香港的市场条件和港口优势，通过间接贸易或转口贸易等方式扩大出口。香港对广东提供金融、管理等现代服务业，促进广东第三产业升级。通过两地要素市场的有效对接，达到了提高调配资源效率的目的。

就深港合作来说，据统计，目前在深圳的港资企业有 9 000 多家，占深圳外资企业总数的 75%，投资额则占深圳外资总额的 65%，是深圳制造业的重要组成部分；在许多传统行业，如钟表业、黄金珠宝业、玩具业、家具业、纺织服装业、房地产业等，深港两地具有不可分性；深圳玩具企业中，95% 是两头在外的企业，其中大部分也是香港企业；深圳服装企业 95% 是港资企业。

就香港、东莞合作来说，目前，东莞正在加强与香港在服务业、城市公共服务、教育、医疗、人才等方面的合作，下一步将重点引进香港产业设计、研发、包装、财物顾问等服务业，将东莞打造成为香港现代服务业北移的主要承接地之一。东莞累计吸收港资项目占该市引进外资近六成。

2003 年签订的更紧密的经贸关系安排（Closer Economic Partnership Arrangement，CEPA）的实施提升了包括香港在内的大珠江三角洲的竞争力。实施 CEPA 后香港将向广东转移部分竞争优势不及广东的服务业，如劳动密集型生产服务业等。

2006 年，香港特区政府投资超过 20 亿元，由香港四所大学科研机构合作筹办的香港研发中心正式成立，新成立的香港研发中心，由香港四所大学及科研机构承办组成五个研究中心，主要针对珠三角地区产业的需要，进行汽车零部件、信息及通信技术、物流及供应链管理应用技术、纳米科技及先进材料，以及纺织及成衣等五个范畴的研发工作，致力于提供一站式的应用科研、技术转移及科研成果商品化服务，借此协助产业走高增值路线。①

从当前粤港双方的制造业与服务业的内部结构看，相互分工合作必须突出重点，分清主次。广东工业主要集中在电子及通信设备制造、电气机械及器材制造、化学原料及化学制品制造业、橡胶塑料制品业、金属制品业、交通运输设备制造业、纺织业、服装及其他纤维制品制造业等产业；出口则以机电产品和高新技术产品为主。要形成粤港间各产业的分工与融合优势，就要有重点地支持和引导部分重点产业的对接，特别是着力为广东计算器及通信产品制造、

① 引自《香港为珠三角产业提供服务》，载《人民日报》（海外版）2006 年 4 月 26 日。

电器及电子产品制造、机械及设备制造提供一流的物流、市场研究、金融等服务。①

3. 问题及趋势

当前，珠三角地区的土地、资源和环境压力日益增大，对港资企业的生存发展形成很大压力；传统的"前店后厂"分工模式目前已经远远不能适应两地间产业内部结构对接的要求；珠三角的制造业，有的行业和产品由于缺乏香港高端服务业的支持，面对突发性的危机以及日益上升的土地、劳动力成本，很难生存发展。珠三角对于港商的吸引力正在降低。不少在珠江三角洲设厂的港资企业，近年正积极考虑向邻近地区转移生产业务，期望纾缓内地生产成本上涨、招工难等问题带来的影响。从珠三角外迁的港资企业，部分将研发销售还是放在了珠三角。另外，珠三角的一些中心城市，特别是广州和深圳，加强了与香港在服务业领域的深度合作。而广东省东翼的汕头、潮州、揭阳等潮汕地区以及西翼的钦州、甚至广西来宾，与珠三角为邻，交通日趋便利，已成为香港企业产业转移首选地。甚至，更远的地区，香港与湖南的经贸往来十分密切。目前已有数千家香港企业在湘投资，是湖南主要的外资来源。

目前香港继续为珠三角经济区和华南经济圈发挥着转运中心、金融中心、信息中心的功能，从长远来看，香港第三产业的发展方向仍应是区域性的高新技术服务、金融、物流、商贸等现代服务业的中心。而珠三角服务业在制造业迅速发展的拉动下，本身也将迅速发展，这就要求珠三角服务业与香港服务业必须及早开展行业细分，在充分发挥香港服务业的既有优势的前提下，放眼"泛珠三角"经济圈，界定粤港两地服务业内部各行业的目标市场，使两地服务业有序地对接和融合。为了推进粤港合作走向深入，2009 年国家出台了《珠三角地区改革发展规划纲要》；2010 年 4 月粤港两地签署了《粤港合作框架协议》和《前海深港现代服务业合作区总体发展规划》。② 这些文件、规划的出台有望推动粤港两地制造业和服务业进一步加强互动。

4. 服装生产的港深城市间产业互动案例

香港服装业自 20 世纪 50 年代起步，从简单的设计、来样加工与转口贸易一体化的模式，逐步发展为香港制造业中最大和最重要的行业。之后，在多重因素的作用下，香港逐步将加工环节剥离到东南亚一些城市以及中国珠三角的城市（尤其是深圳），自身则不断地攀升服装价值链的高端环节——设计、品

---

① 引自《论粤港产业分工模式的重构》，收录于《"21 世纪的公共管理：机遇与挑战"国际学术研讨会论文集》2004 年 1 月 1 日。

② 2010 年 4 月，李克强副总理在香港出席了国家"十二五"规划与两地经贸金融合作发展论坛，并公布了中央政府支持香港进一步发展、深化内地和香港经贸、金融等方面合作的六大政策措施。

牌塑造、营销等，完成了产业的转型升级，并且形成了与周边城市良性互动的服装产业格局。

（1）城市间产业互动前的情形。20 世纪 50 年代，香港服装供应商通过商品链与国外品牌商、零售商建立紧密联系，早期主要承接从日本转移过来的服装加工制造，后来参与到欧美服装品牌商主导的商品链中，香港服装企业在当地建立一体化的制造、营销网络，逐步从 OEM 过渡到 ODM 生产方式。据统计，香港曾有服装厂近 4 500 家，占香港工厂总数的 15%；从业人员 11 万人左右，占制造业总人数的 29%。

（2）导致城市间产业互动的条件变化。从政策环境看，在 20 世纪 70 年代末，中国实行了改革开放政策；2001 年年底中国加入了 WTO；2003 年中国内地与香港达成了"更紧密经贸关系协议"（CEPA）；一些国家进出口关税政策进行了调整，给香港服装企业利用各国关税差异调整生产布局留出了机会。

从基础设施看，20 世纪七八十年代以来，周边国家、区域及城市良好的交通通信等基础设施不断改善；90 年代以来，全球范围内信息技术飞速发展，给各国、各地区的产业布局带来了革命性的变化。

从香港本身看，20 世纪八九十年代以来，香港劳动力成本、土地成本不断上升，挤占了包括服装企业的利润空间，迫使其重新考虑生产布局。而同时，全球范围内的公司企业组织结构也在不断创新，M 型组织、网络组织和总部经济日益兴起，也给企业灵活配置各个环节提供了组织保障。

（3）城市间产业互动的具体情况。在多重因素的作用下，香港服装业开始将部分加工项目移出香港，在劳动力成本较低的周边地区——包括中国珠三角地区以及东南亚等国的城市，建立加工厂；另外，利用香港在信息、人才、贸易等方面的优势，将香港发展成为服装业的采购与控制中心，同时致力于本地时装品牌的培育、重视时装设计师的培养，保证了服装业的持续发展。目前，香港服装业的竞争力主要体现在先进的技术、工艺、设计以及知名的品牌上。

20 世纪 60 年代，香港的服装厂商为应付供给约束（包括劳动力短缺、高工资、高地价）与外部压力（关税、配额等贸易障碍），通过商品链把生产配置到成本最低的亚洲国家。1964 年起，由于美国实施服装进口限制，香港服装企业逐渐将生产转移至新加坡、我国台湾等地，其中新加坡可享受服装出口英国的优惠。20 世纪 70 年代起，香港服装业继续向马来西亚、菲律宾、毛里求斯等地转移，在这些国家可享受欧美的服装进口配额及东道国的种种优惠政策。[①] 自 80 年代起，中国实行改革开放，香港服装制造环节逐渐转移到内地

---

① 引自《全球服装商品链与香港服装业的产业升级及其启示》，载《特区经济》2005 年 9 月 25 日。

尤其是珠三角地区，同时继续向越南、印度尼西亚、印度、墨西哥等国家和地区转移。香港服装业在这一时期经历了一个向高档服装进军的转型时期。以香港服装企业为首，逐步向服装商品链的上游即设计、品牌、营销环节进一步升级以获取更多利润，实现服装商品链在亚洲的地区化、完整化，从出口平台转变为亚洲当地的品牌营销商并主导亚洲的服装商品链。在这一过程中，香港服装厂商与欧美品牌商、零售商的商品链联系减少，香港地区对欧美的服装出口也趋于减少，而对亚洲区域内的销售与出口却在增加。目前，香港已成长为亚洲重要的服装业采购中心与设计中心。至此可以说，香港服装业历经多年的发展，基本已成功实现了产业升级。①

在香港服装业转型升级的过程中，毗邻香港的深圳获益匪浅，与之形成了很好的产业互动。深圳服装业的起步和快速发展，正是得益于 20 世纪 80 年代末、90 年代初香港制衣业的内迁。由于深圳服装业长期适应外贸出口和对外加工需要，其纺织服装设备、总体技术水平和加工设备水平都占有绝对优势；加之毗邻香港，信息灵敏、交通便捷，能及时了解到国际服装款式、色彩、面料及国际服装市场的变化动态，对世界潮流的把握又领先一步，所以高超的工艺和产品创新能力吸引了大批商家。在 20 多年的深港互动发展过程中，培养了一大批中高级工艺师、管理人员和营销人员。良好的创业环境就像一块"吸铁石"，吸引着全国各地的企业家和服装设计师，一部分港澳台企业到深圳落户发展。香港与内地签署"更紧密经贸关系协议"（CEPA）之后，深港一体化进程加快，深港两地的服装业互动达到了新的水平。②

不仅是深圳，珠三角很多城市都受惠于香港的服务产业转移。现在，服装产业服装的转型升级很快，一些加工制造城市，受到劳动力成本、土地城市等制约，开始从一般的贴牌代工，向设计、品牌等高端环节迈进。广东服装行业将在广州从化打造"广东服装企业电子商务总部基地"和打造"广东服装产业提升云服务平台"、"服装科技馆"，目的是推动服装网络定制的普及与发展。而广东服装产业正从制造优势向设计品牌优势的竞争蓝海迈进。

因此，从总体上看，就服装产业而言，亚洲的服装设计展示、品牌营销的中心在香港，而加工制作或简单的中低档的设计分布在香港周边的一些城市，如深圳、广州、惠州、东莞、潮汕地区、福建石狮以及东南亚的马尼拉、雅加达、曼谷、仰光、金边、河内、胡志明市等。这就形成了比较良性的产业互动（也是一种雁阵模型）。当然，随着中国内地的对外开放步伐的加快，融合全

① 引自《全球服装商品链与香港服装业的产业升级及其启示》，载《特区经济》2005 年 9 月 25 日。
② 引自《深圳服装：解读一个产业传奇的时尚密码》，中国服装网，http：//www.efu.com。

球化的节奏加快，深圳、广州也正在成为服装设计、品牌的亚中心。

（二）京津冀都市圈

这里主要分析京津冀都市圈内，作为中心城市的北京与周边城市的服务业与制造业的产业互动。

1. 京津冀都市圈概况

京津冀都市圈由北京、天津以及河北省的石家庄、唐山、秦皇岛、保定、张家口、承德、廊坊、沧州 8 个城市组成。截至 2008 年年底，该都市圈地区生产总值已达 29 400 亿元，占全国经济总量的 9.7%。

作为都市圈的中心城市，北京是中国的政治中心、文化中心、金融中心和交通中心。北京的城市功能定位是国家首都、国际城市、文化名城，重点以发展高端服务业为主，逐步向外转移低端制造业。2013 年，北京市服务业总量达到 14 986.5 亿元，占全市 GDP 比重达到 76.85%，比全国高出近 30 个百分点。生产者服务业和文化创意产业引领作用明显。信息服务、科技服务、商务服务、文化创意产业均保持了两位数的增长速度。

作为都市圈副中心城市，天津市的功能定位是构建国际港口城市、北方经济中心和宜居生态城市。天津主要发展航空航天、石油化工、装备制造、电子信息、生物医药、新能源新材料、国防科技和轻工纺织等先进制造业和现代物流、现代商贸、金融保险、中介服务等现代服务业，并适当发展大运量的临港重化工业。

作为都市圈的经济腹地，河北省是全国重要的原材料重化工基地、现代化农业基地和旅游休闲度假区域，是京津高技术产业和先进制造业研发转化及加工配套基地。此外，河北省还是京津地区重要的"米袋子"和"菜篮子"。①

2. 产业互动概况

相对于长三角都市圈和珠三角都市圈，京津冀都市圈的产业合作起步较晚，效果一般，最近十年来才奋起直追。考虑到河北的劳动力、土地和资源环境等方面的优势，目前京津产业向河北的转移已渐成趋势。例如，北京首钢公司的 200 万吨钢铁项目也已落户河北唐山，并在 2008 年之前整体搬迁到了唐山的曹妃甸。河北廊坊市近年来依托京津汽车产业龙头培育壮大了美联制动、卢卡斯伟利达廊重制动器、全兴工业、亚新科等一批汽车零部件企业，成为京津重要的汽车零部件生产基地。杉杉集团根据京津冀区域内的人才、产业、交通、土地等综合条件，提出了环渤海区域科技产业布局理念，并开发建设了中

---

① 引自《"京津冀都市圈区域规划"上报国务院》，中国经营网，http：//www.cb.com.cn。

科廊坊科技谷公司。这一运作模式是：基础研究在北京，试验基地在廊坊，成果转化面向全国。河北的北戴河也已形成以中油华奥销售有限公司为代表的商贸流通总部，以北京宣亚国际传播集团为代表的文化创意产业基地，以中国煤矿尘肺病治疗基金会为代表的基金社团，以通联路桥机械有限公司为代表的工业企业技术研发总部，这四大类 40 多家总部和创意产业企业年上缴税金占到了该区总税收的 20% 以上。① 另外，河北康必得、华龙、中旺、乐凯、海湾等企业也纷纷把总部或指挥前沿放在了北京。

3. 产业竞争与问题

与其他都市圈一样，由于体制机制的原因，京津冀都市圈在产业分工合作方面也存在较多的不和谐因素。

（1）京津冀三地产业同构的矛盾由来已久。在一轮又一轮的投资冲动之下，三地产业趋同性不但没有降低，反而有所加强。根据有关研究，环渤海地区产业结构目前的平均相似系数为 0.7 以上。在计划经济体制下，区域内大部分省市形成钢铁、化工、建材、电力、重型机械、汽车等传统产业，目前又在竞相发展电子信息、生物制药、新材料等高新技术产业。以京津两地汽车产业发展为例，北京、天津两地都竞相发展汽车产业，而这种发展都是建立在地方政府内外有别的政策基础之上，两地的汽车产业都有相对垄断性，这种发展短期内有利于地方 GDP 和财政收入，但是从长期和京津冀整体利益角度看弊大于利。②

由于 GDP 政绩观作祟，三地各自为政，只考虑当地发展。京津两地不希望将自己的传统产业转移到外地或者延长产业链。③ 京津冀各大产业集群之间相互独立、离真正的上下游密切联系、主体企业与配套企业、要素集聚程度高、市场交易成本低的产业集群还有很大的差距。首先表现在，三地产业结构自成体系，产业结构趋同，行业发展排序极为相似，电子通信设备制造、电器机械制造、金属冶炼、石化等产业均是三地重点产业。④

（2）京津与周边地区相互脱节，空间联系松散薄弱。周边中小城市特色不突出，产业梯度落差过大，甚至形成"产业断崖"，使得产业承接困难。京

---

① 引自《北戴河赴京城吸引知名企业总部》，载《河北日报》2006 年 4 月 19 日。
② 引自《京津冀都市圈规划至今未获批 消息称中央有更慎重考虑》，财经，http://finance.ifeng。
③ 以天津碱厂为例，其在天津已经没有优势。先前天津碱厂所需原盐直接来自长芦盐场，如今盐场的大部分已改为建设用地，天津滨海新区盐业生产除海水淡化的副产品可供制碱外，海水晒盐已无优势，天津碱厂所需的盐将由外地输入。这就出现两个问题：一是运输成本高；二是铁路运力不足。如果新建铁路，将占用很多土地，耗费大量资金。天津碱厂搬迁到河北或者山东等地，最起码搬到大港。但塘沽区不愿其搬离塘沽，天津市更不愿意其搬离天津。
④ 引自《"京津冀行政阻隔缘于 GDP 政绩观作祟"》，载《21 世纪经济报道》2010 年 8 月 17 日。

津冀经济一体化进程逐步推进，但河北与京津梯度大，融合程度低，区域竞争合力尚未有效发挥。

事实上，北京已无可供转移的制造业产业，天津市的产业链条也未延伸到河北。以高科技产业为例，北京科技研发成果多在上海、深圳、苏州转化。根据2005～2008年资料测算，30个主要制造业行业中，京津转移而河北有效承接的仅有11个行业，且大多是低附加值的劳动密集型、资源消耗型行业；有14个行业京津比重下降的同时河北也在下降，表明河北未能发挥区位优势，有效承接这些转移的行业，更未能利用京津市场、信息、技术和资源优势，获取自身发展资源，带动发展模式转型。[①]

（3）从产业发展战略上看，三地竞争激烈。天津有"通吃"的倾向，在制造业领域，甚至服务业领域，与北京（以及河北部分地市）直接形成了面对面的竞争。例如，在服务业发展方面，天津市发改委表示，要将天津建成立足中国北方、辐射东北亚、具有国际影响力的服务型大都市。具体来说，要建成与北方经济中心相适应的多元化、多功能、多层次的现代金融服务体系和全国金融改革创新基地，建成国际贸易、国际航运和国际物流中心，建成体现大都市繁荣繁华的现代商贸中心，建成近代历史文化和滨海特色的国际旅游城市，建成国际化的科技服务、人才培育与技术创新基地，建成中国北方的创意之都。[②] 但如果天津涉足领域过多，必将面临发展空间不足、成本优势丧失、竞争力下降的问题。[③]

总之，相比长三角、珠三角，京津冀三地市场观念相对封闭，政治氛围浓厚，市场条块分割严重，民间力量薄弱，外向型经济不够发达，这些都是该区域内一体化进程中亟待解决的难题。

---

① 引自胡书金、刘艳：《河北省承接京津产业转移的机遇与挑战分析》，载《中小企业管理与科技》（上旬刊）2013年1月5日。另外，河北以能源、原材料和加工制造业为主，科技转化能力不强。三省市的产业链联系不够紧密，产业配套能力差。例如摩托罗拉除了京津冀为数不多的几个厂为其生产少量配件外，绝大多数零配件来自珠三角和长三角；北京现代汽车与国内40家配套厂建立了联系，其中20家在北京，另外20家在上海和浙江，而河北没有一家。

② 引自管理年：《扎实推进天津服务业迈上新台阶》，载《天津经济》2009年第6期。

③ 例如，天津和北京已经形成各自的软件产业格局。两市的竞争相当激烈，京津和长三角、珠三角不同，很多领域交叉、重叠严重，没有形成市场的自觉分工。单从出口和外包方面来讲，两市场面临的都是日本、韩国市场，竞争会很激烈。

再如，京津冀三地都规划自己的港口，天津、秦皇岛、京唐港以及曹妃甸四大港口集中密度在世界上极为少见。河北有秦皇岛、黄骅、京唐以及曹妃甸四个港口，这势必与天津港直接竞争。面对天津的竞争，曹妃甸港计划上集装箱码头，直接跟天津港在集装箱上竞争。但建设集装箱码头需要大量资金，必然和天津港争夺货源。这样的发展格局对天津与河北两地都不利。对于五港而言，合作则皆收益，竞争则皆受损。

4. 合作趋势

为了加快推动京津冀都市圈的产业合作，近年来，三地政府在背后积极作为。由北京市科委、天津市科委主导，北京软件促进中心和天津软件行业协会共同负责的"京津软件产业共同体"已经成为推动京津冀区域科技力量升级的主要力量；天津分别与北京、河北签署了《北方地区大通关建设协作备忘录》；京津冀高速公路沿线九个科技园区联合签订了区域科技合作协议《泰达宣言》；京津冀地区城市商业主管部门联合发布了《京津冀都市圈城市商业发展报告》，建立了三地统一的质量认证体系和市场应急保障互动机制；京津冀地区的规划部门还共同制定了《关于建立京津冀两市一省城乡规划协调机制框架协议》，力争实现区域规划"一张图"。京津冀三省市还签署了规划、交通、旅游三个"一体化"合作协议，彻底打破了之前各自为政的格局，京津冀区域经济一体化时代全面开启。河北省印发了《关于加快壮大中心城市促进城市群快速发展的意见》，提出将以河北省环京津的 22 个县（市、区）为依托，强化与京津的基础设施对接，增强承接京津产业梯度转移的能力，构筑环京津卫星城市带，使其成为京津冀城市群的重要组成部分。目前，三地有关部门正在加快推进京津冀生物医药产业化示范区建设，共同打造以京津为核心的京津冀都市圈科技创新体系和区域流通一体化体系。① 2014 年 3 月前后，中国相关政府部门就推进京津冀协同发展提出了多项要求，并指出，实现京津冀协同发展是一个重大国家战略，要加强环渤海及京津冀地区经济协作，坚持优势互补、互利共赢，加快走出一条科学持续的协同发展路子。12 月底，国务院召开京津冀协同发展工作推进会议，研究制定《京津冀协同发展规划纲要》。

预期今后京津两市可能会更加注重与河北的合作，天津的制造业、北京的研发与营销优势对于河北很有吸引力；而京津两市之间则在高新技术领域、高级生产服务业领域的竞争更加激烈。因此，建立三省市之间的产业合作机制非常必要。

（三）武汉都市圈

这里主要分析武汉都市圈内，作为中心城市的武汉与周边城市服务业与制造业的互动。

1. 武汉都市圈概况

武汉城市圈是指湖北东部以武汉为中心，以 100～200 公里为半径的城市

---

① 引自《京津冀都市圈 10 座城市之间合作交流日益密切》，财经，http：//finance. ifeng。

群落，包括武汉及其周边的黄冈、黄石、鄂州、孝感、咸宁、仙桃、天门、潜江八个城市。2012 年武汉城市圈总人口达 3 250 万人左右，城镇人口达 2 015 万人左右，城镇化水平达到 62% 左右。城市圈土地面积、总人口分别占到湖北省的 31.1%、51.2%，地区生产总值占到湖北全省生产总值的六成左右。作为武汉都市圈的中心城市，武汉 2013 年第三产业增加值 4 319.70 亿元，增长 10%，占 GDP 比重为 47.7%，超过第二产业。现代服务业增加值占服务业比重接近 50%。

2. 产业互动概况

近十多年来，随着改革开放的不断深入和区域经济一体化进程的加快，武汉与周边城市在产业分工与合作方面不断加深。武汉的制造业向城市圈投资、城市圈企业将总部迁来武汉的案例不断增多。例如，2011 年，武汉仅在孝感的投资项目就已达 70 多项；在黄冈投资 30 多项，其中 500 万元以上的达 11 项；黄石也有 10 项左右，在其他城市的投资强度也在不断加大。武汉与周边城市的产业分工与合作主要表现在：

（1）支柱产业链延伸加快。一是钢铁产业链条向周边城市延伸。近几年，武钢钢铁产业链向周边城市延伸明显加快。在建成了大冶铁矿 80 万吨球团厂、鄂州程潮铁矿 120 万吨球团厂、乌龙泉矿 18 万吨活性灰等效益显著的工程项目后，2003 年底又在鄂州投资 10 亿元，建设了年产 500 万吨的亚洲最大的球团矿生产供应基地。武汉远鹏房地产公司联合台商投资 7 130 万元，在黄石兴建了 10 万吨彩板生产线。该公司在黄石还投资 8 500 万元，建成并投产了年产 15 万吨的镀锌板项目。①

二是化工产业开始梯度转移。主要体现在武汉一批化工企业已经或在考虑远离城市中心兴建生产基地。如武汉青江化工厂在收购了潜江化工总厂后，又在潜江投资 1.2 亿元，新建年产 2 万吨金红石型钛白粉及相应硫酸扩产项目。②

三是医药化工则按照总部及研发基地扎根武汉，生产基地下移的方式，向城市圈谋篇布局。总部在武汉的湖北省化学研究院，为加快产业化，在鄂州葛店经济开发区征地 155 亩，投资 2 亿元兴建了生产基地，将院内的全部产业化项目及主导产品的生产制造，都转移到了葛店生产基地，形成了"总部在武汉，基地在鄂州"的发展模式。同时，武大宏元、武汉人福、春天药业等十多家企业也以类似模式在两地发展。其中，武汉大学在葛店经济开发区投资 3 亿多元兴建全国最大的氨基酸示范工程中心和生化成果产业化基地；春天集团在葛店经

①② 引自《"极核"的聚与散》，载《黄石日报》2006 年 10 月 18 日。

济开发区投资 1.6 亿元征地 97 亩，兴建了春天科技园生产生化药品。①

（2）优势产业整合资源，优势互补，差异发展。纺织服装行业是武汉城市圈内产业实现优势互补、差异化发展的典型例子。武汉服装企业较之周边城市更具品牌、资金、市场优势，而周边部分城市却具有较强的加工能力和成本优势。这些城市主动将两个优势结合起来，共创市场。如武汉的爱帝集团利用自身品牌、市场、资金优势，仙桃的宜顺、成威等企业则利用成衣设备和劳动力等方面的优势，开展成衣加工合作，爱帝集团每年委托外地加工的成衣在50 万件套以上。同时武汉纺织服装企业也积极向周边地区扩展，如红人集团在孝感投资 8 000 万元，征地 200 亩，建设服装出口加工基地。②

（3）资源与市场对接共享。武汉市矿产资源比较贫乏，但消费市场发达且市场辐射力强，如武汉对水泥的年需求量就达 1 000 万吨左右；而周边城市特别是黄石市的矿产资源丰富，原材料工业特别是水泥制造业发达。近年来，在黄石、武汉两地政府及经委的支持推动下，两地水泥资源和市场得到了较有效的对接。黄石华新水泥继与武钢合资，在青山区分两期投资 1.4 亿元，建成年产 120 万吨的水泥粉磨站项目之后，又于 2003 年决定在青山区再投资 4.5亿元建设大型水泥及深加工环保产业园。类似的案例还有，武汉亚东水泥与黄冈的武穴市达成了利用该市石灰石资源的协议，亚东工业水泥所需的资源将主要在武穴采集。武汉楚天激光集团 2001 年投资 600 多万元在咸宁市赤壁赵李桥镇兴办了赤壁楚天激光有限公司，将激光雕刻生产基地整体迁到了楠竹资源丰富的赵李桥镇。武汉总部负责研发和市场营销，赤壁基地生产加工激光雕刻竹简。这既带动了当地竹资源产业的发展，又促进了激光工艺品市场的扩展。这是资源与市场、资源与技术成功链接的又一范例。为了借助武汉中心城市的市场辐射功能，2005 年，天门纺织机械有限责任公司已联合荷兰特丝公司在武汉东西湖区投资 800 万欧元，征地 130 亩，兴建研发中心与机电一体化并调机项目。③

（4）搬迁改造向市外扩展。近年来，随着搬迁改造项目不断增加、市郊地段不断升值，企业搬迁改造成本也在不断加大。对此，武汉市政府鼓励企业拓展思路，走出武汉，异地发展。如，洪湖市正在筹建城区工业园、府场曹市工业园、瞿家湾工业园外，新滩镇 8 平方公里的工业园，即将成为承接武汉产业转移的专业园区。来自武汉的项目，如工业标准化厂房建设、鱼奶生产、鳄鱼繁养及开发、水禽加工、生态旅游、莲藕保鲜等正在积极推进之中。洪湖市已被国家科技部确定为东湖开发区对口扶持县市，并被湖北省科技厅列入武汉

①②③　引自《"极核"的聚与散》，载《黄石日报》2006 年 10 月 18 日。

国家农业科技园的水产示范基地。黄冈化工产业园是黄冈为武汉地区的化工产业转移量身打造的承接基地。到 2009 年 7 月，已有武汉有机、青江化工、远大制药、无机盐、力诺化工、双虎涂料、远城科技、凯马仕、力发化工、中天化工等 60 多家武汉化工企业到黄冈化工园进行考察和选址。武汉有机、凯马仕、强龙化工等 8 家企业已签订投资意向协议，并进行了规划选址。2005 年，武汉 6 000 余家服装企业全部关闭或搬迁，其中绝大多数企业西行至黄陂、孝感等地的工业园区。此次武汉服装产业"大转移"给毗邻的孝感市带来巨大的商机。在孝感市新河镇，一座集服装生产、物流、商贸、信息、企业孵化等功能于一体的服装产业园正在崛起，每年将有至少 150 亿元的产值"大蛋糕"，引来众多汉正街老板来此"二次创业"。①

3. 问题及趋势

武汉城市圈产业合作在稳步发展的同时，也存在着总体水平不高、增速不快等问题。从三次产业结构的构成可以看出，武汉城市圈中，武汉处于工业化中后期加速发展阶段，黄石、鄂州、仙桃、潜江处于工业化中期起飞阶段，孝感、咸宁、黄冈、天门处于工业化初期阶段。武汉的服务业仍以传统服务业为主，第三产业仍以传统产业占主导地位，对于都市圈内其他城市的辐射力不够。

另外，武汉城市圈城市体系断层现象明显，缺乏中等城市的衔接配套，高素质劳动力、资源等各种要素不断流向武汉，形成明显的虹吸效应，形成了"一强多弱、武汉独大"的单核结构。在这种结构模式下，武汉作为极核，其竞争优势地位明显。而其他城市想要取得更大的发展，必定会在资源、要素等方面展开激烈的竞争。当然，由于武汉的产业层次、经济实力，武汉自身也在承接产业层次更高的产业转移和价值链分工，可能会与圈内其他城市之间在利用外资、资源等方面展开一定程度的争夺。②

就产业分工与合作的趋势看，湖北省政府于 2004 年 5 月成立了推进武汉城市圈建设领导小组办公室，城市圈各成员单位也相应成立了专门的协调机构。同时，各地方政府签订了如武汉城市圈教育合作与交流会议制度、武汉城

---

① 引文同上。其他的案例还有：汉川市 2011 年已承接武汉规模以上的纺织服装企业共 388 家，初步形成了从化纤原料、服装生产到包装、纺机配件、物流等上下游配套完整的产业链；蕲春县 2009 年与武汉国家生物产业基地签订了协议书，共建"蕲春现代中药科技园"；团风县建县 14 年来已经引进武汉企业投资 24 亿余元，正成为武汉资金青睐的产业洼地。团风成为武汉城市圈第一个"两型"社会建设承接产业转移示范区。

② 引自朱博文、董捷：《武汉城市圈地方政府从竞争走向竞合关系研究》，载《农业与技术》2011 年第 2 期。

市圈科技合作与交流协议书等相关合作协定，既巩固了政府合作的成果，又将促进政府间向纵深方向发展。2007 年制定了《武汉城市圈总体规划》。2007 年 10 月，湖北省研究制定的《武汉城市圈资源节约型和环境友好型社会建设综合配套改革试验总体方案》，经相关部门审核后，已获国务院批准。预计未来该都市圈的制造业与服务业城市间互动可能会迈上一个新台阶。

（四）西安都市圈

这里主要分析西安都市圈内，作为中心城市的西安与周边城市在服务业与制造业之间的产业互动。

1. 西安都市圈简介

西安都市圈包括西安市的 9 区 4 县，以及咸阳市的 2 区 1 市 5 县。西安都市圈的辐射范围还达渭南、铜川、商洛；稍远一些，还可以达到宝鸡、汉中和安康等地。

就该都市圈核心城市西安来说，西安市 2013 年第三产业增加值 2 548.71 亿元，增长 9.3%，占 GDP 比重为 52.2%。2010 年 8 月，西安市被确定为"国家服务业综合改革试点区域"，并于 2011 年 8 月正式启动实施。为了加快服务业发展，西安市制定了《西安市开展国家服务业综合改革试点实施方案》、《西安市服务业"十二五"发展规划》、《西安市会展业、金融业、旅游业、服务外包产业"十二五"发展规划》等多部规章制度。

2. 产业互动概况

近年来，随着西安的产业结构调整步伐的加快，西安都市圈内的产业分工与协作也逐步展开。西安逐步加快了一般制造业项目的对外转移，而致力于大力发展高新技术产业、战略性新兴产业以及现代服务业。2006 年 8 月西安出台《西安市工业发展和结构调整行动方案》，将对二环内及二环沿线共计 364 户工业企业实施搬迁改造工程。同时，按照规划 3 年后基本完成西安市城墙内工业企业的搬迁工作。

咸阳为了加快西咸两市的产业融合，吸引更多的西安企业来咸阳投资发展，秦都、渭城、兴平、武功、泾阳、三原和咸阳市高新区等县市区充分发挥了区位、交通和资源优势，全力做好项目对接、园区建设和项目服务等工作，加速推动了西咸经济一体化进程。2007 年 3 月，西安市首批外迁的 25 家企业分别与泾阳县、礼泉县、兴平市等政府签约，落户咸阳。其中工业项目 21 个，商贸项目 4 个，总投资 14.8 亿元。

3. 存在问题

目前，关中地区现有城市数量还显不足，规模等级结构不够合理，特别是西安中心城市下一层面的大城市严重断层，中等城市数量少且水平偏低，难以推动城市群的发展，西安的带动力还较弱。一些关中城市虽有巨大的发展潜力，但也存在实力较弱、被西安边缘化、产业后劲不足、特别是定位不够明晰等问题，削弱了城市综合竞争力，影响了城市快速有序发展。

与其他都市圈的中心城市相比，西安的辐射能力不强。由于产业规划制定滞后、市场监督机制缺失等因素，西安现有服务业横向联系不够，没有形成规模化产业集聚优势，特别是品牌服务企业参与国内外竞争的实力不强，难以有效地发挥区域中心城市服务业聚集辐射作用。因此，都市圈内的产业分工合作的水平有待进一步提升。

另外，都市圈内也存在一定程度的相互竞争。如2008年，为了抢抓西咸经济一体化机遇，争取西安市二环内及二环沿线外迁企业落实乾县，扩大招商引资成果，乾县政府决定成立西安外迁企业工作领导小组，统筹相关工作。这是都市圈内的非中心城市承接产业转移项目而开展激烈竞争的一个缩影。

4. 发展趋势

为了推进西咸一体化，更好地促进两地间的产业互动，2006年9月，西安、咸阳两市签署了"产业合作战略框架协议"、"西安咸阳实施经济一体化战略规划纲要"；2008年，咸阳颁发了《咸阳市人民政府办公室关于进一步做好承接西安外迁企业工作的通知》；2008年8月，陕西省通过了《关中城市群规划》。政府层面的工作可能有助于都市圈内下一步的产业合作。

（五）成都都市圈

这里主要分析成都都市圈内，作为中心城市的成都与周边城市的服务业与制造业的产业互动。

1. 成都都市圈简介

成都都市圈以成都为龙头，涵盖乐山、眉山、资阳、德阳、绵阳和雅安等大城市。都市圈核心城市——成都是四川省省会，经济总量占全省的1/3，人口占全省的1/6；2013年成都第三产业实现增加值4 574.2亿元，增长8.8%，占GDP比重为50.2%。

2. 产业互动概况

成都和都市圈内其他城市的产业互补性很强。成都以发展高新技术和现代服务业为主，是人才和技术的高地；其他城市具有土地、人力等资源优势，以工业、制造业为主业。另外，与长三角、珠三角不一样，成都都市圈由于成都的特殊地位，容易得到四川省级层面的支持，行政壁垒也相对少一些，协调成本更低。因此，相比中西部其他都市圈或经济区，成都都市圈内的产业分工与协作起步较早，① 开展得比较富有成效。②

例如，成都与周边市州合作较有成效。截至 2011 年 1 月，合作工业项目已有 140 个，协议投资总额 294 亿元；成资、成眉、成阿共建工业园区规划 131 平方公里。具体来说，2010 年，成资工业集中发展区共新引进项目 32 个，协议资金 51.7 亿元，预计项目建成后可实现年产值 97 亿元，洽谈储备项目 50 个。全年共开工建设工业项目 20 个，建成投产 10 个，实现产值 7 370 万元。成眉工业集中发展区 2010 年全年共新引进项目 11 个，其中上亿元项目 5 个，协议总投资 43.75 亿元；成眉石化园区签约招商协议 6 个，其中 4 户企业为全球 500 强企业，协议总投资 200 亿元。③

在成凉工业合作方面，2010 年 8 月签订合作工业项目 15 个，意向性投资 24 亿元；2010 年 10 月西博会又再次签约项目 27 个，意向性投资 37.7 亿元。④ 四川川棉公司迁建项目已通过成都市经信委审批，正在乐山市犍为县进行立项。一期投资 1.8 亿元，占地 200 亩，新建各类工装面料和辅料生产能力印染厂、研发、销售中心及仓储物流基。2008 年 3 月 8 日，资阳与成都签订了共建工业集中发展区、合作开发建设三岔湖区域、加强两市交通基础设施合作开发的协议。其中，瞄准产业转移承接的共建工业园区远景发展区达 100 平方公里，规划发展区达 60 平方公里，起步区就达 10 平方公里。资阳雁江区委、区政府对融入成都经济圈和承接成都产业转移工作非常重视。成都市武侯区"中国西部鞋都工业园"制鞋业大规模的产业转移也为包括资阳雁江区在内的受成都经济圈辐射的周边城市承接产业转移提供了有利的招商引资良好契机。

3. 发展趋势

经过几年的实践，成都与周边市州初步形成了产业互动、区域共赢的局面。随着区域合作进一步加强，全域内"集群布局"、"成片发展"成为成都都市圈的产业大趋势。对于一个都市圈来说，随着经济的发展，各种产业必然会进行分工，低端产业自然会向周边地区发展，而中心城市则大力发展高端产业。成都是成都都市圈的中心城市，发展服务业是它作为经济中心的必然趋势，低端产业已经在逐步向眉山、资阳等周边地区转移。成都通过转移低端产业、发展高端产业提高城市核心竞争力，同时其周边地区通过成都这个平台将

---

① 为了支持成都市城市改造和产业结构调整，积极配合成都市外迁企业工作，吸引外迁企业来崇投资，崇州市早在 2003 年就印发了《崇州市鼓励外商及市外客商投资优惠政策的若干规定》。

② 成都经开区为主的汽车生产基地，事实上已经带动了内江、资阳等成都周边地市汽车配套产业的发展。

③④ 引自《产城一体 构筑与成都衔接的产业集群》，载《成都日报》2011 年 2 月 28 日。

产品更好地推广出去，加快当地经济发展，就是成都都市圈内部合作的价值体现。

为了推动产业合作，成德绵三市签订了"规划合作框架协议"；成眉乐三市也签订了"规划合作框架协议"；2009 年，四川省编制了《成都平原城市群发展规划（2009~2020）》，在完善成都都市圈的基础上，还将大力发展以绵阳为中心的都市圈和以乐山为中心的都市圈。2010 年成都都市圈区域合作联席会第一次会议上，成都、德阳、绵阳、遂宁、乐山、雅安、眉山、资阳八市共同签署了《成都经济区区域合作框架协议》。根据协议，8 市将在发展规划、基础设施、重大产业、环境保护、金融体系等方面通力合作，把成都经济区打造成中西部地区综合实力最强、优势产业集聚最多、城镇化水平最高、创业环境最优、城乡差距最小、辐射带动力最明显的大都市圈，成为引领西部发展的核心增长极。[①] 随着 2014 年 12 月"成绵乐"高铁的开通，成都的服务业中心城市地位将会进一步提升，其服务业与周边城市的制造业将会进一步形成有效的互动。

三、国外都市圈的城市间产业互动

（一）纽约都市圈

这里主要分析纽约都市圈内，作为中心城市的纽约与周边城市在服务业与制造业上的产业互动。

1. 纽约都市圈概况

纽约都市圈为世界六大都市圈之首，北起缅因州，南至弗吉尼亚州，跨越了 10 个州，其中包括波士顿、纽约、费城、巴尔的摩和华盛顿 5 个大城市，以及 40 个 10 万人以上的中小城市，城市化水平达到 90% 以上。纽约都市圈制造业产值占全美三成以上，被视为美国经济的中心。作为世界经济和国际金融的神经中枢，纽约占据了区域内的核心地位。

2. 产业互动概况

纽约都市圈在世界城市中的地位以及对于世界经济的影响能力，来自大都市圈内的区域分工格局。纽约作为全美的金融和商贸中心，有着最为发达的商

---

① 引自《成渝经济区规划进入倒计时 四川"一极一轴一区块"率先出炉》，载《领导决策信息》2009 年 11 月 16 日；孙超英、刘博、陶磊：《"后金融危机时期"成都区域发展的挑战与机遇研究》，载《西南金融》2010 年第 12 期；《成都市副市长王忠林：打造通信产业第三城》，载《中国经济和信息化》2012 年 5 月 25 日。

业和生产服务业，为这一地区提供多种重要的服务。

纽约都市圈内的其他核心城市也都根据自身的特点，寻找着与纽约的错位发展之路。波士顿集中了高科技产业、金融、教育、医疗服务、建筑和运输服务业，其中高科技产业和教育是波士顿最具特色和优势的产业，20 世纪 50 年代后，沿波士顿附近 128 号公路形成了与"硅谷"齐名的高科技聚集地，成为世界著名的电子、生物、宇航和国防企业中心。费城地理位置优越，经济结构比较多样化，费城港是美国最繁忙的港口之一，集装箱容量在北美各大港口中位居第二，港口发展带动了费城整个交通运输业的扩展，使费城成为纽约都市圈的交通枢纽。费城的国防、航空、电子产业也比较发达。华盛顿市作为全美政治中心和世界大国首都，在国际经济中有着重要影响，全球性金融机构，如世界银行、国际货币银行和美洲发展银行的总部均位于华盛顿。巴尔的摩市区与华盛顿特区的接近使得它分享了很多联邦开支和政府采购合同，国防工业在巴尔的摩有了很大发展。另外，巴尔的摩的矿产业和航运业也很发达。①

进一步分析，可以看出，纽约在整个城市圈中处于地理和地位的双重核心位置。借助纽约的资本优势，都市圈内的每一座城市都形成了各自的产业亮点。孤立地看，费城的重工业，波士顿的高科技产业，巴尔的摩的冶炼工业，每座城市的主导产业都是单一的。但放眼整个都市圈，多样化、综合性的整体功能，远远大于单个城市功能的简单叠加。以纽约为核心，制造业带、交通带、城市带融为一体，形成了多核心的城市群体系。区域内产业布局调整合理，增大了城市间的互补性，从而增强了整个都市圈的经济稳定性。

纽约都市圈产业结构调整的整体效应，特别表现为都市圈内合理的产业结构和区域分工格局，都市圈内的中心城市以其科技、资本和产业的优势，在产业结构调整中起着先导的创新作用，通过合理的产业结构调整，既成功地增强了中心城市的实力和地位，也使周围地区获得了良好的发展契机。② 纽约与周

---

① 引自《纽约都市圈形成的特色及启示》，http：//www. edukaoshi；《纽约、东京都市圈发展对长三角的借鉴》，中国经济网，http：//blog. ce. cn/in；《国外大都市圈发展的空间布局特点》，http：//blog. sina. com；《纽约都市圈形成的特色及启示》，载《中国经济时报》2007 年 1 月 1 日；姚晓东、王刚：《美国城市群的发展经验及借鉴》，载《天津经济》2013 年第 12 期。

② 历史上，纽约都市圈经历过三次重大调整。1921 年第一次调整主要是向郊区扩散，带来的却是城市规划铺张、土地资源利用率低下的问题；1968 年的第二次规划，重点是建立多个城市中心，但结果还是因为土地利用效率降低，城市空洞化现象严重等问题而以失败告终。1996 年，美国东北部大西洋沿岸城市带的规划，确立了拯救纽约都市圈的全新理念。这一理念的核心是在经济全球化进程中扩大地区竞争力的视野，纽约与新泽西州和康涅狄格州共同繁荣的重要性，以及再连接，再中心化的思路。这次规划的结果是，区域经济得以整体、协调发展，中心城市以其科技、资本和产业优势，在产业结构调整中发挥了先导和创新作用。中心城市的实力和地位得到增强，而周围地区也获得了良好的发展契机。

围城市合理的地域分工格局和产业链形成，成为都市圈持续发展的基础和保障。

例如，纽约都市圈位于大西洋沿岸，港口发展一直是这一区域的基础。在世界都市圈形成过程中，有序的区域分工格局实际上可以从港口间的合理分工得到反映。在纽约都市圈内有纽约港、费城港、巴尔的摩港和波士顿港等，其中，纽约港是美国东部最大的商港，重点是发展集装箱运输；费城港主要从事近海货运；巴尔的摩港作为矿石、煤和谷物的转运港；而波士顿港则是以转运地方产品为主的商港，同时兼有渔港的性质。这些港口通过有序分工，构成了一个分工合理、运营灵活的美国东海岸港口群，而纽约港则是这一港口群的中心枢纽。①

纽约都市圈内产业分工合作还有一个重要的特点是，这种分工协作并不是通过中心城市纽约制造业外迁到周边城市形成的。长期以来，纽约的制造业一直都是以轻工业为主，几乎没有发展重工业。20 世纪七八十年代的经济危机导致了纽约部分制造业行业的衰退。但是，纽约市政府近年来也适当鼓励计划外迁的工业企业留在纽约大都市区内。所以，纽约都市圈内的其他大城市很少受惠于纽约的制造业。各个城市都按照自身的经济发展规律发展适合各自城市的产业。纽约的高端服务业不仅服务本地区，而且更多的是为全球服务。这个特点与伦敦都市圈比较类似。

（二）伦敦都市圈

这里主要分析伦敦都市圈内，作为中心城市的伦敦与周边城市的服务业与制造业的产业互动。

1. 伦敦都市圈概况

伦敦都市圈，以伦敦—利物浦为轴线，包括伦敦、伯明翰、谢菲尔德、曼彻色特、利物浦等数个大城市和众多中小城镇。整个区域总面积约 4.5 万平方公里，人口 3 650 万人。这一地区是产业革命后英国主要的生产基地和经济核心区。由伦敦城和其他 32 个行政区共同组成的大伦敦是这个都市圈的核心，其发展由工业中心慢慢演变成金融和贸易中心。②

---

① 引自章昌裕：《纽约都市圈形成的特色及启示》，载《中国经济时报》2007 年 1 月 1 日；《国外大都市圈建设的做法和经验》，http：//blog. sina. com；《纽约都市圈形成给我们的启示》，http：//www. exam8. com，等等。

② 引自邓汉华：《伦敦都市圈发展战略对建设武汉城市圈的启示》，载《学理论》2011 年 4 月 10 日。在伦敦都市圈建设过程中，最具代表特色的规划机构被称作"巴伦委员会"，其最具借鉴价值的做法，即能够根据城市不同阶段的特点、问题和需求，制定相应的规划，如 20 世纪 40 年代的"四个同心圈"规划，50 年代末的八个卫星城规划，60 年代中期，为改变同心圆封闭布局模式的三条快速主干道发展长廊与三座"反磁力吸引中心"城市规划，70 年代开始注重旧城区的保护及改建。

伦敦都市圈在经济结构上高度服务化，伦敦市2009年服务业产出占总产值的88%，就业人数占就业总量的90.2%，其中金融业和商务服务业占据主导地位，二者产值合计占总产值的40%以上；作为次级中心城市的伯明翰、谢菲尔德、曼彻斯特、利物浦等是以服务行业为主的经济结构。①

2. 产业互动概况

历史上，伦敦曾拥有全世界最为发达的制造业体系和服务业体系。但是，20世纪60年代后期，伦敦原来强大的制造业呈现明显的衰退，相当数量的工厂关闭，部分企业向伦敦之外的地区转移，制造业部门出现大量失业。导致伦敦制造业衰退的原因十分复杂，有些是西方老工业化国家共有的原因，如国际竞争的加强、工厂现代化投资不足导致生产能力下降、特定时期的汇率对制造业出口不利等，但更主要的是发展空间狭小、土地价格昂贵等因素，在产业生产急需大规模空间的时候，城市有限空间束缚了其扩张。尽管伦敦的制造业整体处于下滑，但仍有一些相当强的高工资、高附加值的产业部门，比如印刷业、高新技术产业以及通信产业。伦敦就业人口从制造业转移到服务业，用了约15年的时间。1971年，27%的就业集中在制造业，68.6%集中在服务业；到1986年，这一比例分别为15%和80%。②

与纽约非常类似，伦敦的高端服务业不仅服务本地区、本国，而且服务全欧洲、全世界。这是其他都市圈的中心城市（除了东京）难以企及的。因此，伦敦与周边城市的产业互动被伦敦与全球的互动有所掩盖甚至湮没。

（三）东京都市圈

这里主要分析东京都市圈内，作为中心城市的东京与周边城市的服务业与制造业的产业互动。

1. 东京都市圈概况

狭义的东京以东京市区为中心，半径80公里，东京都、埼玉县、千叶县、神奈川县共同组成了东京都市圈。东京都市圈总面积一万三千四百平方公里，占全国面积的3.5%；人口占日本总人口的近三成；GDP占到日本的1/3。城

---

① 伦敦在"二战"后数次面临边缘化的危险，但每次都能创新，发展战略性新兴产业，使其能长时间屹立于世界经济的中心。发展第一阶段，20世纪50~60年代，伦敦制造业在经历了巅峰之后，开始衰退，以银行业为核心的金融服务业随之崛起；第二阶段，始于20世纪末至21世纪初，伦敦作为世界金融中心一直在稳步成长，但产业创新并没有因此止步，文化与创意产业异军突起，庞大新兴经济实体每年约300亿英镑的经济产出，从业人员52.5万人，仅次于金融业，成为伦敦第二大支柱性产业。

② 引自周振华：《伦敦、纽约、东京经济转型的经验及其借鉴》，载《科学发展》2011年第10期。

市化率达到80%以上。

广义的东京都市圈主要指日本东海岸太平洋沿岸城市带，从东京湾的鹿岛开始经千叶、东京、横滨、静冈、名古屋、大阪、神户和长崎，总面积约10万平方公里，占日本总面积的26.5%，人口近7 000万人，占日本总人口的61%，全日本11个人口在100万人以上的大城市中有10个在该大都市圈内。在东京都市圈内，又包括东京、大阪、名古屋三个城市圈。东京作为三大城市圈之首，是日本政治、经济、文化中心，也是世界上人口最多、经济实力最强的城市聚集体之一。

2. 产业互动概况

20世纪六七十年代，部分产业开始向东京以外的地方转移工业设施，而开始集聚服务设施。与此同时，工业就业绝对量和比重趋于下降，而服务业就业绝对量和比重逐渐上升。在老工业区被肢解的同时，东京市政府指导化工和钢铁产业外迁，布局于东京南部；另外，制造业出现两种增长类型的发展趋势：一类是以手工为基础的小批量生产企业，特别是与时尚设计市场相联系的产业如服装和家具业，另一类主要是专业化、高新技术的产业。

位于东京、横滨两大城市之间的川崎充分利用自己低成本和交通便利的区位优势，主动承接京滨的产业转移，发展重化工业并形成以大企业带动为特点的制造业、信息服务产业集群。川崎还通过"引脑"和让研发机构"下海"，吸引东京及其他城市的智力资源，成为日本学术、研究开发机构工作人员比率第一的城市，这也反过来支撑川崎进一步向安全、环境和福利等新产业发展。[①]

东京都市圈内各城市有相对明确的产业分工：东京周边发展制造业、科技研发、物流、文化中心，而实体经济的发展促进了东京的建设；东京凭借着在信息、技术、人才、资金方面的优势能为周边的产业提供更高效的金融服务，促进了产业集群发展，提升了都市圈乃至全国的整体竞争力。

在东京都市圈内各城市也存在一定程度上的城市发展竞争。以港口为例，东京湾六大港口分属不同的行政区划，利益划分鲜明，彼此间的竞争十分激烈。东京港正在围海造田新建码头，感受到威胁的横滨港开始修建新的货物专用通道，加快物流速度。东京港见此，又开始建设通往内陆的铁路，大力开拓海铁联运。这些良性竞争，使东京湾一直稳稳占据着世界最高效港口的称号。在日本，因为有中央政府参与统筹规划各港口的职能，各个港口有大致的分

---

① 引自周振华：《伦敦、纽约、东京经济转型的经验及其借鉴》，载《科学发展》2011年10月15日；《都市圈夹缝长出制造业名城》，载《东莞日报》2008年10月16日。

工。东京港主要进口食品及其他消费品，横滨港主要接纳工业品，川崎港聚集了不少炼钢厂和发电厂，因此需要进口大量的原料和燃料。但由于各个行政区有自己的发展思路，因此这样的分工还是比较粗放。日本国土交通省正会同一些民间组织研究对现有《港口法》进行改革，促成东京湾港口的一体化。①

---

① 引自《东京都市圈：一体化的成功与梦想》，http：//news. sina. com。

参 考 文 献

[1] [德] 奥古斯特·勒施:《经济空间秩序——经济财货和地理间的关系》, 商务印书馆 1995 年版。

[2] [德] 阿尔佛雷德韦伯:《工业区位论》, 商务印书馆 2010 年版。

[3] [美] 保罗·克鲁格曼:《国际贸易新理论》, 中国社会科学出版社 2001 年版。

[4] [美] 保罗·克鲁格曼:《国际经济学》, 中国人民大学出版社 2002 年版。

[5] [英] 多琳·马西:《劳动的空间分工: 社会结构与生产地理学》, 北京师范大学出版集团 2010 年版。

[6] [英] 菲利普·麦卡恩:《城市与区域经济学》, 格致出版社、上海人民出版社 2010 年版。

[7] [澳] 哈巴哈江·科尔、达利瓦·派·辛格:《21 世纪的外包与离岸外包: 一个社会经济学视角》, 格致出版社、上海人民出版社 2009 年版。

[8] [加] 赫伯特·G·格鲁伯、迈克尔·A·沃克:《服务业的增长——原因和影响》, 上海三联书店 1993 年版。

[9] [美] 简·雅各布斯:《城市经济》, 中信出版社 2007 年版。

[10] [美] 简·雅各布斯:《城市与国家财富》, 中信出版社 2008 年版。

[11] [英] 罗伯特·海宁:《空间数据分析: 理论与实践》, 武汉大学出版社 2009 年版。

[12] [美] 迈克尔·波特:《竞争论》, 中信出版社 1985 年版。

[13] [法] 皮埃尔·菲利普·库姆斯等:《经济地理学: 区域和国家一体化》, 中国人民大学出版社 2011 年版。

[14] [法] 让－克洛德德劳内、让·盖雷:《服务经济思想史: 三个世纪的争论》, 格致出版社、上海人民出版社 2012 年版。

[15] [美] 丝奇雅·沙森:《全球城市: 纽约 伦敦 东京》, 上海社会科学院出版社 2005 年版。

[16] [美] 斯蒂格勒:《产业组织与政府管制》, 上海三联书店 1989 年版。

[17]［加］唐·泰普斯科特（Don Tapscott）、［英］安东尼·D·威廉姆斯（Anthony D. Williams）：《维基经济学——大规模协作如何改变一切（第2版）》，中国青年出版社2012年版。

[18]［荷］腾·拉加、［德］罗纳德·谢科特：《服务业的增长：成本激增与持久需求之前的悖论》，格致出版社、上海人民出版社2012年版。

[19]［日］藤田昌久、［美］保罗·克鲁格曼、安东尼·J·维纳布尔斯：《空间经济学——城市、区域与国际贸易》，中国人民大学出版社2005年版。

[20]［德］沃尔特·克里斯塔勒：《德国南部中心地原理》，商务印书馆1998年版。

[21]［美］沃尔特·艾莎德：《区位与空间经济学》，北京大学出版社2011年版。

[22]［以］耶尔·阿哈罗尼、［英］里拉·齐纳查姆：《服务业全球化理论与实践启示》，格致出版社、上海人民出版社2013年版。

[23] 卜茂亮、高彦彦、张三峰：《市场一体化与经济增长：基于长三角的经验研究》，载《浙江社会科学》2010年第6期。

[24] 蔡昉、杨涛：《2000城乡收入差距的政治经济学》，载《中国社会科学》2000年第7期。

[25] 陈建军、陈菁菁：《生产性服务业与制造业的协同定位研究——以浙江省69个城市和地区为例》，载《中国工业经济》2011年第6期。

[26] 陈建军、陈国亮、黄洁：《新经济地理学视角下的生产性服务业集聚及其影响因素研究——来自中国222个城市的经验证据》，载《管理世界》2009年第4期。

[27] 陈建军、陈国亮：《集聚视角下的服务业发展与区位选择：一个最新研究综述》，载《浙江大学学报（人文社会科学版）》2009年第5期。

[28] 陈秋玲等：《中国服务产业研究》，经济管理出版社2010年版。

[29] 陈英武、郑江淮、高彦彦：《信息不对称、城市声誉与生产者服务的区位选择》，载《经济学家》2010年第3期。

[30] 陈英武、郑江淮：《转型背景下"中心—外围"特征的演变机制与发展趋势——基于江苏区域产业结构变迁的实证分析》，载《经济地理》2010年第3期。

[31] 陈英武：《生产者服务业空间集聚理论研究的新进展》，收录于黄泰岩主编：《国外经济热点前沿（第6辑）》，经济科学出版社2009年版。

[32] 陈英武、郑江淮：《服务业研究的新进展》，收录于黄泰岩主编：《国外经济热点前沿（第5辑）》，经济科学出版社2008年版。

[33] 陈强：《高级计量经济学及 Stata 应用》，高等教育出版社 2010 年版。

[34] 陈宪、程大中：《国际服务贸易——原理政策产业（第 2 版）》，立信会计出版社 2003 年版。

[35] 陈殷、李金勇：《生产者服务业区位模式及影响机制研究》，载《上海经济研究》2004 年第 7 期。

[36] 程大中：《国际贸易：理论与经验分析》，格致出版社、上海人民出版社 2009 年版。

[37] 程大中：《中国生产者服务业的水平、结构及影响——基于投入—产出发的国际比较研究》，载《经济研究》2008 年第 1 期。

[38] 程大中、黄雯：《中国服务业的区位分布与地区专业化》，载《财贸经济》2005 年第 7 期。

[39] 方远平、闫小培：《大都市服务业区位理论与实证研究》，商务印书馆 2008 年版。

[40] 付文林：《服务业驱动的经济增长：长三角地区的经验考察》，收录于刘志彪、郑江淮主编：《服务业驱动长三角》，中国人民大学出版社 2008 年版。

[41] 顾乃华：《我国城市生产性服务业集聚对工业的外溢效应及其区域边界——基于 HLM 模型的实证研究》，载《财贸经济》2011 年第 5 期。

[42] 顾乃华：《生产者服务业对工业获利能力的影响和渠道——基于城市面板数据和 SFA 模型的实证研究》，载《中国工业经济》2010 年第 5 期。

[43] 顾乃华：《生产者服务业与制造业互动发展：文献综述》，载《经济学家》2006 年第 6 期。

[44] 谷永芬、宋胜洲、洪娟等：《大都市圈生产性服务业——以长三角为例》，经济管理出版社 2008 年版。

[45] 高波、张志鹏：《服务业城市集聚化与区域服务中心的形成》，收录于刘志彪、郑江淮主编：《服务业驱动长三角》，中国人民大学出版社 2008 年版。

[46] 高春亮：《文献综述：生产者服务业概念、特征与区位》，载《上海经济研究》2005 年第 11 期。

[47] 高传胜、刘志彪：《生产者服务与长三角制造业集聚和发展——理论、实证与潜力分析》，载《上海经济研究》2005 年第 8 期。

[48] 高峰、刘志彪：《长三角地区服务业与制造业的互动与增长》，收录于刘志彪、郑江淮主编：《服务业驱动长三角》，中国人民大学出版社 2008 年版。

［49］高峰、刘志彪：《产业互动：长三角经验及对京津唐产业发展战略的启示》，载《河北学刊》2008 年第 1 期。

［50］何青松、臧旭恒、赵宝廷：《产业集聚的起源：一个中心外围模型的扩展》，载《财经问题研究》2008 年第 2 期。

［51］何雄浪：《专业化产业集聚、要素流动与区域工业化——克鲁格曼中心—外围模型新发展》，载《财经研究》2007 年第 2 期。

［52］洪银兴：《城市功能意义的城市化及其产业支持》，载《经济学家》2003 年第 2 期。

［53］胡霞：《中国城市服务业空间集聚变动趋势研究》，载《财贸经济》2008 年第 6 期。

［54］胡晓鹏、李庆科：《生产者服务业与制造业共生关系研究——对苏、浙、沪投入产出表的动态比较》，载《数量经济技术经济研究》2009 年第 2 期。

［55］江静、刘志彪：《商务成本：长三角产业分布新格局的决定因素考察》，载《上海经济研究》2006 年第 11 期。

［56］江小涓等：《服务全球化与服务外包：现状、趋势及理论分析》，人民出版社 2008 年版。

［57］李善同、高传胜：《中国生产者服务业发展与制造业升级》，上海三联书店 2008 年版。

［58］李勃、邢华、李廉水：《跨国公司中心—外围结构的形成与效应研究》，载《科研管理》2007 年第 52 期。

［59］李文秀：《中国服务业集聚实证研究及国际比较》，载《武汉大学学报（哲学社会科学版）》2008 年第 3 期。

［60］李文秀：《服务业集聚的二维评价模型及实证研究》，载《中国工业经济》2008 年第 4 期。

［61］梁琦：《产业集聚论》，商务印书馆 2005 年版。

［62］梁晶晶、黄繁华：《制造业对生产者服务业产出增长的作用效果——基于中国投入产出表的实证分析》，载《上海财经大学学报》2007 年第 5 期。

［63］林彰平：《转型期珠江三角洲金融服务业空间格局变动》，商务印书馆 2009 年版。

［64］林毅夫：《中国经济专题》，北京大学出版社 2008 年版。

［65］林毅夫：《新结构经济学》，北京大学出版社 2012 年版。

［66］刘东：《微观经济学新论》，南京大学出版社 1998 年版。

［67］刘思峰等：《灰色系统理论及其应用（第五版）》，科学出版社 2010 年版。

[68] 刘志彪：《现代服务业与攀升全球价值链》，刘志彪、郑江淮主编：《服务业驱动长三角》，中国人民大学出版社 2008 年版。

[69] 刘志彪：《现代服务业的发展：决定因素与政策》，载《江苏社会科学》2005 年第 11 期。

[70] 刘志彪、郑江淮等：《冲突与和谐：长三角经济发展经验》，中国人民大学出版社 2010 年版。

[71] 吕力：《产业集聚、扩散与城市化发展——理论探讨与中国的实践》，武汉大学，2005 年。

[72] 路旭、马学广、李贵才：《基于国际高级生产者服务业布局的珠三角城市网络空间格局研究》，载《经济地理》2012 年第 4 期。

[73] 马风华、刘俊：《中国服务业地区性集聚程度实证研究》，载《经济管理》2006 年第 23 期。

[74] 宁越敏、武前波：《企业空间组织与城市区域发展》，科学出版社 2011 年版。

[75] 任保平：《衰退工业区的产业重建与政策选择：德国鲁尔区的案例》，中国经济出版社 2007 年版。

[76] 沈毅俊、潘申彪：《在华外资"中心—外围"分布成因及迁移研究》，载《国际贸易问题》2007 年第 5 期。

[77] 沈体雁等：《空间计量经济学》，北京大学出版社 2010 年版。

[78] 申玉铭等：《中国服务业空间差异的影响因素与空间分异特征》，载《地理研究》2007 年第 6 期。

[79] 盛丰：《生产性服务业集聚与制造业升级：机制与经验——来自 230 个城市数据的空间计量分析》，载《产业经济研究》2014 年第 2 期。

[80] 施振荣：《再造宏碁》，中信出版社 2004 年版。

[81] 施振荣：《宏碁的世纪变革》，中信出版社 2005 年版。

[82] 世界银行：《2009 年世界发展报告：重塑世界经济地理》，清华大学出版社 2009 年版。

[83] 谭洪波、郑江淮：《中国经济高速增长与服务业滞后并存之谜》，载《中国工业经济》2012 年第 9 期。

[84] 唐保庆、叶萦、王绮：《不完全信息与生产者服务业国际产业转移》，载《世界经济研究》2011 年第 6 期。

[85] 屠启宇、金芳等：《金字塔尖的城市：国际大都市发展报告》，世纪出版集团、上海人民出版社 2007 年版。

[86] 王春艳、鲍伶俐：《空间性交易成本：产业组织空间形态的演变》，

载《学术研究》2010 年第 6 期。

[87] 王洛林主编：《全球化：服务外包与中国的政策选择》，经济管理出版社 2010 年版。

[88] 王晓玉：《外生产者服务业集聚研究述评》，载《当代财经》2006 年第 3 期。

[89] 魏守华、刘小静：《中国生产者服务业和制造业互动关系的实证研究》，载《阅江学刊》2011 年第 4 期。

[90] 吴福象：《长三角地区生产力布局优化：服务业的协调作用》，刘志彪、郑江淮主编：《服务业驱动长三角》，中国人民大学出版社 2008 年版。

[91] 宣烨：《生产性服务业空间集聚与制造业效率提升——基于空间外溢效应的实证研究》，载《财贸经济》2012 年第 4 期。

[92] 杨小凯：《新兴古典经济与超边际分析》，社会科学文献出版社 2003 年版。

[93] 曾世宏：《服务业的自增强机制研究》，南京大学博士论文，2011 年。

[94] 张鹏伟等：《Stata 统计分析与应用》，电子工业出版社 2011 年版。

[95] 张松林、武鹏：《全球价值链的"空间逻辑"及其区域政策含义——基于制造组装环节与品牌营销环节空间分离的视角》，载《中国工业经济》2012 年第 7 期。

[96] 张文忠：《大城市服务业区位理论及其实证研究》，载《地理研究》1999 年第 3 期。

[97] 张月友：《中国的"产业互促悖论?"——基于国内关联与总关联分离视角》，载《中国工业经济》2014 年第 10 期。

[98] 赵伟等：《空间经济学：理论与实证新进展》，浙江大学出版社 2009 年版。

[99] 赵弘：《总部经济》，中国经济出版社 2004 年版。

[100] 郑长德、钟海燕：《现代西方城市经济理论》，经济日报出版社 2007 年版。

[101] 郑江淮、于春晖：《以服务业发展带动经济结构调整》，载《人民日报》2011 年 1 月 21 日。

[102] 郑江淮、陈英武、高彬：《在结构变迁中促进服务业发展：OECD 经验与启示》，收录于刘志彪、郑江淮主编：《服务业驱动长三角》，中国人民大学出版社 2008 年版。

[103] 郑江淮：《生产要素再配置、产业升级与产业结构变迁》，收录于徐康宁主编：《中国特色社会主义在江苏的成功实践——经济卷》，江苏人民

出版社 2008 年版。

　　[104] 钟韵、闫小培：《区域中心城市与生产者服务业发展》，商务印书馆 2007 年版。

　　[105] 朱希伟：《偏好、技术与工业化》，载《经济研究》2004 年第 11 期。

　　[106] Antoine S. Bailly. (1995). Producer Services Research In Europe, *Professional Geographer*, 47, 70 – 74.

　　[107] Angela Airoldi, Giancarlo Bianchi, Janetti, Antonio Gambardella, and Lanfranco Senn. (1997). The Impact Of Urban Structure On The Location Of Producer Services, *The Service Industries Journal*, 17, 91 – 114.

　　[108] Baldwin, R. E. (1999). Agglomeration and Endogenous Capital. *European Economic Review*, 43, 253 – 280.

　　[109] Baldwin, R. E., and R. Forslid. (1999). The Core-Periphery Model and Endogenous Growth: Stabilizing and Destabilizing Integration. *Economica*, 67, 307 – 324.

　　[110] Baldwin, R. E., and T. Okubo. (2006). Heterogeneous firms, Agglomeration and Economic Geography: Spatial Selection and Sorting. *Journal of Economic Geography*, 6, 323 – 346.

　　[111] Baro, Ezequiel, and Soy, Antoni. (1993). Business service location strategies in the Barcelona metropolitan region, *The Service Industries Journal*, Apr 13 (2), ABI/INFORM Global.

　　[112] Bodenman, John. (1998). The Suburbanization of the Institutional Investment Advisory Industry: Metropolitan Philadelphia, 1983 – 1993, *Professional Geographer*, 50, 112 – 126.

　　[113] Brakman, S., and Ch. van Marrewijk. (1994). Transfers, Returns to Scale Tied Aid and Monopolistic Competition. *SOM Research Report*.

　　[114] Brita Hermelin. (1989). The Urbanization And Suburbanization Of The Service Economy: Producer Services And Specialization In Stockholm, *Geografiska Annaler*, 89, 59 – 74.

　　[115] C. Michael Wernerheim, and Christopher A. Sharpe. (2003). "High Order" Producer Services In Metropolitan Canada: How Footloose Are They? *Regional Studies*, 37, 469 – 490.

　　[116] Coffey, W. J., and A. S. Bailly. (1992). Producer Services and Systems of Flexible Production. *Urban Studies*, 29 (6), 857 – 868.

　　[117] Coffey, W. J. (1996). Forward and backward linkages of producer

services establishments: Evidence from the Montreal Metropolitan Area. *Urban Geography*, 17 (7), 604 – 632.

[118] Coffey, W. J., M. Polèse, and R. Drolet, (1996). Examining the Thesis of Central Business District Decline: Evidence from the Montreal Metropolitan Area, *Environment and Planning* A, 28, 1795 – 1814.

[119] Coffey, W J., Drolet R., and Polese M. (1996). The intrametropolitan location of high order services: patterns, factors and mobility in Montreal, *The Journal of Regional Science Association International*, 75 (3), 293 – 323.

[120] Derrek Eberts, and James E. Randall. (1998, Fall). Producer Services, Labor Market Segmentation and Peripheral Regions: The Case of Saskatchewan. *Growth and Change*, 29, 401 – 422.

[121] Daniels, P. W. (1985). *Service Industries: A geographical appraisal.* London: Methuen & Co. Ltd.

[122] Dahles, Heidi. (1999). Producer Services and Urban Restructing, Western theoretical perspectives. Paper presented at the first seminar on Brokers of Capital and Knowledge: Producer Services and Social Mobility in Provincial Asia, March 15, 1960 – 2000.

[123] Esparza, Adrian, and Krmenec, Andrew J. (1994). Producer services trade in city systems: Evidence from Chicago. *Urban Studies*, 31 (1), 29 – 46.

[124] Friedmann, J. (1973). *Urbanization, Planning and National Development.* London: sage Publications.

[125] Forslid. R, and Ottaviano G. I. P. (2003). An Analytically Solvable Core-Periphery Model. *Journal of Economic Geography*, 3, 229 – 240.

[126] Gatrell, J. (1999). Re-thinking Economic Development in Peripheral Regions. *Social Science Journal* 36: 623 – 639.

[127] Glen H. Searle. (1998). Changes in Producer Services Location, Sydney: Globalisation, Technology and Labour. *Asia Pacific Viewpoint*, 39 (2), 237 – 255.

[128] Goe. W. Richard. (1990). Producer Services: Trade and the Social Division of Labour. *Regional Studies*, 24, 327 – 342.

[129] Goe, W. Richard. (1994). The Producer Services Sector and Development within the Deindustrializing Urban Community. *Social Forces*, 72, 971 – 1009.

[130] Greenfield. (1966). *Manpower and the Growth of Producer Services.*

New York: Columbia University Press.

［131］Hansen, Niles. (1990). Do Producer Services Induce Regional Economic Development? *Journal of Regional Science*, 30 (4), 465 – 476.

［132］Harrington, J. W. and Campbell, H. S. (1997). The Suburbanization Of Producer-Service Employment. *Growth and Change*, 28 (3), 335 – 359.

［133］Head, K. and T. Mayer. (2004). The Empirics of Agglomeration and Trade. In J. V. Henderson and J. F. Thisse (eds). *Handbook of Regional and Urban Economics*, Vol. 4, Amsterdam: Elzevier North-Holland.

［134］Hongmian Gong, and James O. Wheeler. (2002). The Location and Suburbanization of Business and Professional Services in the Atlanta Metropolitan Area. *Growth and Change*, 33 (3), 341 – 369.

［135］Jan Owen Jansson. (2006). *The Economics of Services-Development and Policy*. Edward Elgar: Cheltenham, UK Northampton, MA, USA.

［136］James W. Harrington, Jr. , and Harrison S. Campbell, Jr. (1997). The Suburbanization Of Producer Service Employment. *Growth And Change*, 28, 335 – 359.

［137］James W. Harrington, Jr. (1995). Empirical Research On Producer Service Growth And Regional Development: International Comparisons. *Professional Geographer*, 1, 66 – 69.

［138］John Bryson, David Keeble and Peter Wood. (1993). The Creation, Location and Growth Of Small Business Service In The UK. *The Service Industries Journal*, 13, 118 – 131.

［139］John Tschetter. (1987). Producer Services Industries: Why Are They Growing So Rapidly? U. S. Department of Labor, Bureau of Labor Statistics. *Monthly Labor Review online*, 110 (12), 31 – 40.

［140］Krugman, P. R. (1991a). Increasing Returns and Economic Geography. *Jonrnal of Political Economy*, 99, 483 – 499.

［141］Krugman, P. R. (1991b). *Geography and Trade*. Cambridge: MIT Press.

［142］Krugman, P. R. , and A. J. Venables. (1995). Globalization and the Inequality of Nations. *Quarterly Journal of Economics*, 110 (4), 857 – 880.

［143］Kyung. W. (1994). (Decentralization of Urban Service Activities. PhD Dissertation), Portland State University.

［144］Kolko. Jed. (1999). Can I Get Some Service Here? Information Technology, Service Industries and the Future of Cities, SSRN Working Paper. Harvard University mimeo.

[145] Ludovic Halbert. (2007). From Sectors To Functions: Producer Services, Metropolization And Agglomeration Forces In The Lle-De-France Region. *Special Issue On The Advanced Services Sectors In European Urban Regions*, 73 – 94.

[146] Lale Berkoz. (1998). Locational Preferences of Producer Service Firms In Istanbul. *European Planning Studies*, 6 (3), 333 – 349.

[147] Lanaspa, L. F. , F. Pueyo, and F. Sanz. (2001). The Public Sector and Core-Periphery Models. *Urban Studies*, 38, 1639 – 1649.

[148] Laurence Moyart. (2005). The Role Of Producer Services In Regional Development: What Opportunities For Medium-Sized Cities In Belgium. *The Service Industries Journal*, 25, 213 – 228.

[149] L. Cavola. , and F. Martinelli. (1995). The Regional Distribution of Advanced Producer Services in the Italian. *Space Economy*, (43), 223 – 240.

[150] Lloyd D. Bender. (1987). The Role of Services in Rural Development Policies. *Land Economics*, 63 (1), 62 – 71.

[151] Longcore, T R, and Rees P W. (1996). Information Technology and Downtown Restructing: the Case Study of New Yorkctiy's Financial District. *Urban Geography*, 4, 409 – 427.

[152] Ludovic Halbert, HALBERT, L. (2007). From Sectors to Functions: Producer Services, Metropolisation and Agglomeration Forces in the Ile-de-France Region, Special Issue on The Advanced Services Sectors in European. *Urban Regions*, 73 – 94.

[153] Luis Rubalcaba. (2007). *The New Service Economy—Challenges and Policy Implications for Europe*. Edward Elgar, Cheltenham, UK. Northampton, MA, USA.

[154] Masahisa Fujita, Paul R. Krugman, Anthony J. Venables. (1999). The Spatial Economy: Cities, Regions, and International Trade, MIT Press: Cambridge, MA.

[155] Martin, P. , and G. A. Rogers. (1995). Industrial Location Public Infrastructure. *Journal of International Economics*, 39, 335 – 351.

[156] Martin, Andersson. (2004). Co-location of Manufacturing & Producer Services—A Simultaneous Equation Approach. CESIS Electronic Working Paper Series, August, 8 – 12.

[157] Martin Sokol, Chris van Egeraat, and Sokol Egerrat. (2005). Locational Strategies of Advanced Producer Services in Dublin: Towards a Polycentric Mega-city Region. *Regional Studies Association International Conference*. Denmark, 28th May to 31st May.

[158] Marshall, J. N. and P. A. Wood. (1995). *Services & Space. Key Aspects of Urban and Regional Development*. Harlow: Longman Scientific and Technical.

[159] McKee, David L. (1987). On Services And Growth Poles in Advanced Economies, *The Service Industries Journal*, Apr, 7, 2; ABI/INFORM Global.

[160] Monnoyer, M Christine. (1993). Consultancy Companies and Their Regional Plants *The Service Industries Journal*, 13, 2, ABI/INFORM Global, 107.

[161] Morshidi Sirat. (1998). Producer Services and Growth Management of A Metropolitan Region: the Case of Kuala Lumpur, Malaysia. *Asia Pacific Viewpoint*, 39 (2), 221 –235.

[162] M. Barlet, A., and Briant, L. (2013). Crusson. Location Patterns of Service Industries in France: A Distance-based Approach. *Regional Science and Urban Economics*, 43, 338 –351.

[163] McKee, David L. (1987). On Services And Growth Poles in Advanced Economies. *The Service Industries Journal*, 7, 2, ABI/INFORM Global.

[164] Moulaert, Frank, and Gallouj, Camal. (1993). The locational Geography of Advanced Producer Service Firms: The Limits of Economies Agglomeration. *The Service Industries Journal*; 13, 2; ABI/INFORM Global.

[165] Murata, Y. (2003). Product Diversity, Taste Heterogeneity, and Geographic Distribution of Economic Activities: Market vs Non-market Interactions. *Journal of Urban Economics*, 53, 126 –144.

[166] Naresh R. Pandit and Gary Cook. (2003). The Benefits of Industrial Clustering: Insights from the Financial Services Industry at Three Locations, *Journal of Financial Services Marketing*, 7 (3), 230 –245.

[167] O' Farrell, P. N., and Kitchens, D. M. (1990). Producers Services and Regional Development: A Review of Some Major Conceptual Policy and Research Issues. *Environment and Planning* A, 22 (1), 1141 –1154.

[168] Ottaviano, G. I. P., T. Tabuchi, and J. -F. Thisse. (2002). Agglomeration and Trade Revistied. *International Economic Review*, 43, 409 –436.

[169] Olga Alonso-Villar, and José-María Chamorro-Rivas. (2001). How Do Producer Services Affect the Location of Manufacturing Firms The Role of Information

Accessibility. *Environment and Planning* A, 33, 1621 – 1642.

［170］Parr, J., and Budd. L. (2000). Financial Services and the Urban System: An Exploration. *Urban Studies*, 37 (3), 593 – 610.

［171］Puga, D. (1999). The Rise and Fall of Regional Inequalities. *European Economic Review*, 43, 303 – 334.

［172］Pierre M. Picard, and Dao-zhi Zeng. (2005). Agricultural Sector and Industrial Agglometion. *Journal of Development Economics*, 77, 75 – 106.

［173］Pred, A. (1977). *City Systems in Advanced Economies*. London: Hutchinson.

［174］Rolf Stein. (2002). Producer Services, Transaction Activities, And Cities: Rethinking Occupational Categories In Economic Geography. *European Planning Studies*, 10, 723 – 743.

［175］Robert W. Gilmer, Stanley R. Keil, Richard S. Mack. (1989). The Service Sector In A Hierarchy Of Rural Places: Potential For Export Activity. *Land Economics*, 65, 217 – 227.

［176］Sally Weller. (2006, Jul). Service Industries and Asia-Pacific Cities: New Development Trajectories. *Economic Geography*, 82 (3), ABI/INFORM Global, 347.

［177］Sam Ock Park, and Kee-Bom Nahm. (1998). Spatial Structure And Inter-Firm Networks Of Technical And Information Producer Services In Seoul, Korea. *Asia Pacific Viewpoint*, 39, 209 – 219.

［178］Sassen., S. (1991). *The Global City: New York, London, Tokyo*. Princeton, NJ, Princeton University Press.

［179］Scott. A. J. (1988). *New Industrial Spaces: Flexible Production Organization and Regional Development in North America and Western Europe*. London: Pion.

［180］Senn, Lanfranco. (1993, Apr.). Service Activities' Urban Hierarchy and Cumulative Growth. *The Service Industries Journal*, 13 (2), ABI/INFORM Global, 11.

［181］Storper. M., and Walker R. (1989). *The Capitalist Imperative Territory, Technology and Industrial Growth*. Oxford: Blackwell.

［182］Sven, Illeris, and Jean, Philippe. (1993). Introduction: The Role of Services in Regional Economic Growth. *The Service Industries Journal*. ABI/INFORM Global. 13 (2), 3 – 10.

［183］Sven Illeris. (2005). The Role of Services in Regional and Urban Development: A Reappraisal of Our Understanding. *The Service Industries Journal*, 25 (4), 447 – 460.

[184] T. P. Hill. (1977). On Goods and Services. *Review of Income and Wealth*, Series 23, 315 – 338.

[185] Takatoshi T. , and J. -F. Thisse. (2002). Taste Heterogeneity, Labour Mobility and Economic Geography. *Journal of Development Economics*, 69, 155 – 177.

[186] Thomas M. , and Stanbeck, Jr. (1979). *Understanding the Service Economy*. Baltimore, Johns Hopkins University Press.

[187] Thompson, E. C. (2004). *Producer Services*. Kentucky Annual Economic Report.

[188] Trigger. B. G. (1972). Determinants of Urban Growth in Pre-industrial Societies. Man, Settlement and Urbanism. edus. P. J. Ucko, R. Tringham, and G. M. Dinbleby. Schenkman Publishing Company, Cambridge, Massachusetts, 575 – 599.

[189] Venables, Anthony J. Equilibrium. (1996). Locations of Vertically Linked Industries. *International Economic Review*, 37, 341 – 359.

[190] Viner, J. (1937). *Studies in the Theory of International Trade*. New York, Harper & Brothers.

[191] Wirth, L. (1938). Urbanism as a Way of Life. *American Journal of Sociology*, 44, 1 – 24.

[192] Wonseon Kyung Son. (2007). Understanding the Role of Business Services and Growth: Issues in Modeling Regional Patterns, *Ann Reg Sci* 41, 71 – 86.

[193] Yong Gyun Lee. (2003). Locational Dynamics and Spatial Impacts of Producer Services in Korea. *Journal of the Korean Geographical Society*, 38 (3), 444 – 462.

后 记

本书是在我的博士论文基础上修改而成的。回想起历经数年的论文写作，可谓异常艰辛与曲折。由于种种原因，开题四年后（2012年底）才形成初稿。其后又经过两年多的修改，最终才形成这份文稿。

写作过程中，自己时常面临能力不足、性情急躁、精神懈怠、脱离实际的危机。甚至，也曾怀疑过自己，是否还有可能完成这样一篇论文。当我一次又一次几乎失去写作信心的时候，却时常有些外在的力量一直在鼓舞着我、激励着我——惟道正矣，毋惧途远！

首先，我要感谢导师郑江淮教授。没有他的指导，我很难完成这样一篇文章。即使老师身在国外访学两年，仍不忘时常关心并指导我的学习和论文写作。我认识郑老师是在硕士入学面试时。其后，郑老师为我们硕士生开设了高级微观经济学以及转型经济学。硕士毕业后，我的导师刘东教授推荐我攻读郑老师的博士生。我有些胆怯，但郑老师和蔼可亲的谈话很快就打消了我的疑虑和惶恐。经过努力，我如愿以偿，在郑老师的指点下攻读产业经济学博士学位。

跟着郑老师攻读的这几年，有一个非常明显的感觉，就是觉得自己背后好像总有一根无形的鞭子在催着自己前进。一个接一个的研究任务，压得自己喘不过气来。但是，就这样，自己慢慢地提高了，一项项小的成果也出来了。而一旦这种压力消失了（2012年春季在写完一篇课题申请后，由于我工作太忙，郑老师基本上就没有给我布置任务了），虽然也感到一种轻松，然而又同时感到一种失落，像样的东西自己很难再写出来了（这是否也是一种"围城"现象？）。郑老师的勤奋、执着以及给予的压力，始终是我前进的动力。

其次，我还要衷心地感谢师弟高彦彦博士。没有他的帮助，我也很难完成这篇文章。写作中，我一旦有疑问，除了咨询导师，往往就会请教他。我们一次次地探讨，一次次地演算，从宿舍到安中楼，从南大到东大，从住处到茶社，从饭桌到课桌，从主城到江宁，处处留下了他指导我的身影。彦彦博士的数理建模和计量分析能力很强，又有很好的英文功底，而这正是我缺乏的。本书中的一些计量分析，正是他手把手地教给我解析的方法；一些参考文献，是他不辞辛苦，在国内甚至国外搞到手再转给我。与他的相处，让我切切实实体会到了一种珍贵而又淳朴的友情！

我还要感谢尊敬的刘志彪老师。论文开题时，在他的提示下，我调整了题目，并且又紧紧围绕研究主题拟定了具体问题，使得开题报告的结构得以优化，增强了开题的说服力。另外，刘老师有关全球价值链、国内价值链的观点也在很大程度上启发了本书的思考。说到开题，我还要感谢当时指导我们的几位老师，他们是高波教授、安同良教授、顾江教授和史先诚教授。高老师提醒我，如果城市间的产业互动从初始阶段发展到高级阶段，那么需要什么样的条件；安老师提示我，注意全球城市间的相互提供服务（他还向我提供了一个非常有警示意义的名词——黑天鹅效应，提醒我在研究时注意一些看似极不可能发生、但实际又会发生的事件）；顾老师告诉我，可以多研究些美国城市的定位，还可借鉴城市环境资源规划专业的一些计量模型；史先诚老师提示我，现实中的城市间产业分工不是完全专业化的。

感谢出席论文预答辩的各位老师。黄繁华教授细致指出了文中存在的若干不足，并且为我提出了改进的方法与方向；马野青教授和孙宁华教授对文章结构以及计量方法提出了令人信服的需完善之处；魏守华副教授也从多个方面也给予了富有启发的指点。同时，真心感谢匿名评阅的三位老师。有评阅老师指出，要注意加强多个假说论述角度之间的内在关联以增强论文整体逻辑的统一；有评阅老师指出，摘要和文献综述的撰写要突出重点，言简意赅；还有评阅老师指出，可选择性地探讨几个基本产业在跨城市布局中的框架性影响以增强理论的普适性。

诚挚感谢出席论文答辩的各位老师。黄繁华教授建议从要素层面进一步深化对于互动机制的研究，一定要突出生产者服务的中间投入特性；刘东教授认为生产者服务业是不均质的，因此她建议选择一两个代表性行业深入分析生产者服务业与制造业的空间分离对于提升制造业水平的促进作用；吴福象教授建议分析不同等级的城市，生产者服务业与制造业互动的匹配性；石奇教授建议把几个假说统一纳入企业选址模型中，并选择某一两个行业分析服务业中心城市与周边城市的产业互动；答辩委员会主席周勤教授建议可以一个模型或假说（如声誉模型）为题深入研究，在分析空间交易成本模型可以进行数值模拟——以上各位老师的诤言我都在不同程度上吸纳进了本书的思考与写作。

我还要真诚感谢洪银兴教授的谆谆教诲，他在讲析资本论时阐释的"正反合"方法至今仍让我受益无穷；感谢沈坤荣教授、梁东黎教授、葛扬教授、姜宁教授、杨德才教授、李晓春教授、于津平教授、李晓蓉教授、谢建国教授和魏守华教授等老师在课堂内外给我们的指点和教导；感谢王苏生教授、陆懋祖教授、郑京海教授和姜坤教授，他们经常提醒我们要高度重视数理建模和计量分析，以便更好地进行学术交流；另外，我还要特别感谢我的硕士生导师刘东教授，正是她把我引入了经济学殿堂，教给我从事学术研究、待人处事的道理；也正是她的鼓励和指点，我才又勇敢地迈上了一个新的学术台阶。

感谢王宇老师，他不仅为我的答辩、预答辩和论文出版做了大量的协调工作，而且还向我传授了博士论文写作的宝贵经验；感谢胡春妮老师和惠洁老师，她们为我们顺利攻读付出了鲜有人知的幕后奉献；感谢王辉龙博士，他不仅指点我一些建模的技术，而且对文章的结构及写作方法提出了富有见地的修改意见；感谢师弟曾世宏博士，是他为我了树立了一个刻苦学习、不断进取的榜样；感谢师妹张丽博士和刘丹鹭博士，她们两人为我查找了大量的文献；感谢挚友吴长宏博士为我提供了英文翻译指导；感谢张三峰博士为我提供了大量数据；特别感谢师妹许璐、王高凤博士生和缪晓丹硕士生，她们为论文预答辩和答辩做了大量的台前幕后服务保障工作，使得两次会议顺利举行；感谢黄永春博士、江静博士、孙建波博士、张杰博士、卜茂亮博士、杨立春博士、季小立博士、陈长江博士、冯彩博士、杨继军博士、周邵东博士、侯祥鹏博士等，师弟杨以文博士、李强博士、谭洪波博士、宋建博士生和师妹郑晓芳博士、宋丽萍博士及芮红霞、沈春苗等博士生，以及崔恒虎、陈伟、吴斌、韩传青等硕士。正是与他们一次又一次地讨论，我的思维才不至于僵化、停滞。另外，可能还有许多没有提及的老师、同学和好友，谢谢他们多年来对我的鼓励和帮助。如果我不能完成这部书稿，实在是愧对他们的希望！

不能忘却的还有我的家人。在我考博、读博与写作期间，是他们给予了我无私的关心和照顾。父亲、母亲和妻子几乎将所有的家务事都揽了过去，我对家里最大的贡献就是每天早上送女儿上学。在艰难的写作中，我的母亲于2010年春突然离世；是年秋季，父亲不幸染病（先后在鼓楼医院施行两次大手术）。第二年春，他老人家又溘然长逝——双亲的相继离世让我突觉命运难卜、世事无常。父亲生前一再嘱咐我，一定要早点把论文写好。可惜，现在论文快要完稿了，他老人家却已离我而去。这实在是我的罪过。如果我能一门心思地专注于写作，就不会拖得这么久。而现在，我只有以此文告慰他老人家的在天之灵。

写作中，我时常掩卷静思，觉得自己不仅仅是在撰写一篇文章，而是在书写自己的生命，一种平常却又珍贵的学术生命。为了它，我放弃了许多；然而，有失必有得。我失去的是些短暂的身外之物，获得的却是一种永恒的精神体验。

可以想见，这篇文稿可能很快就会淹没在卷帙浩繁的文献中。然而，文章所关注的经济现实以及导师们力行的求真务实精神，却永远不会消失。写作中，我们在理性思索，在关注现实，在坦诚交流，在传承文化，这岂不是数百年来巍巍学府一直在弘扬的大学精神，岂不正是千百年来人类文明一直倡导的求是传统和独立精神！在今天这个浮躁的社会氛围中，这样的传统、这样的精神，吾辈更应珍惜！

文稿付梓在即。感谢齐伟娜编辑、潘丽老师及经济科学出版社、南京大学长江三角洲经济社会发展研究中心为本书出版付出的各种努力。能将书稿在经济科学出版社付印，是我学术研究的一种荣耀！书中定有许多不当之处，敬请读者批评指正！

作　者

2016 年 8 月 28 日

图书在版编目（CIP）数据

城市间生产者服务业与制造业互动研究/陈英武著.
—北京：经济科学出版社，2016.12
（服务经济博士论丛．第3辑）
ISBN 978-7-5141-7539-4

Ⅰ.①城… Ⅱ.①陈… Ⅲ.①服务业-经济发展-
研究-中国②制造工业-经济发展-研究-中国
Ⅳ.①F719②F426.4

中国版本图书馆CIP数据核字（2016）第299962号

责任编辑：齐伟娜
责任校对：靳玉环
责任印制：李　鹏

城市间生产者服务业与制造业互动研究

陈英武　著

经济科学出版社出版、发行　新华书店经销
社址：北京市海淀区阜成路甲28号　邮编：100142
总编部电话：010-88191217　发行部电话：010-88191540
网址：www.esp.com.cn
电子邮箱：esp@esp.com.cn
天猫网店：经济科学出版社旗舰店
网址：http://jjkxcbs.tmall.com
北京季蜂印刷有限公司印装
710×1000　16开　15.25印张　280000字
2016年12月第1版　2016年12月第1次印刷
ISBN 978-7-5141-7539-4　定价：38.00元
（图书出现印装问题，本社负责调换。电话：010-88191502）
（版权所有　翻印必究　举报电话：010-88191586
电子邮箱：dbts@esp.com.cn）